ROGER CAILLOIS

L'HOMME ET LE SACRÉ

人与神圣

[法] 罗杰·卡约瓦 著

赵天舒 译

生活·讀書·新知 三联书店

ⓒ Editions Gallimard, Paris, 1950.
Cet ouvrage a bénéficié du soutien des Programmes d'aide à la publication de l'Institut français. 本书获得法国对外文教局版税资助计划的支持。
Simplified Chinese Copyright ⓒ 2024 by SDX Joint Publishing Company.
All Rights Reserved.
本作品简体中文版权由生活·读书·新知三联书店所有。
未经许可，不得翻印。

图书在版编目（CIP）数据

人与神圣 /（法）罗杰·卡约瓦著；赵天舒译 . —北京：生活·读书·新知三联书店, 2024.6　（2024.10 重印）
（法兰西思想文化丛书）
ISBN 978-7-108-07733-2

Ⅰ.①人… Ⅱ.①罗… ②赵… Ⅲ.①社会人类学-研究　Ⅳ.① C912.4

中国国家版本馆 CIP 数据核字 (2023) 第 196020 号

责任编辑	吴思博	
装帧设计	刘　洋	
责任校对	陈　格	
责任印制	董　欢	
出版发行	生活·讀書·新知 三联书店	
	（北京市东城区美术馆东街 22 号 100010）	
网　　址	www.sdxjpc.com	
经　　销	新华书店	
印　　刷	河北鹏润印刷有限公司	
版　　次	2024 年 6 月北京第 1 版	
	2024 年 10 月北京第 2 次印刷	
开　　本	889 毫米 × 1194 毫米　1/32　印张 9.125	
字　　数	180 千字	
印　　数	5,001-7,000 册	
定　　价	69.00 元	

（印装查询：01064002715；邮购查询：01084010542）

"法兰西思想文化丛书"编委会

王东亮　车槿山　许振洲　杜小真
孟　华　罗　芃　罗　湉　杨国政
段映虹　秦海鹰　高　毅　高　冀　程小牧

"法兰西思想文化丛书"总序

20世纪90年代，北京大学法国文化研究中心（前身为北京大学中法文化关系研究中心）与三联书店合作，翻译出版"法兰西思想文化丛书"。丛书自1996年问世，十余年间共出版27种。该书系选题精准，译介严谨，荟萃法国人文社会诸学科大家名著，促进了法兰西文化学术译介的规模化、系统化，在相关研究领域产生广泛而深远的影响。想必当年的读书人大多记得书脊上方有埃菲尔铁塔标志的这套小开本丛书，而他们的书架上也应有三五本这样的收藏。

时隔二十年，阅读环境已发生极大改变。法国人文学术之翻译出版蔚为大观，各种丛书系列不断涌现，令人欣喜。但另一方面，质与量、价值与时效往往难以两全。经典原著的译介仍有不少空白，而填补这些空白正是思想文化交流和学术建设之根本任务之一。北京大学法国文化研究中心决定继续与三联书店合作，充分调动中心的法语专家优势，以敏锐的文化学术眼光，有组织、有计划地继续编辑出版这套丛书。新书系主要包括两方面，一是推出国内从未出版过的经典名著中文首译；二是精选当年丛书中已经绝版的佳作，由译者修订后再版。

如果说法兰西之独特魅力源于她灿烂的文化，那么今天在全球化消费社会和文化趋同的危机中，法兰西更是以她对精神家园的守护和对人类存在的不断反思，成为一种价值的象征。中法两国的思想者进行持久、深入、自由的对话，对于思考当今世界的问题并共同面对人类的未来具有弥足珍贵的意义。

谨为序。

北京大学法国文化研究中心

目 录

"法兰西思想文化丛书"总序 ·················· 1

译者序 ······································· 1
第三版序 ···································· 26
第二版序 ···································· 31
前 言 ······································· 35

第一章 神圣与世俗的总体关系 ·············· 39
第二章 神圣的矛盾性 ······················ 58
  1. 圣洁与污秽 ···························· 61
  2. 神圣的两极 ···························· 70
  3. 凝聚与分解 ···························· 83
第三章 敬畏神圣：禁忌理论 ················ 97
  1. 世界的结构 ···························· 99
  2. 神圣法则与渎圣之举 ·················· 127
  3. 等级秩序与欺君之罪 ·················· 139

第四章　僭越神圣：节日理论 ········· 153
  1. 节日，追寻神圣 ········· 154
  2. 世界的重塑 ········· 167
  3. 淫乐的作用 ········· 178
第五章　神圣，奠定生命的基石与通向死亡的大门 ········· 200
附　录 ········· 216
  之一　性与神圣 ········· 216
  之二　游戏与神圣 ········· 234
  之三　战争与神圣 ········· 252
    1. 战争与节日 ········· 256
    2. 战争的神秘信仰 ········· 263
参考文献 ········· 278

译者序

罗杰·卡约瓦（Roger Caillois），法国 20 世纪思想家、作家、学者，法兰西学院院士。他的著作包罗万象，囊括了文学（包括诗歌创作、文艺评论）、社会学、人类学乃至地质学。他的人生则跨越了 20 世纪欧洲最为动荡的岁月，是两次世界大战和诸多社会运动与变革的见证。1972 年，当他在法兰西学院宫殿穹顶之下正式成为不朽者时，学院同侪在欢迎他的致辞中如此说道："先生，您是我们这个时代最具有求知和独立精神的人之一，也是一位最不为时代纷乱洪流所动的人。"

卡约瓦于 1913 年 3 月 3 日出生于法国东北部城市兰斯，但来年爆发的第一次世界大战让他一家不得不暂时搬离这座即将被炮火摧毁的古城。战争结束后不久，年幼的卡约瓦回到故乡，并在这里度过了童年和少年岁月。在他去世前夕出版的回忆人生和学术道路的散文集《阿尔菲奥斯河》（*Le Fleuve Alphée*）中，卡约瓦讲述了这段在废墟中玩耍的时光。也许从那时起，战争和游戏就已经在他年幼的心灵中刻下了印记，并在多年之后成为他社会学研究的两个重要主题。回到兰斯生活的卡约瓦，家宅对面住着罗杰·吉尔伯尔－勒孔特（Roger Gilbert-Lecomte）。这位未来的诗人彼时仍是中学生，在和几个同学一起从事先锋的诗歌实验。深受雅里和兰波的影响，这几个年轻人试图通过寻求各种感官刺激，摆脱理性的束缚，创造一种由直觉和情感所支配的文学世界。可能正是因为结识了他们，还在读小学的卡约瓦初次接触到了梦幻的、超现实的文学体验。

完成中学学业后，卡约瓦于1929年来到巴黎，在路易大帝中学备考巴黎高师，并在四年后顺利进入了这所全法最高学府。在这段时光里，他结识了布列东以及当时的一批超现实主义者，包括达利、艾吕雅、恩斯特。卡约瓦之所以会加入到这场那个时代最著名的诗歌运动之中，原因是显而易见的。超现实主义延续并拓展了他自儿童时代起就怀有的文学理想，用神奇、怪诞、玄妙的意象反抗传统作家对世界僵化的呈现，塑造出一个理想王国。不过在1935年，他却选择公开与超现实主义运动决裂，和同样与布列东分道扬镳的阿拉贡、巴塔耶等人站到了同一阵营。也许和其他人一样，他也无法忍受超现实主义教皇那居高临下、咄咄逼人的性格。但更深层的原因是，卡约瓦对这场诗歌运动本身产生了怀疑。文字打造出来的奇幻世界归根结底是虚假的，只是为了给浸淫在传统文学中的读者带来新的刺激。而他则坚信人类社会本质上包含了某种无法言说的、神秘的部分，需要通过科学的方式去认知。从此时起，他开始放弃纯粹诗意的表达，转而选择运用理性去探索人类世界那最为神圣的东西。

1936年卡约瓦获得了语法学教师资格，从巴黎高师毕业，开始到高等研究应用学院听课，参加了莫斯、杜梅齐尔的社会学和人类学课程，以及柯耶夫（Alexandre Kojève）对黑格尔哲学的讲授。从此时起他逐渐醉心于社会人类学研究，思考和探索神圣的问题。第二次世界大战开始前两年，他分别出版了自己的头两部作品：《神话与人》（Le Mythe et l'homme）和《人与神圣》。1937年，他和巴塔耶、莱里斯一起，创立了"社会学学会"这个学术团体，力图建立和发扬一种致力于神圣研究的社会学理论。所谓神圣，并非某种真实存在的事物，亦非某种客观原则或规律，而是人类的一种直观体验与感受。如卡约瓦自己所说的，神圣属于"一个感性的范畴"。然而，神圣同时也是人类存在最根本的组成部分，"既会赋予生命又会将它夺走，既是生命之水的源泉，亦是生命长河行将消逝于汪洋之中的入海口"。社会学学会的目的，正是通过理性和科学的方式，去探寻这种超越了我们的认知，同时却是人类社会必不可少的东西。但卡约瓦等人的抱负远不止于此，他们不仅"希望可以冷静、准确而科学地"去阐释它，还"感到有必要为社会重塑一种积极活跃、无可争议、不可或缺且吞噬一切的神圣性"[1]。也就是说，他们不止于希图实现单纯的学术理想，更想要通过科

---

[1] Roger Caillois, *L'Homme et le sacré*, Paris, Gallimard, 1988, pp. 24, 183, 14.

学研究为社会把脉,从而介入到政治生活之中,挽救日薄西山的资本主义制度,将人类从扁平、机械、异化的境遇中解脱出来,重新找回存在的根本意义。这种抱负是对那个时代社会和政治危机的回应,也被当时的卡约瓦本人贯彻始终。除却社会学学会,他在那几年中还积极投身社会运动,参与了多个反法西斯组织。不过,1939年二战还是无可避免地爆发了,他的所有这些学术和政治活动都被迫终止。

卡约瓦于1938年结识了阿根廷女作家维多利亚·奥坎波(Victoria Ocampo),因此得以在后来的战争期间到布宜诺斯艾利斯避难。在美洲,他一方面继续投身反法西斯事业,积极参与法国的海外抵抗运动,支持当地的反纳粹斗争,另一方面也继续着自己的学术和文化事业,于1941年创办了《法国文学》(Les Lettres françaises)杂志,并在布宜诺斯艾利斯建立了法国文化中心,促进法国和拉丁美洲之间的文化交流。流亡阿根廷期间,卡约瓦结识了彼时还名不见经传的博尔赫斯,并开始翻译他的一些作品,将之发表在《法国文学》杂志上,包括著名的《虚构集》。虽然日后二人渐生嫌隙,但毫无疑问法国人在阿根廷作家逐步享誉国际的过程中,发挥了巨大的作用。后者自己曾屡次表示,卡约瓦是他的"创造者"。此外在战争结束返回故土后,卡约瓦还在伽利马出版社创办了"南十字座"(«La Croix du Sud»)文丛,专门出版拉美作家的作品。正是经由这个文丛,博尔赫斯、聂鲁达、阿斯图里亚斯、略萨等拉美文学巨匠的作品得以被法国乃至欧洲读者熟知。1948年,卡约瓦进入当时新近成立的联合国教科文组织任职，屡次游历世界各国，尤其是他最熟悉的南美大陆，继续致力于让法国公众了解这片土地上的文化与文学。

战后回到法国的卡约瓦逐渐远离了政治生活，转而投入到自己的学术研究之中，出版了多部著作。这当中不乏社会学和人类学作品，譬如《当代社会学随笔四则》，他最著名的《游戏与人》以及《贝罗娜：战争之危》。神圣已不再是这些论著的核心论题，相反，回归和平的他得以将自己酝酿多年的两个计划付诸实践：对游戏与战争这两个社会现象进行拷问。此外他还继续诗歌等文学研究和创作，同时开始涉足其他领域，包括对神话和志怪传说的研究，对昆虫和动物的研究，等等。《美杜莎，如此种种》(Méduse et Cie) 一书开头所提出的"跨域科学"(sciences diagonales) 这个概念，最完美地解释了为何卡约瓦会同时对诸多毫不相关的学科产生兴趣。现代科学的发展是建立在学科和领域分化之上的，每一个学科都有自己针对的研究对象，每一个领域都有自己独特的研究方法。但卡约瓦却希望能打破它们之间相互隔绝的状态，从整体的视角来观察和解读整个宇宙。diagonale 是"对角线、横切线"的意思，而跨域科学便如同横切线，打通了如一条条相互平行、永不相交的垂线般各自独立的学科领域，在宇宙万物之间建立起普遍联系。比如据古希腊传说，美杜莎的头颅被珀尔修斯砍下后，雅典娜将之镶嵌在了自己的神盾之上，让这个防御兵器有了石化敌人的功能。远古社会也多有类似习俗，在盔甲或盾牌之上刻画凶恶的脸谱或猛兽,以此威慑敌人。这个原理和某些蝴蝶翅膀上有形似眼睛的花纹图案是一样的,后者既有伪装和防御的功能,也有警告和吓退天敌的作用。这种跨域的方法,卡约瓦将之贯彻在自己战后的所有研究之中,试图找出动物和昆虫的自然习性与人类神话传说和宗教迷信之间的共性,从而以一个更加宏观和广博的视野来认识人类文明的发展和演进。1952年在教科文组织的资助下,他创办了《第欧根尼》(*Diogène*),一份旨在促进跨文化、跨领域研究的人文与社会科学综合期刊,进一步发扬他所提倡的这种跨域科学。

不过卡约瓦的野心不止于此,他不仅打破了人文社会科学和自然科学之间的界限,甚至试图跨越有机世界和无机世界之间的鸿沟,探索诸如"生物组织的结痂和晶体的固化"之间的关系:"事实上就像生物组织一样,晶体也会修复其意外残缺的部分,且受损区域会受到再生能力的加倍照顾,以弥补伤口给它造成的损害、失衡与不对称性。(……)和所有人一样,我当然明白有机物和无机物之间存在着一道鸿沟。但我也以为二者有着某些共同的特性,可以助我们重塑它们——无论是有机物还是无机物——各自结构的完整性。"[2]这就是为什么在人生的最后岁月中,卡约瓦全心全意致力于钻研石头,并因此而获得了"石头先生"的绰号〔法语中Caillois这一姓氏形似caillou(石块)一词〕。需要说明的是,他所进行

---

[2] Roger Caillois, *Méduse et Cie*, Paris, Gallimard, 1990, p. 11-12.

的并非单纯的地质学和矿物学研究，而是继续运用跨域科学，通过探寻石头的历史、形态和构造，来解读人类乃至整个宇宙的奥秘。卡约瓦之所以会对石头这种亘古不变的物质感兴趣，是因为在他看来，人类只是"一种脆弱的生物，是一个自身也是昙花一现的物种之中可被取代的一员"[3]。相反，"石头为我重绘出了一段漫长而晦暗的、先于人类存在且与之毫无关系的历史。我诞生自这段历史长路的尽头，正如其他无数颗同样转瞬即逝、皆为虚妄的嫩芽一般。这纹理密布的石柱让我感到茫然无措。它进一步让我认识到自己的境遇：我的存在只是一块瞬息即灭的碎片，但是却源自无比遥远的过去，生于如此众多的偶然"[4]。冰冷的石头所代表的是浩瀚的宇宙，相较之下，人类只不过是这片广袤而无尽世界之中的一个匆匆过客，一粒微小的尘埃。聆听石语，会让我们感受到自己的渺小，走出人类中心主义的狂妄，怀着谦卑之心敬畏世界，重回伟岸自然的怀抱。因此卡约瓦便仿佛一位生于20世纪的炼金术士，不仅知晓将各种科学融为一体的技艺，更如古代先贤一样，在不断探索的道路上逐渐将自我、将人类与自然万物合而为一。他明白，人类的历史就像阿尔菲奥斯河的传说一样，开启于混沌之初，历经无数混乱与纷争，最终幻化成苍茫大地之上的一片片石英。炼金术士们苦苦寻觅的

---

[3] Roger Caillois, *Le Fleuve Alphée*, Paris, Gallimard, 1992, p. 160.
[4] Roger Caillois, *Trois leçons des ténèbres*, Saint-Clément-la-Rivière, Fata Morgana, 1989, p. 58.

贤者之石也许不是他物，正是这生生不息、周而复始的轮回本身。

卡约瓦于1978年12月21日在巴黎近郊逝世，葬在蒙巴纳斯公墓。他在法兰西学院的继任者，是学院历史上第一位女院士尤瑟纳尔，一位和他一样博学而才华横溢、一样着迷于古代历史和神话传说、一样倾心于异域文化和思想的作家。也许是巧合使然，对炼金术文化情有独钟的尤瑟纳尔，在卡约瓦身上看到了旧时代智者们的苦炼精神。而当她同样站在学院穹顶之下接任不朽者时，毫不吝惜赞美之词地对这位"酷爱石头的人"表达了最真挚的敬意："黄金只不过是一种经过转化的物质而已，相较于此，过去的炼金术士更看重贤者之石，视之为嬗变本身的象征。"这是卡约瓦试图让我们认识的自然之道。他明白嬗变和轮回是自然的规律，而人类则终会归于尘土。但他同时也发现，只有顺应这宇宙的法则，我们才能找到自我存在的真正意义："如同神话之河阿尔菲奥斯源起奥林匹亚、流经海底并浮现于锡拉库萨一样，自伊始便存在于我们身上的某种难以解释的东西，在经过漫长的隐没之后，最终仍会重现，哪怕外部的世事变迁已经充实了我们的心智，却也腐化了我们的灵魂。"也就是说在无垠的世界与无尽的时间面前，"一切的努力终会归于徒劳，但一切的努力却同时也是存在本质上不可须臾或缺的东西"[5]。

---

[5] Marguerite Yourcenar, «L'homme qui aimait les pierres», in *En pèlerin et en étranger*, Paris, Gallimard, 1989, p. 199, 203-204.

《人与神圣》是卡约瓦的第二本著作，于1939年问世，1950年再版时在附录中增补了三篇分别关于性、游戏和战争的论述。此作主要汇总了作者在1930年代所进行的社会学和人类学研究，尤其是他在社会学学会期间所思考和讲授的内容。与通常看法不同，他认为神圣并非仅存在于宗教之中，后者只是神圣的一个单一的表现形式，神圣是人类独有的一种情感和体验，既是个体存在的根本需求，也是社会必不可少的组成部分。远古先民视自然为神圣，旧时代的民众视皇权为神圣，而现代人类同样会将法律、国家主权等视为神圣。也就是说，从古至今神圣这个概念一直存在于我们的文明之中，无论种族、文化与信仰。在这本社会人类学著作里，卡约瓦为读者描绘出一幅神圣的整体图景，既介绍了它的主要特征，又勾勒出它在社会中的主要表现形式与发挥的作用，还呈现了它在历史发展过程当中的演变。本作承接了法国社会学学派，尤其是涂尔干和莫斯的先行研究，同时综合了大量英美和德语世界的社会人类学成果，并在最后延伸出作者自己关于神圣的独创见解——节日理论。论据方面，本书几乎涵盖了全世界各个地区的社会现象和人类学实例，既有美洲、非洲、大洋洲原住民文化和习俗，又有欧亚文明的神话传说、风俗习惯与文学记述，还通过参考法国汉学家葛兰言的著作，将中国古代，尤其是上古时期的种种文化现象纳入自己的讨论范围，旁征博引，论述扎实充分。

本书第一章介绍了神圣的基本特征。神圣只能通过它与世俗的对立而被定义，后者是人类可以无忧无虑、泰然行事的领域，而前者则充满了约束和限制，既令人恐惧又予人希望。这是因为，神圣领域中充斥着一种强大而神秘莫测、超出人类认知与掌控的力量，既可能造成毁灭，又可能带来红运。因此世俗和神圣之间的界限需要得到最严格的划分，它们的关系也需要得到最严格的把控。这样一来便诞生了种种仪式与禁忌。

第二章深入分析了神圣所具有的矛盾性。作为一种力，神圣本身并无好坏之分。但是引导的方向不同，它就会造成不同的结果。这就是为何神圣既有纯洁的一面，也有不洁的一面，也是为何纯洁与不洁在适当的条件下还会互相转化。人类总是希望能够得到圣洁力量的庇护，也会想方设法避免被污秽的力量感染。这便构成了人类面对神圣的两种基本的态度，也构成了人类文明中关于神圣的两种基本习俗。

接下来的两章是对这两种传统习俗的分别研究。第三章主要分析了为何神圣需要得到敬畏，以及人类为对它敬而远之所制定的一整套法则——禁忌。对禁忌的严格遵守可以保证我们不受神圣毁灭之力的侵害，从而守护自然法则，维持世俗社会持久、稳定的运行。但衰亡是宇宙万物无法避免的宿命，任何机制在长久运转中都会不断耗损直至终结，因此人类需要时常借助神圣的滋养之力让社会重获新生。第四章所探讨的便是我们通过僭越禁忌来接触神圣，以此为社会重新注入活力的习俗——节日。对这个主题的研究是本作的核心内容，它描绘了为何社会法则与传统道德约束的暂时中止对社会而言是必不可少的，为何定期进行享乐、狂欢、纵欲与耗费对人类来说是至关重要的。

附录一《性与神圣》是一篇个案研究，详细介绍了通加人的性净化仪式，包括僭越禁忌的性行为如何会给通加人带来污秽，以及他们又如何同样通过性行为来祛除这种污秽，乃至将之转化为圣洁之力，从而进一步充实了第二章有关神圣纯洁与不洁这种矛盾性的阐述。

附录二《游戏与神圣》是对赫伊津哈著名的"游戏的人"这一理论的延伸与批判，一方面分析了游戏和神圣这两种人类社会现象之间的相似性，另一方面也强调了神圣与游戏之间的区别，二者不可被等同视之。此外作者还在1958年出版了一本专著《游戏与人》，专门探讨游戏的种种问题，延续了这篇文章中所述的游戏的定义与基本特征，并在此基础上将游戏划分为四大类别，以此来分析它对人类精神生活的重要意义，以及在社会与文明的演进中所发挥的重要作用。

附录三《战争与神圣》论述了现代战争与神圣之间的关系。其核心观点是，在现代社会中，战争是唯一继承了远古社会中节日的特征与功能的社会现象。本文介绍了现代人类对战争的某种神秘信仰，以及现代战争所具有的规模宏大、残酷血腥等特点。该文写于二战之后冷战伊始，既反映了作者对时代局势的认知，又表达了他对未来可能爆发的全面战争的忧虑。1963年出版的专著《贝罗娜：战争之危》，是对这篇文章的扩展与延伸，讲述了从古至今战争规模、性质、功能的演变，并着重分析了战争在现代社会中的整体面貌与运行机制。

作为《人与神圣》中主要理论观点酝酿和诞生的摇篮，社会学学会在卡约瓦的个人生涯以及二战前夕法国知识分子界都有着极其重要与特殊的地位。学会是一个自发成立的松散学术团体，在巴塔耶的倡议下，由他、卡约瓦和莱里斯共同创立，从1937年11月到1939年7月，暑假除外，在卢森堡公园旁边盖-吕萨克街上的一家书店里间，团体成员们每半个月聚会一次，第一年相约周六，第二年则改为周二见面，每次活动开始于晚上9点半，由一个成员就某个社会学主题进行主讲发言，随后大家评议并交流各自的观点和研究心得。虽然学会由三位思想家共同创立，但是莱里斯自始至终都对其宗旨和研究方法保持着一定的怀疑态度，因此也一直很少参加其活动，仅仅在第一年做过一次讲座。学会实际上的主心骨是巴塔耶与卡约瓦，他们不仅承担着领导与组织工作，第一年的讲座除去柯耶夫和克罗索夫斯基（Pierre Klossowski）所做的两场外，也全部由二人包办。不过在学会中巴塔耶似乎发挥着更大的影响力，不仅因为彼时的卡约瓦还过于年轻，而且出于身体原因，在一段时间当中他不得不请假缺席，拜托巴塔耶替他发言，代他表达观点。所以可以说，第一年的学会在某种程度上是巴塔耶的一言堂。进入第二年后，随着学会声名鹊起，在法国知识分子界引起了更多瞩目，学会中增加了很多新面孔。主讲嘉宾中多了古希腊研究专家瓜斯塔拉（René Guastalla）、俄裔人类学家列维茨基（Anatole Lewitzky）和德国学者迈耶尔（Hans Mayer），可能还有作家迪蒂（Georges Duthuit）、《新法兰西评论》的主编包兰（Jean Paulhan）、哲学家华尔（Jean Wahl）、德国哲学家兰茨贝格（Paul-Louis Landsberg）与瑞士作家鲁日蒙（Denis de Rougemont）；听众当中则多了作家班达（Julien Benda）和拉罗谢尔（Pierre Drieu la Rochelle）、记者普雷沃斯特（Pierre Prévost）、旅居巴黎的奥坎波、流亡至此的本雅明以及其他众多法国文化界名流。学会第二年的最后一次活动于1939年7月4日举行，本来成员们期望在暑假结束后重新会面，开始第三年的系列讲座，然而由于二战随后爆发，本次活动便成为学会的绝唱。此外学会内部成员之间一直貌合神离，各有各的观点与主张，因此随着时间推移渐生嫌隙，而这些矛盾也构成了学会戛然而止的根本原因。这最后一次聚会的初衷是对学会的目标、研究方法与意义做总结，本计划由三位创始人轮流讲半个小时左右。但卡约瓦已于几天前同奥坎波共赴阿根廷，而长期缺席的莱里斯虽然为本次活动做了准备，可也最终选择爽约。因此学会的最后一次讲座又变成了巴塔耶的独角戏，仿佛这个团体因他而生，最后也注定要由他来终结。

那么社会学学会所进行的究竟是什么样的事业？根据1937年7月由巴塔耶等人联名发表的《关于建立社会学学会的宣言》（«Déclaration sur la fondation d'un Collège de Sociologie»），我们可以归纳出以下三个主要方面。首先，这里所谓的社会学并非通常意义上的社会学。一方面，传统的社会学旨在通过观察种种社会现象与事实,用理性的方式来认知社会构成与运行机制,但也因此而忽略了许多看似毫无价值、无法通过理性被解释但根本上却对了解人类行为同样具有重要帮助的因素。与之相对,社会学学会所做的则可以概括为"对唯理主义禁忌的僭越",所研究的对象是诸如"令人蔑视、厌恶甚至恐惧的",被排除在知识之外的东西。[6]《人与神圣》当中所论及的神圣不洁、不祥、让人畏惧的一面,譬如女性的经血、人类的尸骸等便属于此。另一方面,通过研究这类社会现象与事实,学会所倡导的社会学力图从中提炼出一种"必然具有感染力且充满活性的特质",[7]以此让自己从一门客观理性的科学,转变为"某种类似疾病的、被社会实体所感染上的古怪东西,即那种精神麻木、虚弱无力、被割裂成碎片的社会所患上的老年性疾病"[8]。也就是说,这种独特的社会学并不满足于对社会现状的冷峻观察与描述,更希望能像某种传染病一样,将自己所研究的那种神秘而狂热的东西传播给整个社会,影响乃至改变历史进程。在这个意义上社会学学会并非一个单纯的学术组织,在那个特殊的时代背景下也呈现为一个政治团体,其目的是将知识与行动合二为一。

---

[6] Denis Hollier, *Le Collège de sociologie*, éd. présentée par Denis Hollier, Paris, Gallimard, coll. «Folio essais», 1995, p. 21.

[7] Georges Ambrosino, Georges Bataille, Roger Caillois, Pierre Klossowski, Pierre Libra, Jules Monnerot, «Déclaration sur la fondation d'un Collège de Sociologie», in *ibid.*, p. 27.

[8] Denis Hollier, *Le Collège de sociologie*, *op. cit.*, p. 7-8.

如此社会学学会的第二个主要特征也就显而易见了。所谓学会，也并非通常意义上的学院、学校之类的教育机构，并非一个汇集诸多学者、以师生等级制度为基础、以教学为目的的组织。在巴塔耶等人看来，这个社会学学会所构成的是一个凝聚了一批有相同理想和观念之人的"道德共同体"，在其中"任何人都可以发表自己的个人观点"，所有成员间的关系都是平等的。只有这样，大家才能够"建立起共同行动所必不可少的联结"。由此便有了学会的第三个主要特征，同时也是其宗旨：学会所进行的事业"可以被称为神圣社会学，它研究的是社会存在的所有表现形式当中，显露出积极活跃的神圣性的那些表现形式"[9]。世俗的法则是自我维系与保存，但任何机体与机制在这样一成不变的运行态势下，都避免不了耗损直至最终消亡。按照卡约瓦的说法，世俗生命"为了更好地自我保存，它会努力去维系自我存在并抗拒任何耗费，但这都是徒劳的"，因为"所有那些不被耗费掉的东西，会慢慢腐烂"[10]。反之神圣世界所充斥着的则是无度与耗费，这样的现象背后是生命力的涌动与能量的勃发。因此神圣是具有感染力且充满活性的，通过让人们陷入纵欲与狂欢，来重新为社会注入活力，让它重获新生。这便不难理解为何社会学学会要以神圣为自己的核心

---

[9] Georges Ambrosino, Georges Bataille, Roger Caillois, Pierre Klossowski, Pierre Libra, Jules Monnerot, «Déclaration sur la fondation d'un Collège de Sociologie», *art. cit.*, p. 27.

[10] Roger Caillois, *L'Homme et le sacré*, *op. cit.*, p. 184.

追求。如果说工业化的高度发展、资本主义的无度扩张、议会民主制的软弱无力已经让三十年代的法国与欧洲积重难返,让世俗社会步入了暮年之期,那么巴塔耶和卡约瓦等人则希望能够重塑社会的神圣性,让它宛如疾病一般感染社会,来唤醒深埋于人的存在与历史之中的深度活力,仿佛通过使世界大病一场来激发它内在的免疫力,达到万象更新的效果。

作为社会学学会的创始人和主要参与者之一,卡约瓦对学会做出的贡献仅次于巴塔耶。《人与神圣》的三个主要章节——"神圣的矛盾性""禁忌理论"和"节日理论"——均以讲座的形式在学会中进行过呈现(其中"禁忌理论"这一章的内容在讲座时的题目为"权力",且由于卡约瓦因病缺席,是巴塔耶参照他的笔记代为发言)。这当中"节日理论"作为他的代表性成果,不仅在当时就获得学界瞩目,吸引了诸如萨特和波伏娃这些与学会无关的知识分子注意,还成为巴塔耶战后理论著作的一个重要参考对象。除此之外,《新法兰西评论》于1938年7月刊发了一组题为"为了一个社会学学会"(Pour un Collège de Sociologie)的文章,囊括了三位学会创始人各自的一篇代表作,其中就有卡约瓦的《冬风》(«Le vent d'hiver»)一文,这组文章的发表也是学会在法国知识界广受瞩目的重要原因之一。

从很多方面来看,卡约瓦和巴塔耶在社会学学会期间的思考有着极大的共鸣,二人都认识到神圣本身存在着矛盾性,也都对僭越社会禁忌的种种行为,尤其是耗费行为颇感兴趣。正如前者在对后者的致谢中所说,他们就神圣的问题"形成了一种学术上的互补。对我而言,在和他无数的讨论之后,我已经没有办法在我们共同追求的事业中,将他的思想同我的准确区分开了"。[11] 尽管如此,二人的思想之间依旧存在着某种本质区别:卡约瓦追求"权力意志",而巴塔耶则以"悲剧意志"为上,因此前者的研究更多体现出一种"政治倾向",而后者的"神话倾向"则更为明显。[12] 具体来说,虽然两位思想家以及社会学学会其他成员均希图从单纯的知识走向行动,用学术研究带来某些实际影响与改变,但巴塔耶似乎更加注重个人伦理层面对人性的解放,反之卡约瓦则期望达成某种社会与政治理想。巴塔耶继承了尼采的悲剧精神,所追求的是通过自我献祭将人的存在从外界束缚中解脱出来,重塑主体的"至尊性"(souveraineté);在莫斯的交换理论与对"夸富宴"的分析中,他最感兴趣的是原始社会族群散财、毁掉宝物这类行为之中纯粹耗费、没有任何功利性的一面;而针对黑格尔的主奴辩证法,他所生发出的也是"无用的否定性"(négativité sans emploi)这一概念。换言之,他所谓的神圣是剥离了任何现实意义与实际功效、单纯代表人类存在本真面貌的一种状态。与

---

[11] *Ibid.*, p. 19. 此外,巴塔耶也曾在自己的著作中回应过卡约瓦的致谢,既表示后者对自己过誉,也对《人与神圣》一书大为赞扬,称其"不仅是一部杰作,也是理解以神圣为关键的所有问题时需要参考的重要作品"(Georges Bataille, *La Souveraineté*, Fécamp, Lignes, 2012, p. 18n)。
[12] Michel Surya, *Georges Bataille, la mort à l'œuvre*, Paris, Gallimard, coll. «Tel», 2012, p. 303.

之相对，卡约瓦则从尼采的权力意志中看到了某种社会理想；通过对莫斯人类学理论的阅读，他所强调的是散财所带来的社会威信与地位；而在黑格尔辩证法中，他也更加看中个体经过殊死斗争成为主人后所拥有的权力。也就是说，对他而言神圣更像是对某种理想社会状态的描述，是促进人类社会与历史永续必不可少的元素。

这种对神圣现实价值的推崇、在社会政治层面对神秘与非理性因素的过度神话显然会导致某些可怕的后果，法西斯主义倾向便是同时代人以及后世对卡约瓦最大的批判。诚然，社会学学会是法国左翼知识分子的团体，而他们面对的社会问题不仅是资本主义的腐朽与议会民主制度的无能，同样也有纳粹势力在邻国的崛起，巴塔耶等人也通过宣言明确表示要与法西斯主义抗衡。但是以神圣为武器来对抗这些东西，风险和代价是巨大的。因为神圣本身就是种含义不明的力量，它虽然对立于世俗秩序，因而可以用来治愈世俗社会的弊病，但它自身却同时包含着纯洁与污秽、守序与混乱、祥福与毁灭两种极端相反的成分，只是置于世俗的对立面，我们通常会将这两极混为一谈。就像卡约瓦本人所说，"若将神圣视作世俗领域的对立面，那么它的两极之间的区分就没那么显著了。在世俗面前，二者间的对立就会削弱乃至消失"[13]。因此，用神圣来驱散世俗社会的阴霾便仿佛以毒攻毒一般，这也是为什么自诞生伊

---

[13] Roger Caillois, *L'Homme et le sacré, op. cit.*, p. 79.

始，社会学学会便一直离不开批评之声与流言蜚语。而在所有成员之中，卡约瓦又是思想最为极端、最为矛盾的一个。他对神圣世界的畅想，在某些方面总会多少让人联想到社会达尔文主义，彼时旁听学会讲座的本雅明就屡次表示了对这种倾向的震惊与不解。譬如在《冬风》一文的结尾，卡约瓦将神圣的降临设想为一场严冬，一场"这个四分五裂、垂垂老矣、摇摇欲坠的社会"必须经历的考验："当今世界正刮起一股颠覆之风，一股冰冷、严酷的北极之风。这是一种致命的同时又非常有益健康的狂风，它会杀死那些脆弱的、病恹恹的生灵，会夺走鸟儿的生命，让它们无法度过严冬。"这寒风凛冽的冰河季就像一场"清洗"，一次"筛选"，随之而来的世界则"只有适者生存"[14]。神圣确有其灵效，能够为在世俗社会中蹉跎的人注入一针强心剂。但是我们真的能够将之如此神话，用以淘汰那些笃信世俗法则、抗拒神圣之徒吗？此外节日理论的核心在于，一个社会若要长久维系下去，就需要世俗与神圣两种秩序交替主宰，需要安定守序与混乱无序交替出现。也就是说卡约瓦所做的工作是从一个更加宏观的角度，将无序纳入到"物的秩序"、纳入到社会法则之中，在社会运行之中为混乱安排一个合理的角色。这样的设想并非毫无道理，人类无法一味工作、生产、创造财富，也需要适时放纵、享乐、耗费财富。但问题在于现

---

[14] Roger Caillois, «Le vent d'hiver», in *Le Collège de sociologie*, *op. cit.*, p. 351-353.

代社会不同于原始社会,已经失去了那种日常劳作与节日狂欢轮流主导人类生活的物质和文化基础,远古的盛大节庆早已不再,那么我们怎么能够在当下世界重塑这样的神圣秩序?若要如此,那当代的节日应该呈现为什么模样?卡约瓦认为:"节日便是这样一种危机状态,它与日常生活单调的背景形成鲜明的对比,与其几乎在各方面都形成极端反差。而在复杂的机械文明中,我们基本只能找到一个可以和它并驾齐驱的现象。考虑到现代文明的本质与发展,这唯一的一个现象所展现出的重要性、烈度与光芒却竟然可媲美节日,与之具有同等的意义:它便是战争。"[15] 基于这个观点,卡约瓦以一种非常暧昧的口吻分析了战争对现代社会的意义与价值,分析了现代人类对战争的某种"神秘信仰"。客观来说,作为社会矛盾不可调和、集中爆发的产物,战争在一定程度上确有其必然的一面。但是它的代价是巨大的,造成的后果也是惨痛的,是我们无论如何都不愿打开的潘多拉魔盒。若以中立、批判性的史学立场分析战争的意义与影响当然无可厚非,但若如此带着些许病态的期许来看待战争,尤其对于一个在二战期间远离惨烈的欧洲战场之人来说,这是否是道德的呢?奥斯维辛之后,连诗歌创作都是野蛮的。那么在战后的岁月还能写出《战争与神圣》一文,仿佛几千年人类文明最大的悲剧反而印证了战火对于现代社会的必要性,这是否意味着卡约瓦"不仅是魔鬼的化身,也继承了魔鬼

---

[15] Roger Caillois, *L'Homme et le sacré, op. cit.*, p. 221.

的精神与意志"[16]呢?

卡约瓦、巴塔耶的学说乃至社会学学会的理念当中的确都存在着某些暧昧、含混的东西。虽然这些既不足以抹杀他们对法国思想史所做的贡献,也不足以否定他们反法西斯主义的坚定立场;既不妨碍后世思想家将巴塔耶视为理论源头,也不妨碍卡约瓦当选法兰西学院院士。但同时我们也要承认,他们观点当中的矛盾性是确实存在的:"它们不是对任何东西的掩饰。它们就是实实在在的矛盾性。它们就是这样,作为矛盾而存在,构成了学会所面临的问题当中最核心的内容。"[17]所以就把一切都交由历史、交由读者来评判吧。

《人与神圣》是卡约瓦第一部被翻译成中文的作品,因此他的名字并不为大多数中国读者所熟知。在法国,卡约瓦并不算是一位家喻户晓的作家和学者。作为社会学家,他的研究剑走偏锋,从主题到研究方法都不完全契合法国的社会人类学传统。因此在社会学这个学科领域内部,他的著述不是学人们研究的热点,光芒也不及涂尔干、莫斯、杜梅齐尔、列维-斯特劳斯等人耀眼。知晓和阅读卡约瓦的人,似乎大多是巴塔耶以及社会学学会的研究者,还有博尔赫斯以及拉美文学的爱好者。然而,卡约瓦学识广博深邃,著述包罗万象,文字优雅细腻,又为

---

[16] Denis Hollier, *Le Collège de sociologie, op. cit.*, p. 642.
[17] Denis Hollier, *Les Dépossédés: Bataille, Caillois, Leiris, Malraux, Sartre*, Paris, Minuit, coll. «Critique», 1993, p. 111.

法国的文化事业贡献巨大，当选法兰西学院院士实属当之无愧。

身为译者，我对卡约瓦的了解同样始于巴塔耶。接受《人与神圣》的翻译委托之时，我正于巴黎第十大学攻读美学博士，研究方向是巴塔耶的哲学和文学思想。后者关于耗费、献祭、神圣等理论，以及他在社会学学会时所撰写的文章，是任何一个巴塔耶研究者都绕不开的内容。而一旦涉足这个领域，尤其是涉足神圣这一主题的研究，便会自然而然接触到卡约瓦，接触到《人与神圣》。因为此书不仅囊括了作者本人关于神圣的各种构想与论述，在很多方面也呼应了巴塔耶的思考。对这本书的阅读帮助我进一步认识了巴塔耶的理论和社会学学会的主张，而对巴塔耶思想的钻研也帮助我进一步理解了卡约瓦，理解了《人与神圣》。因此在接手此作的翻译工作之时，我对其已经有过一些片段式的阅读，也对法国社会人类学学派有了一些基础性的了解。对我来说，卡约瓦的这部代表作并不是完全陌生的作品。

本书的翻译是一项充满乐趣的工作，作者广博的学识和独特的观点使此书的阅读与翻译一点儿也不枯燥，但同时也带来了不小的挑战。语言方面，卡约瓦的文学造诣很高，此作行文也充满了文学性，优美灵动，用词讲究，完全不是一本乏味的理论著作。翻译过程中，我也在确保中文内容清晰准确的基础上，力求将原文的语言风格表现出来。但无奈能力有限，很多时候无法做到两全其美。考虑到这本书首先是一部论说式作品，所以在无法两者兼顾时，我只能选择牺牲后者，采用中文的语言习惯将原文意义忠实表达出来。法语的论述尤其偏爱冗长、嵌套式的从句，但这种句式移入中文却会水土不服，这也是本书翻译中遇到的主要问题。我常常采用将长句拆分的方式来应对，但仍然不敢保证译文足够流畅，没有生涩之感。此外，作者行文中常爱省去句子之间的逻辑连接词，在法语中这样显得简洁明快，也不会对理解造成什么困难，但是在译本中却会严重影响读者阅读。因此我常根据自己判断，在句子之间添加了一些必要的连词，让译文的逻辑承接与转折更加自然。然而毕竟才疏学浅，译本中疏漏之处还是难以避免的，望读者批评与指正。

内容方面由于本书提及的学者、文明、社会现象及历史典故等，绝大多数都非中国读者耳熟能详，因此在翻译过程中，我进行了大量额外的查阅与考证，然后通过添加译注，为译本补充了相关背景知识，但愿这样做不会给读者的阅读徒增负担。做注释本就不轻松，而作者散文式的写作风格则加剧了我的工作负荷，他在正文中几乎从未明确任何引述内容的来源，所以我有时候需要花费很长时间来核对原文中的微小细节。最让我感到棘手的，是卡约瓦多次讨论了中国古代传说、礼法与民俗，甚至直接引用了汉语典籍的法译本而不注明出处。这些内容，我深知不可随意处之，任由自己发挥将法语译回中文，而必须耐心考据，通过查找中文原典，将典故乃至原文忠实呈现给读者。作者本人不懂中文，他对中国文化的了解全部来自葛兰言，所以在做这类注释工作时，我总要先确认卡约瓦所谈内容在葛兰言著作中出现的位置，再通过查阅后者明确该内容出自哪部中文典籍，最后在该作中找到确切的原文。在中西文明的汪洋之中，我的学识甚至不如沧海一粟，即便再认真细致地考证，也无法做到尽善尽美，还望读者海涵。另外，由于自己并非社会学、人类学专业出身，相关知识和阅读有限，即便再小心求证，对原文中出现的诸多专业概念的翻译也难免存在不到位的地方，不一定完全符合国内的通行译法，这一点也希望前辈同侪们批评与赐教。

接受《人与神圣》的翻译委托是在2019年夏天。经北大法语系段映虹教授推荐，我参与到"法兰西思想文化丛书"的翻译工作中。本书的翻译波折不断：前三分之一工作于2020年春季进行，那时新冠疫情刚刚席卷全球，法国第一次"封城"，禁足在家的我通过翻译聊以自慰；后三分之二工作则于2021年下半年完成，彼时我正处在博士论文的冲刺阶段，进行了数月日作文、夜翻译的高强度工作；而最后对注释的增补则于2023年夏天进行。不仅此作的内容与当今全球面临的问题遥相呼应，其翻译的进程也刚好处于这个特殊的时期。独自求学海外，在个人研究和翻译工作中，我都经历了不少困难，欣慰的是常有师友相伴，给予我支持与帮助。首先我想感谢段映虹老师和北大世界文学研究所的程小牧老师，作为三联书店"法兰西思想文化丛书"的编委，同时也是我的法语和法国文学启蒙老师，她们不仅对我的学术与翻译能力给予认可，也一直在生活中鼓励着我，让我能够有动力将自己的博士学业与本书的翻译进行下去。感谢本书编辑吴思博女士的耐心与包容，两年间总能在我翻译工作遇到困难时提供及时的支持。感谢挚友赵子龙，同为青年译者和巴黎留学的伙伴，他不仅会时常和我交流学术与翻译的心得体验，他本人严谨的翻译态度、优秀的翻译技巧也是我学习的榜样。最后我还想感谢亲爱的筱婷，本书的翻译自始至终都有她的陪伴，无论是在身边还是在电话的另一端，她无时无刻不在鼓励、慰藉着我，也是我不成熟译文的第一位读者，她的支持让我有勇气沿着自己的道路继续走下去。

作为译者，我一直秉持着一个原则与信念：若译本让读者有所裨益，全是作者的功劳；若读者在阅读中感到困惑与吃力，则都是译者的责任。如此，我才能在未来的学术研究与翻译工作中不断鞭策自己，提升与精进自己的能力，为法国思想与文化在中国的传播略尽绵薄之力。如今《人与神圣》的译文已进入校对阶段，我自己也完成了博士学业。前路依然漫长而坎坷，但巴黎夏日的暖阳闪烁在公寓里绿植叶片的水珠上，窗外蔚蓝的天空下是蓬皮杜中心海蓝色的穹顶。在这短暂的惬意之中，我仿佛也体会到了一丝神圣的感觉，因而忽然重拾起信心，敢于去直面未来的重重迷雾了。

2022 年 7 月于巴黎，玛黑区，玻璃街
2023 年 8 月修改于北京，清华园

第三版序

在序言之上叠加新的序言,与其说展现了一本书的创作历程,倒不如说证明它离自己愈来愈远,反而在一个更加丰富翔实又或仅仅是更加壅闭的视角之下,找到了新的一席之地。距这部作品问世已经有差不多二十五年了,它是我最早写的作品之一。算上我于1949年补充的附录,现在看来,这本书可以算是我大部分作品的根源。这没什么可惊讶的。撰写这部论著时,我几乎是全心全意在研究那些阴郁晦暗却又至关重要的、那些既困扰又蛊惑且时而奴役人类心灵的情感,而其中神圣的情感占据着相当的地位。岁月并没有消磨掉我这一腔热血,但却让它变得可以说没什么意义了,因为它已经远非当初的模样,而那时我还以为能够将充满热忱的学术知识转化为一个万能的杠杆,让它在自己的领域中发挥作用。在彼时那样的心境中,我去高等研究实践学院(École pratique des hautes études)师从马塞尔·莫斯(Marcel Mauss)和乔治·杜梅齐尔

（Georges Dumézil）[18]所学到的，与我同乔治·巴塔耶（Georges Bataille）和米歇尔·莱里斯（Michel Leiris）在我们刚刚一同创立的**社会学学会**（Collège de sociologie）的陋室中所大胆教授的[19]，我很难将这二者区别对待。

本书中不止一页内容体现了这种模棱两可的初衷：一方面我感到有必要为社会重塑一种积极活跃、无可争议、不可或缺且吞噬一切的神圣性，而另一方面我又希望可以冷静、准确而科学地去阐释这种我们那时不乏天真地称为集体存在之深度活力的东西。所谓活跃的（actif）神圣，我们那时选择称其为**活性的**（activiste），至少在我们之间这样称呼，以此来表明我们所憧憬的东西不只是单纯的行动，而是连我也说不清的某种巨

---

[18] 马塞尔·莫斯（1872—1950），法国社会学家和人类学家，被誉为"法国人类学之父"。乔治·杜梅齐尔（1898—1986），法国语言学家、宗教史学家和人类学家。高等研究实践学院，创立于1868年的法国大型公立教育机构，总部位于巴黎。该机构集教学和研究于一体，可以颁发硕士、博士学位与博士后的任职资格。——译注

[19] 乔治·巴塔耶（1897—1962），法国20世纪著名思想家、哲学家、社会学家与作家。其所涉猎的研究领域包括哲学、社会学、人类学、经济学、政治学、文学与艺术评论，同时也进行文学创作。其思想深刻影响了下一代被称为"法国理论"的诸思想家。米歇尔·莱里斯（1901—1990），法国20世纪作家、民族学家、艺术评论家。社会学学会，成立于1937年11月，是在巴塔耶、莱里斯和卡约瓦的共同倡议之下，由当时的一批法国知识分子所组成的一个学术团体，其目的是研究与传播社会科学的学术观点与成果。这个团体是一个松散的学术组织，定期集会，进行学术宣讲。其中最重要的一个主题便是神圣，即神圣作为人类社会关系的纽带，乃至作为构成人类共同体的基础。因为二战，学会在1939年7月解散。但是其涉及的诸多思想，对战后法国知识界产生了深远影响。——译注

大的感染力，某种瞬间湮没一切的狂热情绪。因而很明显，我们当时并没有赋予"**活性的**"（activiste）这一修饰语它现如今所具有的那种特殊含义，我们当时所指的是化学及某些化学反应那种迅速、猛烈且无法抑制的特点。[20] 当然，我们那时的设想不过是空中楼阁，且事实上这些空洞的抱负一直都只是一纸空文。我甚至确信，即使战争没有发生，它们也还是会付诸东流。[21] 我提到这些只是为了说明，这类热情常常出乎我们意料，催生出某些似乎与其初衷相比性质完全不同的研究，相对冷静克制，总之是一种超然的努力之成果。我还认为，这秘密的躁动情绪生来就是为了激发并滋养永不满足的求知欲。如果没有这种情绪的驱使，如果失去了自己的敏锐与果敢，那么求知欲

---

[20] 此处的两个词"活跃的"（actif）与"活性的"（activiste），其中 actif 既有积极活跃的意思，也指化学中某种元素或反应是活性的或有效的。而 activiste 的本义从 actif 第一个义项衍生而来，指某种事业或计划的积极分子或活跃分子，具有现实和政治意味。而如文中所述，作者在此使用 activiste 一词，并非取其现实与政治意义，而是回溯其词源 actif 的第二个义项，取其在化学领域里的含义。——译注

[21] 此处作者所谈及的模棱两可的初衷，即一方面让神圣性，让这种原始狂热与宗教情绪重现于现代社会，另一方面用科学理性的态度研究这种神圣性，这两种不同的意图体现在他当时所从事的不同活动之中。如前文所述，卡约瓦与巴塔耶创立社会学学会，对神圣这一主题进行科学研究与讲授。在同一时期，即 1936—1939 年，巴塔耶创办了《无头》（Acéphale）杂志，集中发表各种关于神圣、宗教、献祭等主题的文章，卡约瓦也是撰稿人之一。但是巴塔耶的抱负不止于对神圣进行社会学研究，他于 1937 年成立了一个名为"无头"的秘密社团，专门进行与神圣相关的神秘主义仪式，去亲身体验这种原始的宗教情感。关于这个社团的真实资料甚少，留下的只有很多传闻，无法确定卡约瓦的参与程度有多深，同该社团保持着怎样的关系。但这些不同性质的活动，确实印证了他在此处所说的，当时他对于神圣所持的两种不同的态度。——译注

也许就会沦为某种机械式的、苦役般的学问。

就我而言，长久以来我一直沿着第一条路在前行。因此，我于1949年补充的那篇对游戏与神圣的研究，最终变成了我1958年出版的《游戏与人》(Les Jeux et les hommes)〔22〕。而一起补充的对战争与神圣的反思，首先促使我写出了《战争的迷魂》(«Le vertige de la guerre»)这篇研究文章，收录在我于1951年出版的《当代社会学随笔四则》(Quatre essais de sociologie contemporaine)〔23〕中；随后在篇幅更长、题为《贝罗娜：战争之危》(Bellone ou la pente de la guerre)〔24〕的书中，我重拾并完善了这一有关战争的思考。

现在我来谈谈本作的内容以及它阐述的主要论题，后者似乎在常常脱离于作品本身的讨论与研究中已然获得了长足的发展。神圣的矛盾性在这本书首次出版时已经是被广泛承认的观点了，所以也并未受到什么质疑。有关节日与僭越神圣的理论，尽管我写得过于宏观而系统（或者也许正因为如此），似乎也作为指导观点，催生了一些更加具体而详尽的研究，从而证实并细化了这一理论，这非常令人欣慰。

---

〔22〕《游戏与人》于1958年在伽利马出版社(Gallimard)出版。——译注
〔23〕《当代社会学随笔四则》，于1951年在佩兰出版社(Perrin)出版。《战争的迷魂》为该文集的第四篇。——译注
〔24〕将由书籍复兴出版社(La Renaissance du livre)（布鲁塞尔）出版。——原注。
《贝罗娜：战争之危》，于1963年在比利时的书籍复兴出版社出版。贝罗娜，古罗马神话中象征战争的女神。——译注

最后，那些或赞同或反对图腾崇拜理论的研究成果几经发展，让我在"世界的结构"一章中所论述的分类系统备受关注。我并不后悔从中推演出了敬畏神圣的一整套法则，也不后悔提出了契合这些法则的一系列重要禁忌，而其中最主要同时也是让我颇费笔墨谈论的禁忌之一，就是乱伦的禁律。可以说，我很庆幸自己将之重新置于其语境中探讨，也庆幸自己从那时起就在强调一切呈献正面、强制、明确而封闭的特征，譬如饮食、性、文化等方面的呈献。实际上，从社会机制的角度来看，种种这些我们之间相互索取与提供的服务，显然是对世上一切生灵与物品在互补、对立与细分的领域中进行分配的必然结果。而这些严密且协调的领域同时涵盖了世界的可见与不可见两个部分（即经验与想象这两个部分），并根据一个由多种关联构成的复杂系统，将世上所有真实或想象的元素组织起来。这些视角并不是我提出的，而它们的生命力，如今也无须再证明。

反之，我愈发对结论的仓促感到后悔，甚至有负罪感。这几页过于大胆的内容也许只会激发读者的想象，必要时成为他思考的跳板，当然更可能的情况是我这种轻率处理重要问题的傲慢态度会让他们反感。不过，回忆起一位哲人就"缺憾之美"所写的文章，我多少得以自我宽慰。但这也即是承认，现在要交由后世来继续我的研究了。

1963 年 2 月

第二版序

这部作品的初版于 1939 年问世。我那时不得已对其长度做了适当的缩减,因为收录它的文丛有篇幅限制。[25] 如今我将全文呈现给读者。本书的第二章,我大体挪用了一篇最初为出版于基耶出版社(Quillet)的《宗教通史》(*L'Histoire générale des religions*)所撰写的研究文章,同时补充了一些新的论述(详见该书卷一,第 21—32 页)。不过由于战争,这部书直到 1948 年才问世。[26] 第三章的全文,我最先在《宗教史期刊》(*Revue de l'histoire des religions*)上发表(详见卷一百二十,1939 年 7—8 月,第 45—87 页),[27] 标题为"敬畏神圣:简要阐

---

[25]《人与神圣》的初版于 1939 年在巴黎的勒鲁出版社(Leroux)出版,收录于"神话与宗教"(«Mythes et Religions»)系列文丛。——译注

[26]《宗教通史》,主编是 M. M. 马克西姆·戈尔斯(M. M. Maxime Gorce)与拉乌尔·莫尔蒂(Raoul Mortier),于 1948 年在巴黎的基耶出版社出版。——译注

[27]《宗教史期刊》,于 1879 年创刊的季刊,第一期于 1880 年在勒鲁出版社出版,现在则由巴黎的阿尔芒·科兰出版社(Armand Colin)发行。——译注

述禁忌的总体系统及其在某些所谓原始社会中的功用"。除了其参考文献，本书将这篇文章完整转载。

对于其余的内容，我仅仅在形式上做了些更正。只有最后的部分我做了些实质性的修订。

附录的三篇研究，第一篇《性与神圣》已经收录在了本书首版的西班牙语译本中［经济文化基金会（Fondo de Cultura Económica），墨西哥，1942，第163—180页］。[28]第二篇《游戏与神圣》批评了J. 赫伊津哈（Johan Huizinga）在其著作《游戏的人》（Homo Ludens）中提出的理论，[29]并于1946年3月在《汇聚》（Confluences）杂志刊发（第十期，第66—67页）。[30]此后，本维尼斯特（Émile Benveniste）先生就同一主题发表了一篇重要研究［《作为结构的游戏》（«Le jeu comme structure»），《丢卡利翁》（Deucalion）第二期，1947，第161—167页］，[31]印证并完善了我的这篇文章。我在注释中引述了他的主要观点。

最后，在附录的第三篇研究《战争与神圣》中，我试图解

---

[28] 经济文化基金会，一个于1934年创立，出版西班牙语作品的非营利出版集团，总部在墨西哥，下属机构则遍及西语世界。——译注
[29] 约翰·赫伊津哈（1872—1945），荷兰语言学家与历史学家。在其著作《游戏的人》中，赫伊津哈主要研究了游戏对于欧洲文化发展的重要影响。——译注
[30] 《汇聚》，于1941—1947年在里昂发行的月刊。——译注
[31] 埃米尔·本维尼斯特（1902—1976），法国结构主义语言学和符号学家。《丢卡利翁》，于1946—1957年发行的期刊，共六期，前两期于巴黎封丹（Fontaine）出版社发行，后四期于瑞士的拉巴孔涅尔（La Baconnière）出版社发行。丢卡利翁是古希腊传说中普罗米修斯的儿子，在宙斯发动的大洪水中，与其妻子皮拉成为唯二幸存者。——译注

答第四章的结论部分所提出的一个问题：在现代社会中，对应于节日的东西是什么？我首先想到了假期，但是很显然，假期与节日二者的特点不仅一点也不吻合，反而明显是相互对立的。与节日相对应的是战争。在这篇研究中，我仅引用了我收集的资料中的一小部分，最有用的一部分，以探讨这两种社会情绪达到高潮的现象，突显二者之间功能上的相似性。若有机会，我希望能为此写一本专著，用以研究现代战争的发展与它通常所激发的恐惧与狂热之情。这样一来我就可以更详细地呈现出，战争作为当代社会的普遍现象，是怎样唤起了那些通常见于神圣领域的信仰与行为，并为自己推波助澜。

自1939年以来问世的一些作品，为本作中谈及的问题之相关研究做了重要贡献。我将这些作品添加到了最后几页所列的主要参考文献之中。在这些研究里，我非常高兴看到了许多宝贵的内容，它们证实了我针对禁忌与交换体系——即"原始社会"中的神圣经济学——所持的那些论点。这些研究尤其证实了有关乱伦的所谓禁律究竟何为：共生的族群之间的通婚是必要的，而乱伦的禁忌仅是这种通婚原则的否定性表述，是其次生品。

本书的观点甚至得到了一些更为直观的证实：在拉丁美洲，尤其在里约热内卢和韦拉克鲁斯（Veracruz）[32]的狂欢节中，一座城市及其周边的所有人，都会在整整一周里聚在一起，他们

---

[32] 韦拉克鲁斯，墨西哥港口城市。——译注

载歌载舞，狂欢喧闹，躁动不停。我得以从中观察到，我对于节日的描述远非空想，而是在很大程度上契合着那些依然存在且生机勃勃的现实。当然由于当下城市生活的压力，这些现象显然都正在衰落。

因此，鉴于这些来自各方的鼓舞，我才大胆却又不失谨慎地再版这部作品，为其略作修订并进一步充实了其内容。

1949 年 11 月

前　言

其实，关于一般意义上的神圣，我们唯一可以合理断言的已经包含在这个术语的定义之中了，即它与世俗相对立。一旦我们试图去明确这一对立的本质与形式，我们就会碰到非常棘手的障碍。不管这种对立是多么基础，在事实的纷繁复杂面前，任何表述都不合适。即便这一对立从某种角度得到了证实，可它也会被建立在另一种视角之下的所有事实残酷地否认。那么我们是否应该从许许多多的个案研究入手，来探讨每个社会之中神圣与世俗的关系？即便调研所涉及的个案数量足够多，这项工作也需要几世才能完成；而如果调研不够充分全面，我们又会陷入一概而论的风险。在这样的条件限制之下，我只好做出让步，只描述各种**关系类型**。这当然不够严谨，但是却最如实。这样一来，这部作品大概会显得过于高屋建瓴。可是由于迫不得已，我的雄心壮志也只好如此：鉴于无法穷尽神圣的**语词形态**研究，我只好尝试去书写其**句法结构**。

现在，既然直言不讳地指出这项工作似是而非与过于草率的方面，我们便要将之避免。本书描述的都是从最确切、最有代表性的情况中挑选出的具体事实。但是使其脱离语境，脱离由其构成并赋予其意义的全部信仰与行为方式，它们也就与抽象概念没什么不同了，因为它们失去了绝大部分具体价值。同样地，本书的结论也只适用于从事实中总结出的一般情况，而这种一般情况与任何一个具体事实都不完全相符。在某种意义上，这些结论只是陈述了一些远非放之四海而皆准的法则，坦言之，一些只包含例外的法则。例如，就我构想的关于节日本质的理论而言，确实没有任何一个节日能够完全被这个理论解释，因为每一个节日都在一个具体的环境中发挥着一种具体的功用。然而，我并不认为理论就是无用的。它也许无法解释每个变量的价值，可至少它力图推导出常量。我绝没有描述每一把锁，也没描述开锁的每一把钥匙，我只是提供了几把万能钥匙而已。这当然并非毫无问题，且（显而易见）不能排除在需要的时候去求助于那把和它**配对的**钥匙，也就是说具体问题要具体分析，单独解决。

鲁道夫·奥托（Rudolf Otto）[33]先生有一部广为流传的著作，论述主体的"主观"部分，也就是说他研究的是对神圣的**体验**。在此作中，作者从心理学角度，以近乎内省的方式来

---

[33] 鲁道夫·奥托（1869—1937），德国神学家、哲学家、宗教学家。他最重要、最广为人知的著作是《论神圣：关于神灵观念的非理性现象和它与理性的关系》（*Das Heilige: Über das Irrationale in der Idee des Göttlichen und sein Verhältnis zum Rationalen*），在其中他对神圣的概念做了深入的思考与阐释。——译注

分析神圣，且几乎只以它在几大普世宗教中所具有的形式来呈现它。鉴于此，我以为我可以不去正面触及神圣问题的这个方面，但同时保留每当我觉得必要时就去参考这部著作的权利。至于其他内容，我严格遵循了法国社会学学派的研究著作。但愿我在尝试整合他们的成果时，没有太偏离他们的思想。随着阅读的进展，读者会看到这本书深受前辈学者的研究与结论的影响：享誉盛名的涂尔干、于贝尔（Henri Hubert）和R. 赫尔兹（Robert Hertz），以及将他们的事业继续发扬光大的莫斯、葛兰言（Marcel Granet）[34]和杜梅齐尔。本来没有人比马塞尔·莫斯先生更适合写一本关于神圣的书，而每个人也都相信，若由他来写，这本书才将是长久以来关于神圣的权威著作。因此要在这项工作上取代他，我们必然要承担风险，同时也会深感不安。不过，至少我的研究既从莫斯先生已出版的著作中受益良多，也从他的口头讲授中汲取了大量灵感，尤其是在一次简短的谈话中，他通过一些简练、语出惊人却极其重要的指点，让我们这些向他寻求意见之人大受裨益。所有这些，都些许缓和了我的不安。特别要提到的是，在我这部作品中，"物的秩序"（ordo rerum）[35]这一概念占据了非常重要的位置，而这完全要归功于莫斯先生。我也无法准确估量乔治·杜梅齐

---

[34] 亨利·于贝尔（1872—1927），法国考古学家和社会学家。R. 赫尔兹（1881—1915），法国人类学家。葛兰言（1884—1940），法国汉学家。——译注
[35] 原文为拉丁语。——译注

尔先生对我的影响，因为它太过深远，以至于任何衡量都可以说是对他的不敬与不公，是愧对这位在宗教史研究伊始便不断指引我的导师，愧对这位给我这本小书提供了诸多意见与建议的挚友。最后，我应当向乔治·巴塔耶表达我的感激之情。在我看来，我们二人之间就这个问题形成了一种学术上的互补。对我而言，在和他无数的讨论之后，我已经没有办法在我们共同追求的事业中，将他的思想同我的准确区分开了。

我并不认为需要避免将这个问题上升到形而上的层面，我觉得神圣的问题涉及人身上的某些深刻与本质的东西。可能我远超出了实证科学所允许的界限，但也许有些人会觉得，这部作品如果缺了这不够严谨的部分反而会变得不完整，我承认我有同感。而其他人会更乐意将这部分内容视为跑题，愿意将其忽视，并因此而不把我当回事，随他们去吧。不过我不觉得一本书的最后十来页足以抹杀其前面的内容，尤其是前面的这部分在写就的过程中，没有任何思想上的保留，完全以客观性为唯一标准。最后的结论是独立的，而得出这样的结论只因情势所迫。

1939 年 3 月

第一章　神圣与世俗的总体关系

　　世上的任一宗教概念都在神圣（sacré）与世俗（profane）之间做了区分：在后者的世界中，信徒自由地为其工作忙碌着，所从事的活动与其救赎无关；与此相对，在前者的领域里，时而出于恐惧，时而出于希望，他总感到束手无策，如履薄冰，哪怕是最微不足道的行为之中的一丁点儿偏差，也会让他坠入深渊，无可挽回。当然，这样的区分并不总是足以定义宗教现象，但至少它是一块试金石，可以让我们更加可靠地将之辨别出来。实际上，无论我们对宗教做出何种定义，都会发现它包含着神圣与世俗之间的这种对立，哪怕它并不完完全全与之吻合。无论是通过逻辑推演还是直接观察，每个人都迟早会承认，笃信宗教之人的首要特征是坚信世上存在着两个互补的领域：在一者中，他可以无忧无虑、泰然行事，但是他的行为也只涉及他肤浅的自我；而在另一者中，一种内在的依赖感则把控、制约并引导着他的每个冲动，让他深陷其中无法自拔。神圣与世俗，这两个世界仅通过彼此而被严格定义。它们互不相容,却又互为前提。试图简化它们的对立是徒劳的,因为这一对立完全是意识的一种直观感受。我们可以描述它,将它解析为种种要素,或建立关于它的理论。但若要定义它本身的特性,这就如同要明确阐述某种感觉一样,我们无法诉诸抽象语言。因此,神圣似乎是一个感性的范畴。而事实上,宗教心理正是建立在这一范畴之上,并因之获得了自己独特的性质。也正是这种范畴赋予信徒以一种特殊的敬畏感,从而让他的信仰免于研究精神的干扰,不受争论的影响,外在于理性并超越理性。

H. 于贝尔写道:"这正是宗教的基础观点。神话与教义用各自的方式解析神圣的内容,宗教仪式将它的特质用于实践,宗教道德源自它,神职是它的具体呈现,而神社、圣地与宗教建筑则将它牢牢扎根于地。宗教就是对神圣的管理。"神圣的体验让宗教生活方方面面、各种各样的内容都充满无限生机与活力,这一点我们怎么强调也不为过。而宗教生活则是人与神圣之间诸关系的总和,信仰是这些关系的体现与保证,宗教仪式是将它们实际确立下来的方式。

神圣的主要特征

神圣作为一种或长久或短暂的特质,既体现于某类事物中(如宗教崇拜的器具),又体现在某种人身上(如国王、祭司),既存在于某类空间内(如庙宇、教堂、圣地),也存在于某种时间中(如礼拜日、复活节、圣诞节等)。没什么不能变成神圣的栖身之所，并因此在个人或集体的眼中拥有无与伦比的威望；也没什么不能被剥夺神圣的特性。这种特性是事物本身所不具有的，它通过一种神秘的恩典被赋予事物。一个达科他的印第安人对弗莱彻（Alice Cunningham Fletcher）[36]小姐解释道："飞翔的鸟儿栖身筑巢，而行路之人则在心仪之地驻足。神性亦是如此，太阳是它的一个停驻地，树木和动物也是。这就是为何我们向它们祈祷，因为我们来到神圣的停留之地，以祈求它的帮助与保佑。"

在获得神圣性之后，人或物也许外表上毫无改观，但实际却发生了根本变化。从这一刻开始，我们与它的互动方式也要经历相应的调整。我们不能再随意对待它，它会激起恐惧与崇拜之情，并呈现为"禁忌"（interdit）。与它的接触会变得危险，鲁莽犯忌之人一定会立刻遭受惩罚，就像用手触碰火焰一定会被烧伤一样。神圣差不多总是如此，"不经历死亡就无法接近"。

一方面，为其自身利益考虑，世俗之人应当避免同神圣的亲密接触，因为神圣的感染力快若闪电、重如雷霆，这样的接触是致命的。圣人或圣物所蕴含的力量随时都会波及外物，仿佛液体满溢、电光四射一般。另一方面，将神圣保护起来隔绝一切世俗的接触，这也是必不可少的。实际上，这种接

---

[36] 爱丽丝·坎宁安·弗莱彻（1838—1923），美国民族学家、人类学家和社会学家，尤以对美国印第安文化的考察和研究而著名。——译注

触会改变圣物的本质，让它丢失其特性，将它之前所蕴藏的强大而短暂的神力瞬间清除掉。这就是为何我们会谨慎地将圣地同一切属于世俗世界的东西隔离开，只有祭司才能进入这最圣洁、最隐秘的场所。在澳大利亚，存放圣物或"丘灵加"（churinga）[37]的地方并不被所有人知晓。这些东西是宗教神秘仪式最为重要的器具，那些世俗之人或教外人士对其具体的藏匿之处一无所知，只是知晓大概的方位。假如他们要经过圣物藏匿的区域，必须绕远路，以免偶然发现它。在毛利人（Maori）[38]的习俗中，如果一个女人走进一个建造圣舟的工地中，那么族人本来期望赋予小舟的神圣特质就全完了，它将无法下海。一个世俗之人的出现足以驱散神的赐福，一个走入圣地的女人会破坏这里的圣洁。

相对于神圣，世俗好像只有一些负面特征。相较之下，它显得如此贫乏可怜、缺少生命力，就好像虚无之于存在。但是R.赫尔兹的阐述恰如其分：这是**一种活跃的虚无**（néant actif），它因实有而得名，却反过来削弱、破坏这种实有，甚至将其毁灭。因此最好将神圣和世俗彻底隔绝开来，因为任何接触对双方都是致命的。涂尔干写道："这两类事物无法在保持各自本质的前提下相互接近。"而另一方面，它们二者又都对生命的发展必不可少：一个是生命蓬勃生长的领域，另一个则是创造、维

---

[37] 丘灵加，澳大利亚中部地区原住民阿龙塔人所信仰的原始宗教圣物。——译注
[38] 毛利人，新西兰境内的原住民。——译注

持生命并让其推陈出新的不竭之源。

神圣,一切灵效之源

事实上,信徒所期许的一切帮助与成功都源于神圣。他面对神圣所展现出的崇敬之情由恐惧与信任一同构筑。在他看来,那些威胁与伤害他的灾祸,那些他希望的或降临在他身上的福运,都源自某些他努力动摇或试图约束的原则。他是如何想象这恩泽或苦难的至高源起,其实并不重要:这一切也许源自一神宗教的万有与万能之神,也许源自城市的守护神,也许源自死者的灵魂。无论如何,它们都具有某种无所不在却飘忽不定的力量,能让每个物品的功效都发挥到极致,使行船变快,让武器致命,使食物营养丰足。无论宗教在我们看来是文明的还是原始的,它都意味着对这种人类应当重视的力量给予承认。在人类眼中,所有像是这种力量汇聚之地的东西,都是神圣、令人生畏且宝贵的。反之,他认为所有那些不具有这种力量的东西虽然可能无害,但同时也无用且毫无吸引力。我们对世俗之物只会轻视,而神圣则具有一种令人着迷的魔力。它同时既是无上诱惑又是巨大灾祸:正因为可怕,它要求人谨小慎微;但又因充满吸引力,它也促使人大胆冒险。

因此,以其基本形态存在的神圣,首先展现出一种危险、不可思议、难以驾驭却又无比灵验的能量。对于决心向神圣求助的人而言,他面对的问题在于如何获取这种能量并尽可能为其所用,同时保护自己免受使用这种极难掌控的力量所固有的伤害。我们所追求的目标越重要，神圣之力的介入就越必要，使用它也就变得越危险。神圣无法被驯服，也不会被削弱或分裂。它是不可分割的，无论在何处都始终是一个整体。基督的神性完整地存在于每一片圣体之中；哪怕圣物的一块最小的碎片，也和完整的圣物具有同等的力量。世俗之人不可在毫无防备的情况下妄想占有这种力量；不信教之人若用手触碰圣龛，这只手就会干枯并化为灰烬；没有充分准备的机体是无法承受这种能量转移的。渎神者的身体会肿胀，关节会僵硬、扭曲、断裂，肉体会腐烂，他很快就会在无力或抽搐中死去。这就是为何，若部落首领被尊为神圣，那人们就要小心不要触碰到他。我们会在下文详述这点，即他穿过的衣服、用过的餐具、吃剩的食物都会被毁掉，人们会把这些东西烧尽或深埋。若一位卡纳克人（Canaque）[39]首领头上的羽饰或头巾掉在地上，那么除了继承了他圣洁之力的子女，没人敢捡起来，因为人们惧怕因此染病或死亡。

仪式与禁忌的作用

一方面，神圣自身的感染力会使它在瞬间扩散到世俗事物之上，从而有将其毁灭并在无意义中自我消逝的风险；另一方面，世俗无时无刻不需要神圣，总是极度渴望去占有它，从而

---

[39] 卡纳克人，法属新喀里多尼亚的原住民。新喀里多尼亚是位于大洋洲西南部、南回归线附近的一座岛屿。——译注

也有将之破坏或自己化为乌有的危险。因此，它们之间这种交互关系应当得到严格的管理，而这也正是仪式的作用。一类仪式具有正向作用，它们会根据社会的需要来改变世俗或神圣的性质；相反，另一类仪式则是反向的，其目的是让二者维持原状，以防它因不恰当的接触而相互造成损害。第一类仪式包括**祝圣仪式**（consécration）与**去神圣化**（désacralisation）或**赎罪**（expiation）仪式，前者将一个人或物引入神圣世界，而后者则正相反，将一个或纯洁或不洁的人或物归还给世俗世界。这些仪式创造并确保了两个世界之间必不可少的往复运动。反之，禁律则在两个世界之间建立起同样必不可少的屏障，通过使其相互隔绝来保护它们不受灾祸的威胁。这些禁律，我们通常用波利尼西亚语中的"禁忌"（tabou）[40]一词来指称它们。涂尔干写道："我们用这个词来指代所有那些仪式化的禁律，这些禁律的作用在于，通过隔绝可能具有超自然成分的某个或某类事物，与其他不具备同样特质或超自然属性不够强的事物之间的一切接触，来防止那种神奇的感染力所造成的危险后果。"禁忌呈现为一种否定式的绝对律令，它告诉我们的永远是禁止做什么，而绝非应当做什么。它的正当性不出于任何道德考量。我们不能违背它只有唯一一个原因，即它就是法律，它以绝对的方式定义了什么是允许的而什么是不被允许的。它的用

---

[40] 该词源自波利尼西亚原住民语言，意为禁忌，现已进入西方诸语言与文化之中，成为一个常用词。波利尼西亚位于太平洋中南部，是一个由一千多个岛屿构成的地区。——译注

途是维持有序世界的完整性，同时确保遵守它的人身体与精神健康。它防止后者死亡，防止前者退回到混乱无序、无形无休的状态，也就是创世神明与先祖英雄带来秩序与尺度、安定与规则之前的那种状态。在原始无拘无束的状态下，禁忌并不存在。我们的先祖通过确立这些禁忌，让世界变得有条不紊，让其运行变得合理。他们一劳永逸地确定了人与物之间、人与神之间诸关系，他们也明确了神圣与世俗之间、允许与禁止之间的界限。

在波利尼西亚语中，禁忌的反义词是 noa，即"自由"。noa 指那些可随意从事而不会影响世界秩序、不会引发不幸与灾祸、不会带来任何无法控制和不可挽回后果的事情。相反，一个僭越禁忌的行为意味着一旦完成它，我们必定会破坏这种同时既是自然的也是社会的普遍秩序。每个僭越之举都会将秩序全部扰乱：土地可能不会丰收，家畜可能不会繁殖，星辰可能会脱离运行轨迹，疾病和死亡可能会肆虐家园。罪人不仅会让自己的人身安全受到威胁，他带给世界的混乱也会如污点一般不断扩散开来，一点一点地让整个宇宙都无法正常运转，除非厄运会随着它的扩散而逐渐丧失威力，除非我们提前采取了措施并及时执行以将其控制或挽回。

总之，根据这段简短而初步的描述来看，世俗的领域就是**常用**（usage commun）的领域，在这个属于人类的狭小边缘领域中，我们不需要谨慎行事，可以不受限制地从事自己的活动。相反，神圣的领域则是危险的、被禁止的领域，个体一旦接近这一领域，必然会引发那些他无法控制的、让他显得弱小而无能的力量。然而若没有这些力量的帮助，任何愿望都必定落空，因为这些力量是一切成功、权力与财富的源头。可是求助它们的同时，我们又会惧怕成为它们的第一个牺牲品。

世界的秩序

神圣的这种矛盾性基本决定了人类对它的认知方式，立足于这种矛盾性，我们应当从主观角度出发建立对于神圣的研究。但是在此之外，我们同样有必要去研究那些客观施加于人类个体的、必须被严格遵循的限制。我们已经看到，这些禁律的作用是维护宇宙秩序。事实上，指称普遍法则的词汇加上一个否定缀词，这样简单的结合通常就构成了指称违背禁律行为的词汇。这样一来，两个概念之间的紧密关系就一目了然了。拉丁语中 fas 的反义词是 nefas，后者意为一切有损世界秩序与神圣法则并因此而被禁止的东西。希腊语中的 thémis 含义类似，即宇宙秩序，不过相对于拉丁语，它缺少公平正义这种道德的意味，更强调保证宇宙正常运转所必不可少的规律，而公平只是其中一个方面或一个结果。代表禁忌的短语是 ou thémis，它不强调别的，单指违禁行为与维护世界规范与稳定的神圣法则之间的矛盾。

同样，在印度-伊朗语族中与 rta 相对的词是 an-rta，意为所有违反宇宙法则的东西。当阎蜜（Yamî）希望与其双胞胎哥哥[41]发生乱伦关系时，后者以传统律法为诫拒绝了她："这种我们从未做过的事，现如今我们又怎能去做呢？我们怎么可以一边谈论着 rta，一边却去做 an-rta 之事呢？"就连神自己也不能违背宇宙法则的敕令。当因陀罗（Indra）迫不得已杀死婆罗门贵族弗栗多（Vrtra），他便因此成为罪人，承受着他的僭越之举带来的后果：他被剥夺了力量，不得不逃到世界尽头，藏身于芦苇丛中，留下整个宇宙被灾难肆虐。[42]这一切都是因为，"遵循 rta 之人，前路畅通无荆棘"；而反之，偏离原路与原初信条之人，则会招致那遥远的滔天罪恶。薛西斯一世（Xerxès I）[43]在伊斯坦布尔海峡建了一座船桥，让海水变得波涛汹涌，

---

[41] 阎蜜与阎摩均为印度神话中的神祇，阎摩为死神。有关二者乱伦的故事记载于《梨俱吠陀》中，该书是印度原始信仰吠陀教（又称为婆罗门教）的重要典籍《吠陀》本集之首。《吠陀》本集共四部，分别为《梨俱吠陀》、《娑摩吠陀》、《夜柔吠陀》和《阿闼婆吠陀》。——译注

[42] 因陀罗与弗栗多也是印度神话中的神祇，关于二人斗争的传说一直存在于印度宗教的演变之中，从原始时期的吠陀教到后来的印度教，在不同时期与不同文本中内容也有差别。在早期的《梨俱吠陀》当中，因陀罗是提婆族之神，而弗栗多则是阿修罗神族的巨蛇或巨龙，是干旱的象征。因陀罗击杀弗栗多，让甘霖重降世间。而此处涉及的剧情则记载于印度史诗《摩诃婆罗多》之中，人形的弗栗多本属于婆罗门种姓贵族，后变为邪恶的阿修罗神族之首，并对提婆族宣战，最终被因陀罗杀死，而后者也必须背负弑贵族的罪名而遁世。《摩诃婆罗多》与《罗摩衍那》并称为印度两大史诗，其成书时期为印度从吠陀教向印度教过渡的阶段。——译注

[43] 薛西斯一世（公元前 519—前 465），古波斯阿契美尼德王朝，即波斯帝国的国王之一。在希波战争中，他在其父大流士一世第一次入侵希腊失败后，于公元前 480 年率领波斯军队第二次入侵希腊，并最终失败。大流士一世在征讨希腊时曾通过建造船桥，跨越了伊斯坦布尔海峡。而薛西斯一世在第二次远征希腊时，效仿其父在达达尼尔海峡之上建立了船桥，让其军队通过。伊斯坦布尔海峡又称博斯普鲁斯海峡，（转下页）

这导致了他的军队战败并走向毁灭。在上古中国,如果天子或王后有僭越之行,那么日食或月食就会出现[44]。

混合的危害

自然法则是社会法则的延续与反映,二者密切联系在一起,扰乱其中一方也会破坏另一方。欺君之罪等同于逆天之行,同样会有损宇宙的合理运转。与此类似,任何混合(mélange)都是一种危险的行为,有可能带来混乱与动荡,尤其可能将某些应当相互独立的特质混淆在一起,从而让它们丧失独特效用。鉴于一些物体无论直接还是间接接触,只要同时出现在同一个封闭的空间内就已经构成了混合,因此在所谓的原始社会通行的大多数禁忌首先是对混合的禁忌。例如,那些在某种程度上看起来属于不同性别的东西,不管它们这种属性是因为感染所致还是本质如此,当它们相互接近时,这样的混合就会让人感到害怕。因此,男性的劳动工具不能同女性的劳动工具放在一起,他们各自收割的谷物粮食也不能存放于同一屋檐下。同样,我们也会害怕将属于不同季节的东西混合在一起。在爱斯基摩人(Eskimo)[45]的文化中,冬季动物海象和夏

(接上页)连接黑海与马尔马拉海,而达达尼尔海峡则连接马尔马拉海与爱琴海。两个海峡统称为土耳其海峡,是亚洲与欧洲的分界线之一,也是连接黑海与地中海的唯一航道。——译注

[44] 此处作者参考了葛兰言《中国文明》(*La Civilisation chinoise*),葛兰言所论为周朝的礼制(Marcel Granet, *La Civilisation chinoise*, Paris, Albin Michel, 1988, pp. 209-210)。——译注

[45] 爱斯基摩人,对生活在北极的原住民的总称,包括北美洲北(转下页)

季动物驯鹿,二者的皮毛不能相互碰到,二者的肉也不可有任何接触,甚至同时吃进胃里都不行。这种禁忌的变体数不胜数。一切自然形成的对立,譬如性别和季节的对立,都能催生出一些法则,让其中一方原则面对其对立原则时得以保持完整性。而源于社会层面的对立,譬如一个部落中不同族群之间的对立,同样催生了一些禁忌以阻止各自财产之间有害的影响。澳大利亚的部落分为两个胞族,而用以将死刑犯的尸首示众的脚手架,必须专门由只属于自己胞族的木材搭建。反之,若要捕猎一只属于特定胞族辖区的动物,就必须使用对方的木材所制造的武器。这样做是因为,在宗教思想看来,混合并不像化学试验那样,结果是确定的且无论如何都只停留在物质层面。它牵涉物体的本质,会干扰和改变后者,并在其上形成一个污点,即一个容易引发传染的焦点,而这个点必须被立即毁掉、消除或隔离。

物体的特质是具有传染性的,如果它们离得过近以至于可以相互影响,那么其特质便会互换、转化、结合并变质,而世界的秩序也会因此受到冲击。所以若要保护世界秩序,就应当从理论上杜绝一切有可能损害它的混合;而一旦这种棘手的操作无可避免,也必须在做好必要防护措施的情况下才能去执

(接上页)部的因纽特人与阿拉斯加西部和西伯利亚东北部的尤皮克人。"爱斯基摩"原意为"吃生肉的人",具有冒犯性。如今,这个贬义的称谓很少再被学者使用。因本书作于1939年故此处保留作品原貌,特此说明。——译注

行，以削弱其威力。

献祭的本质

不过另一方面，人人都希望事业成功，或者获得能保证他取得成功的品质，同时也希望能预防时刻窥伺着他的灾祸，或者逃脱因犯错而遭受的惩罚。整个社会、城邦或部落也都如此：一旦发生战争，它总是企盼胜利而惧怕失败；若国泰民安，它便希望能将之长久保持下去；而当时运不济时，预感到灭亡将至的它则会想方设法来避免。所以个人或国家就需要从神灵——无论是人格神还是非人格神——那里祈求相应的赐福与保佑，因为在人类看来世界秩序依赖于这些神力。为了让神灵恩泽于他，祈求者所能想到的最佳办法就是自己主动向神灵献礼，**献祭**（sacrifice），也就是说牺牲自己的利益而向神圣领域**奉献**（consacrer）、呈上某些东西，某些属于他但被他舍弃，或他本可以自由处置但却放弃与之相关一切权利的东西。因此，无法拒绝这贵重礼物的神圣之力就变成了债务人或受赠人，因接受了赠礼而受到束缚。为了摆脱所欠债务，它们就必须赐给人类所求之物：物质利益、实际功效或减免惩罚。这样，世界秩序就得到了重塑。通过献祭，信徒让自己变成了债权人，他期待他所敬畏的力量通过满足他的愿望，来偿清因与他缔结合约而欠下的债。这些力量会提供任何单方行为所要求的等价交换物，这样一来，它们就恢复了被一种怀揣私心的慷慨之举打破的平衡，扶正了向它们自己这边倾斜的天平。

禁欲与祭祀

这便是禁欲（ascétisme）与祭祀（offrande）的原理，同时也是所有自愿放弃享乐与利益行为的原理。事实上，禁欲正是通向权力之路，这是人所共识的。当一个人法定和现实的能力绰绰有余但却甘愿隐忍时，当他连法律或自己能力所允许的行为都可以放弃时，他便因此在法律层面和现实意义上可以做的事与他实际所满足于做的事之间，留出了一块不断扩大的余地。这样，他所放弃的每件事都会在神圣世界中给他增添砝码，让他超自然的能力也获得同样大小的施展余地。他在不可能的、被禁止的世界中获得了属于他的**神性**（au-delà），严格对应于他在可能与被允许的世界中所放弃的**凡性**（en-deçà）。不过这种交换根本上说是稳赚不赔的，因为他在世俗领域中所不屑的东西，在神圣领域里可以失而复得。因此，禁欲者通过减少自我享乐而提升自己的力量，通过远离人类而更加接近神明，甚至很快就可与之匹敌。至此，天平开始向他这边倾斜了。神灵们担心它们自己也必须付出大量苦修的代价才能保持神力的平衡，所以马上用各种欲念来引诱禁欲者，以剥夺他那足以与自己抗衡的力量。这一主题贯穿于各种神话传说。

同样，在献祭仪式中被奉献出来并被杀死的祭品，也代表着人类以期获得神灵的慷慨赐福而做出的自我约束与牺牲。同理，我们会通过折磨自己来预付我们祈求的幸福。格罗文特人（Gros-Ventre）[46]在军事远征前夜真的会自残。胡帕人（Hupa）[47]会在冰冷的河水中沐浴以求其事业成功。在新几内亚（Nouvelle-Guinée）[48]的一个部落，人们为了治疗女性不孕会在她们的大腿根部割一道口子。在阿龙塔人（Arunta）和瓦鲁芒加人（Warramunga）[49]的文化中，男人和女人会用燃烧的木棍烧伤胳膊，从而让自己获得熟练的生火技能。最后，常见的包皮环切和下切，其目的是让男性适婚，提高他的生殖能力，赋予他生育力，或只是让他的性器官免受夫妻媾和所带来的神秘风险。由此可见，通过承受适当的痛苦，我们就提前付出了为获得好处所应承受的代价，同时，我们通过自愿放弃某些利益来摆脱某种我们所惧怕的苦难。波利克拉特斯（Polycrate）[50]将

---

[46] 格罗文特人，法语直译为"大肚子"人，也称阿特塞纳人，北美印第安原住民，生活在美国蒙大拿州北部和加拿大萨斯喀彻温省南部。——译注
[47] 胡帕人，北美印第安原住民，生活在美国加利福尼亚州西北部。——译注
[48] 新几内亚，位于澳大利亚北面、太平洋西部的一个岛屿。现一分为二，东部为独立国家巴布亚新几内亚，西部为印度尼西亚的两个省。——译注
[49] 瓦鲁芒加人，澳大利亚北部地区原住民。——译注
[50] 波利克拉特斯（公元前574—前515），古希腊萨摩斯岛的僭主。据希罗多德记载，埃及法老雅赫摩斯二世看到波利克拉特斯非常富有和幸运，于是建议他丢掉对自己最有价值的宝物以避免厄运，防止众神嫉妒。后者接受了这个建议，行船到海上，将一枚镶有宝石的戒指丢入大海。可是几天之后，一个渔夫捕到了一条大鱼并将它献给了波利克拉特斯。待厨师切开鱼腹后，发现这枚戒指就在其中，因此将其还给了波利克拉特斯。这意味着后者的献祭行为被诸神拒绝了，而听到这个消息的雅赫摩斯明白波利克拉特斯注定会因为他长盛不衰的好运而毁灭，于是为了自保而和他断绝了关系。波利克拉特斯最终死于刺杀。——译注

他的戒指扔进大海来祛除灾祸，因为他的运气好得过头，并因此而感到害怕。一位亲属的去世会威胁到每一个亲人的生命安全，因为死亡的污秽也会找上他们，让他们丧命。通常为了避免死亡他们会自残，大多数情况下会砍掉一根手指。这样，他们就通过献祭出部分而保全了整体。

献祭初熟之果的法则

将初熟之果（prémices）奉献出去的习俗似乎也遵循着同样的心理逻辑。不过这一次，我们抛弃部分不是为了保全而是为了获得整体。事实上，任何一种开端或新生都是个棘手的问题。很明显它打破了某种平衡，向世界的秩序之中引入了一个新的元素，所以应当尽可能减少它造成的干扰。这就是为何一批物品的头一个会被认为是危险的，我们不敢正常使用它，它理应属于神灵。它被献祭出去只是因为它是第一个，因为它开启了一个全新的物的秩序，因为它导致了变化的出现。当作物要成熟时，首先应当将其部分地奉献出去，然后才可以享用。人们会把庄稼里头一茬最肥硕的谷穗，果园里头一批最鲜亮的水果，菜园中头一季最肥美的蔬菜全部留给神灵。这些初生之物所蕴含的令人生畏的力量，是要由那些具有独特圣洁之力的个体来吸收的。譬如，在祖鲁人（Zoulou）[51]的文化中，要由国王和祭司首先品尝初产的作物，然后他们会让仆从每人都吃

---

[51] 祖鲁人，一个非洲民族，主要居住于南非。——译注

一口，自此，这些人才可以在全年之中随意支配剩下的作物。

希伯来人从第五年开始，才会从他们所种的果树上为自己采摘果实。他们将头三年的果实视为不洁的，将第四年的果实奉献给上帝。同样，人们也会献祭家畜的头胎。就连人类自己也没能逃脱这个法则，他们也时常必须像亚伯拉罕献祭以撒那样献祭自己的嫡子[52]，或至少将他献给对神灵的崇拜。嫡子是属于神灵的，通过献祭，他可以抵偿他因降生而为世界秩序带来的混乱。同时，他也拯救了他弟弟们的性命，确保他们有自由、世俗的生命，让他们得以完全属于他们的父母。

任何状态的改变也同样需要将初次行为奉献出去，以淡化这种改变带来的危险。在新婚前夕，少女会象征性地将自己的贞洁许给河流或神灵。而如果是在某些女性于结婚很久之前就已经被剥夺贞洁的文化中，那么新娘在婚礼时，也必须先与另一个男人发生关系，才能和她的新郎同房。这样做是为了保护丈夫免受与新婚女性初次交欢所带来的危险，因为后者开启了一种新的社会状态和一种新的生活方式。

入住一座新建的房屋也有着相似的危险，而通常祭司之舞可以净化住所。有时，巫师会将要入住新房之人的灵魂抽出，并将之安放在一个安全保险的地方。当此人越过那道令人生畏

---

[52] 据《圣经旧约·创世记》记载，以撒是亚伯拉罕的嫡子。以撒出生一段时间后，上帝命亚伯拉罕到摩利亚地的一座山上，用他的独子以撒为自己献祭。亚伯拉罕遵循指示，为献祭做好了一切准备。当他正要牺牲以撒之时，天使出现阻止了他。亚伯拉罕之举表明了他对上帝的敬畏。——译注

的、至今还未被破坏过的界线,即新居的门槛后,巫师才会将灵魂归还给他。我们都熟知这个广为流传的故事:魔鬼会参与修建教堂或桥梁,但作为交换他会拿走第一个踏入其中之人的灵魂。

类似的例子数不胜数,但没有一个不体现着每一个崭新开端的危害,同时也体现了将一部分奉献出去的必要性,因为这种奉献的作用是把开端所带来的元素纳入到物的秩序之中。

关于神圣的研究

然而,这永远都只不过是一种权宜之计。所有的伤口痊愈后都会留下一道伤疤,遭到破坏的秩序经过恢复后也不会再有最初那种稳定与纯洁了。生命会延续是因为它不会停滞不前,会持续不断地推陈出新,但是这种运动也会让机体疲惫,因为它会被迫不停地去吸收新的物质。诸如赎罪即庄严洗脱污秽的仪式,以及各种有关清扫与净化的习俗,虽然都是在修复不断遭到侵蚀的世界秩序,但是却永远都无法再现曾经的无瑕状态。病愈后机体虽然恢复健康,却变得小心翼翼,不再有病魔袭来之前那种自信满满、无忧无虑的状态了。"磨石碾过的谷粒无法再回到谷穗里","钻破树皮长出的嫩芽与茎叶也无法再重生一次"。[53]

---

[53] 夏尔·佩吉(Charles Péguy, 1873—1914),法国作家、诗人。这两句诗出自夏尔·佩吉的《沙特尔主教座堂五祷》(«Les cinq prières dans la cathédrale de Chartres»),收录在其诗集《圣母挂毯》(*La Tapisserie de Notre-Dame*)中。——译注

衰败是无可避免的，会让自然与社会走向毁灭，因此我们应当采取预防措施来避免这样的结果，定期修复以让它们重获新生。这一新的义务为有关神圣的研究开启了一个全新的篇章：仅仅呈现世界秩序的运行方式，仅仅因神圣之力有助于秩序的稳定或加速它的解体来判定这种力量是吉是凶，这都是不够的。在此之外，还应当说明人类努力维系秩序的方法，说明当人类看到它被削弱、即将崩塌时为重塑它而做的努力。但是，在研究社会如何履行这双重使命，在着手拟定一个关于神圣的社会学大纲之前，我们也许应当先尝试了解一些人类面对神圣时常有的态度，一些他对这种让他屈服、让他唯恐避之不及却又同时让他渴望占有的神奇之力常有的想象。当然，每个个体都是社会的一分子，因而关于神圣的事实也大概只有在社会的层面才具有真正的意义。但是，神圣也同样诱惑着个体的灵魂，存活于个体的灵魂之中。对个体而言，神圣的价值是直接可感的，而且能够立即顺应他的需求。

如此，我们虽然不想细致入微地分析神圣所引发的感受，也不想从事研究某种关于神圣的心理学，但是我们依然觉得应该首先来描述当神圣呈现于单纯意识之中时所具有的表征，描述当它被个体感触时所具有的特点。随后，我们才会去研究作为神圣之现实基础的社会机制，研究受它所支配的那些社会功能。

第二章　神圣的矛盾性

纯洁（pur）与不洁（impur）这两类事物，在几乎任何一种宗教系统，哪怕是广义上的宗教中，都扮演着至关重要的角色。随着人类集体生活的不同方面逐渐分化并形成了相对独立的领域（政治、科学、艺术等），我们看到**纯洁**与**不洁**这样的词同样获得了新的含义，与旧义相比更加精准，但也因此而更加贫乏。

纯洁与混合

如今看来，这两个词含义上的区分更多源自文明的需求，而非无瑕的知识（Immaculée Connaissance）[54]。现在二者之间

---

[54] "无瑕的知识"，出自尼采《查拉图斯特拉如是说》第二部第三十七节"论无瑕的知识"。尼采用这一表述来讽刺那些纯洁的认知者，这些人认为认知主体与外部世界之间存在纯粹的、不受干扰的认知关系，而忽略了诸多有可能影响这种关系的实际因素，譬如尼采所强调的意志、欲望等。此处作者借用这一概念，将无瑕的知识与文明对立起来，意在说明纯洁与不洁或混合的区分并不仅仅存在于理论层面，更是现实的要求。——译注

仅剩下松散的关联和隐喻，但曾经它们似乎总被混为一谈无法分开，仿佛它们就是用来呈现某个自身诸元素不能被拆分的复合整体之纷繁特征的。**纯洁**与**不洁**这两个词已经涵盖了各种对立关系，但是每当它们被运用在某个语境中，总会多少唤起一种独特的共鸣。在美学上我们会说一条线的**纯粹**，在化学上会说**纯净**物。我们得以在不同的现实领域里使用这同一个词，看起来正是拜它的原始含义所赐：无论物质还是线条，所谓纯洁者，即其本质未掺杂任何会改变并破坏它的东西。纯葡萄酒即没兑水的葡萄酒，高纯金属即没混合杂质的金属，纯洁的男人即还未和女性结合的男人，而健康鲜活的机体组织即还未接触过尸体或血液、还未被死亡与毁灭的病菌所感染的机体组织。

纯洁与不洁：含义不明的力量

应当看到，纯洁与不洁这两个类别，最初并不指伦理上的对立，而是指宗教上的两个极端。它们在神圣世界中扮演的角色，就如善与恶的概念在世俗世界里扮演的角色一样。不过，撇开其他特点不谈，神圣世界与世俗世界的对立是能量世界与物质世界之间的对立。一边是力，另一边是物。这样的对立给纯洁与不洁这两个概念带来了直接而显著的影响：它们的含义完全是多变、可互换而不明的。实际上，如果一个**物**从根本上看具有一个确定的本质，一种**力**则相反，会根据它发生作用的具体情况造成或好或坏的影响。它是好是坏并非天生，而是由它被施展或被运用的方向所决定的。同样，我们也不要期待纯洁与不洁的特质会以持久而唯一的方式，来影响在我们眼中具有特定宗教力量的某人、某物或某种状态。后者会根据其宗教之力主吉还是主凶，在纯洁和不洁之间摇摆，甚至在吉凶未定时，同时兼具这两种特质。这一观察结果足以驳斥罗伯特森·史密斯（William Robertson Smith）和拉格朗日神父（Père Marie-Joseph Lagrange）[55]的观点，前者通过研究闪米特人（Sémite）[56]的宗教，断言纯洁与不洁具有原始同一性，而后者则坚决反对这一主张，认为二者是绝对独立的。任何一种力在其潜伏期，都可以同时激发欲望与恐惧，因可能将信徒毁灭而让他害怕，又因会赐予他救赎而让他满怀希望。但是每当这种力发挥作用时，只会有一种结果，或成为福运的源泉，或成为厄运的始作俑者。潜伏的时候，它的含义是模糊的，而一旦进入实践领域，它的含义就变得确切了。自此开始，任何的模棱两可都不再可能。要么我们就直面不洁，直面这种侵蚀生命最深处、如疾病一般、象征死亡的东西（在"原始"语言中表达**净化**之义的词，常常也有**治愈**和**驱魔**之义）；要么我们就承认纯洁，将之视作健康的象征，而当它升华为圣洁时，将之视作丰盈的生命力，视作一种没有节制、无法抗拒、因其自身的强度而充满危险的力量。

---

[55] 威廉·罗伯特森·史密斯（1846—1894），苏格兰宗教学家、历史学家。玛丽-约瑟夫·拉格朗日神父（1855—1938），法国天主教神学家。——译注
[56] 闪米特人，指以闪米特语族的语言为母语的人种，现今主要分布于中东、北非和非洲之角。——译注

1. 圣洁与污秽

由此可知，污秽（souillure）与圣洁（sainteté）虽然代表着对立于常用领域的那个危险世界的两极，但它们理应是一回事，而且都需要被谨慎对待。这也是为何，哪怕在最先进的文明中，它们也常常由同一个词来指代。古希腊语中的 ἄγος（污秽）一词，也指"清除污秽的献祭"。根据词汇学家的说法，在过去 ἅγιος（圣洁的）一词同时也有"被玷污的"意思。后来，这两个义项才通过两个意义相反的词 ἁγής（纯洁的）和 ἐναγής（被诅咒的）而得以区分开来，不过这种一目了然的构词法还是表明了原始词汇的歧义。古希腊语中的 ἁ ὁσιοῦν 和拉丁语中的 expiare（赎罪），二者词源上的含义均为"（从自身中）清除那种因沾染污秽而获得的神圣（ὅσιος/pius）元素"。正如德·迈斯特（Comte Joseph de Maistre）[57]所指出的，所谓赎罪，即罪犯通过摆脱其神圣特质，通过自我**去神圣化**，而得以重拾其在世俗社会中的地位与日常工作之行为。

根据埃尔努（Alfred Ernout）和梅耶（Antoine Meillet）的词典[58]给出的定义，在古罗马，众所周知"sacer"一词指"一旦被触碰就会被玷污的人或物，或一旦去触碰就会遭其玷污的

---

[57] 约瑟夫·德·迈斯特伯爵（1753—1821），法国政治家、哲学家、史学家、作家。——译注
[58] 指《拉丁语词源词典：词的历史》（*Dictionnaire étymologique de la langue latine: histoire des mots*），其两位作者分别是阿尔弗雷·埃尔努（1879—1973），法国拉丁语学家，安托万·梅耶（1866—1936），法国历史语言学家。——译注

人或物"。当某人犯了有害宗教或国家的罪行时,人民大会便会宣判他为"sacer"并将他从公民的队伍中剔除出去。自此,即便杀掉他将会承担神秘风险（nefas est）,凶犯在公民法（jus）看来也是无辜的,不会被判谋杀罪（parricidii non damnatur）。

因敬畏圣洁而存在的禁律与因恐惧污秽而存在的禁律,更原始一些的文明在其语言中是不会对这两者做出区分的。同一个词就可以呈现一切令人避之不及的超自然之力,无论躲避这种力量是出于何种动机。波利尼西亚语中的 tapu 和马来语中的 pamali,都指脱离常用领域的、不"自由"的东西,而不区分此物是被保佑的还是被诅咒的。在北美,达科他语中的 wakan 一词同样不加区分地指代任何神奇的、不可思议的东西。当地原住民用它来称呼传教士和《圣经》,但也用它称呼经期女性身上的极端不洁。相似地,古代日本人既用 kami 一词指代受人崇敬的天地神灵,也用它称呼"所有可怕而有害的、会引发普遍恐惧的生灵"。所谓 kami 者,即任何具有灵效（isao）之物。

神圣的辩证法

事实上正是这种处于沉睡状态的灵效之力［用外语词表达即这种"玛那"（mana）[59]］,会激发上文所述的矛盾情感。我们既惧怕它,又希望能利用它。它既让人敬而远之,同时又让人趋之若鹜。它是被禁止的、危险的。我们因敬畏而同它保持

---

[59] 该词在大洋洲诸文化中被广泛使用,指普遍存在于世界中的生命之力或能量,现已进入西方诸语言与文化之中,成为一个常用词。——译注

距离，却同时希望趋近并占有它。

闪米特宗教中的圣地（hima）就呈现出这样的神圣特征。在此处禁止发生性行为，禁止狩猎，禁止砍伐树木，禁止割草。法律的效力也无法延伸至其范围内。逃难至此的罪犯不可再被追究，他因此地神圣性的庇护而也具有了神圣的特质。同理，任何偶然进入此地的家畜也不再是其主人的财产。它是最危险的场所，人们想要毫发无损地进入其中是不可能的。不过，这句阿拉伯谚语也让它的诱惑力跃然纸上："徘徊于hima周围之人终将坠入其中。"我们会想到飞蛾扑火，即使会被火焰烧为灰烬，它也义无反顾。路德在谈到圣地崇拜时，也意识到这种崇拜混杂着恐惧，但他同样补充道："可是我们不但不逃离，反而走得更近了。"从根本上说，神圣在信徒心中激起的感情，和火焰带给儿童的感觉是一模一样的：同样害怕被烧伤，同样渴望将其点燃；同样悸动不安地面对禁忌之物，同样确信无疑驾驭它会带来力量与名望，而一旦失败则会受伤甚至死亡。就像火焰会同时产生好与坏的作用一样，神圣也会造成或吉或凶的影响，并因此而获得纯洁与不洁、正与邪这样对立的性质，而这些性质以其各自的限度界定了宗教世界延伸的边界。

这样，我们也许就领会了神圣辩证法的根本运动方式。任何承载着神圣的力量都会逐渐分裂，神圣最初的矛盾也会化为相互对立与补充的元素，而我们则为这些元素分别赋予了敬畏与憎恶、欲望与恐惧这样的，由神圣根本上就是矛盾的本质所激发的情感。但是当这种对立的两极刚刚从神圣本质的扩张中诞生，它们就又各自分别引发了同样的，像先前那样让它们相互分离的矛盾情绪，而这正是因为它们依然保有神圣的特质。

神圣的分裂产生了善灵与恶灵，祭司与巫师，欧玛兹特（Ormazd）与阿里曼（Ahriman）[60]，上帝与撒旦。但是神圣的这种二元分化，信徒们对其任意一方所持的态度，都表现出了无异于他们面对未分化的神圣时所展现的矛盾性。

在神明面前，圣奥古斯丁感到同时被一种恐惧的悸动和一种爱的冲动攫住。他写道："我颤抖，我激动（Et inhorresco, et inardesco）。"[61]他解释说，他的恐惧源自他意识到，在他的存在与神圣的存在之间横亘着一道绝对的区隔，而他的热忱则正相反，源自他意识到二者之间有着深刻的同一。神学保留了神性的这一双重特征，并将之区分为令人胆寒的一面和令人着迷的一面，借用R. 奥托的术语即"恐惧"（tremendum）和"着迷"（fascinans）[62]。

着迷意味着神圣令人陶醉的那一面，意味着狄俄尼索斯式的晕眩，意味着迷狂与改变一切的那种融合。但简单来说，它也意味着神明对其造物的仁慈、悲悯与爱，并通过这些吸引其造物不顾一切地投身于自己的怀抱。相对地，恐惧代表着"神

---

[60] 欧玛兹特，更被熟知的名字为阿胡拉·玛兹达，古波斯神话中代表光明的善神。阿里曼，欧玛兹特的宿敌，代表黑暗的恶神。二者皆为古波斯帝国国教琐罗亚斯德教，即拜火教或祆教的神明。——译注
[61] 原文为拉丁语。出自圣奥古斯丁的《忏悔录》卷十一第九章。——译注
[62] 原文为拉丁语。——译注

的怒火",代表着"嫉妒的"上帝那冷酷无情的正义判决。在这些面前,谦卑的罪人颤抖着,乞求着神的宽恕。所有这些就如《薄伽梵歌》(*Bhagavad-Gîtâ*)[63]中所述的那样,当黑天(Krishna)现身于英雄阿周那(Arjuna)面前时,后者正惊恐地看到人们成群结队地涌向神的嘴里,就像激流涌向海洋,"就像飞虫扑向死亡的火焰"。有些人的头已经碎了,挂在神的牙齿之间;神的喉咙吞下了整整几代人,而他的舌头还在咂摸着滋味。

相似地,在神圣的另一端,魔鬼虽然分到了神圣可怖和危险的特征,但他自己却既令人退却又勾人魂魄,同时激起两种相互矛盾的、一样都是非理性的情感。例如,魔鬼并不只会残酷地惩罚堕入地狱之人,他也会用充满魅惑的声音拿人间美好来引诱隐士。这无疑是为了让后者走入歧途,且与魔鬼订立的契约永远只能带来短暂的快乐,可显然事实只能如此。更值得注意的是,折磨人的魔鬼同时也是诱惑者,甚至在必要时还会给予人快慰。浪漫主义赞美撒旦和路西法,赋予他们各种魅力,不过这也只是遵循神圣本身的逻辑,突出了本就属于这些形象的特质而已。

然而,如果我们根据其相互对立的极端特征,以圣洁与污

---

[63]《薄伽梵歌》,印度教重要经典,是印度史诗《摩诃婆罗多》的核心部分,叙述了黑天与阿周那的一段对话。黑天,印度教最重要的神祇之一,被诸多教派认为是至高无上之神。阿周那,《摩诃婆罗多》的主要英雄之一。——译注

秽这两种不同的形式为导向来研究宗教，就会立刻发现其功能根本上是由一种双重运动所决定的：获取纯洁，消灭污秽。

纯洁的获取与放弃

通过遵从一整套仪式性的规则，我们可以获得纯洁。这当中最重要的（如涂尔干所指出的那样），是逐渐脱离世俗世界，从而得以毫发无损地进入神圣世界。在达到神性之前，我们必须放弃人性。这即意味着那些净化仪式根本而言都是否定式的戒除行为，都是对世俗生活中各种有代表性的行为的暂时放弃，无论这些行为多么普通，对维持生命多么必不可少。某种意义上，正是因为它们看起来普通或必不可少，我们才应将之戒除。毫不夸张地说，必须把这些东西都洗涤干净，我们才有资格向神的世界迈进。怕的就是含混不清，所以为了一品神的生活，我们要抛弃属于人类日常生活进程中的一切：话语，睡眠，与他人的交往，工作，饮食，性关系。想要牺牲、进入神庙并与他的神产生精神交融之人，都必须事先就告别他的日常惯例。他最好应当缄默、守夜、避世、不作为、禁食与禁欲。这些限制让人做好万全准备面对神明，也让他被净化。与之具有同样价值的行为，包括澳大利亚原始宗教中新信徒要经历的入教考验，古代裁判官以城邦的名义所进行的献祭，以及现代基督徒在圣坛前下跪的行为。世界上的宗教观念，无论在何时何地，都会要求渴望趋近神圣之人进行类似的苦修。这种观念越是强大，越具活力，净化的法则也就越严苛。被净化之人需要主动做出彻头彻尾的改变。为了与神明交流，他需要沐浴，脱去其日常服饰，换上新的、洁净的、具有神力的衣服。他要剃发、刮胡子、修眉毛、剪指甲，这些都是身体上的无生命组织，因此是不洁的。在极端个例中，他还要象征性地死亡，放弃人类生命，从而重生为神。吠陀祭司便是如此，他绕着火炉来回走动，双拳紧攥，遮住脑袋，模仿着子宫里的胚胎的动作。

如此脱离世俗并被神圣化后，人应当继续同世俗世界保持距离，为的是不破坏并延续他这种纯洁而神圣的状态。不过，这种状态无法长久维持。如果他还希望保住他肉身的生命，就必须重拾支撑其肉身生命的、与神圣性无法共存的一切行为。《利未记》（Lévitique）[64]中写道，从神庙中走出来后，犹太祭司就要脱去他的圣衣，"以免神性继续扩散"。而吠陀祭司则要泡一个"祛圣澡"，即进入水中，让水洗去他的神圣特性，当出水后就又变成世俗之人了，也就是说他可以自由使用日常用品并回归集体生活。于贝尔和莫斯对献祭的研究中最珍贵的成果之一，就是阐明了这种进入与脱离仪式的意义，证明了它们可以让人在两个世界之间穿梭而不破坏二者各自的封闭性。

预防污秽与圣洁的措施

对日常用品的使用和对集体生活的参与构成并定义了世俗生活。纯洁被排除在外，因为通过它我们会趋近神明；而不洁

---

[64]《利未记》，《摩西五经》的第三本，其内容主要为利未族祭司需要遵守的律令。——译注

也被禁止，以防它周围的东西沾染上它的污秽。事实上，人类社群总是想方设法隔离不洁：它非常容易辨认，而我们也通常轻易就可列举出那些不洁之源。这些不洁的事物，有些只存在于特定的社会中，但其他的则非常普遍。在后者当中，首先可以列举出的是尸体，以及服丧期间逝者的亲人们，因为他们受到了尸体的感染，换言之在这段时间内，死亡之污秽的毒性还充分活跃于他们身上；其次是处于其生命特殊时刻的妇女，即处于流血与受伤状态下的女性，譬如经期（尤其是初潮）或从分娩（尤其是生头胎）到安产感谢礼（relevailles）[65]的净化仪式之间的这段时间；最后是亵渎者，即因虚张声势、鲁莽或意外而违犯某条禁忌的人，尤其是违犯了所有禁忌之中最严重的乱伦禁忌之人。

这些不同的人身上的不洁，让整个社群都面临着某种危险，因为没什么比神秘的污秽更具有传染性。因此，任何社会的首要职责，就是将这些有害病菌的携带者从其内部彻底排除，以求自保，不受污秽的侵害。它禁止其部族成员与这些病菌携带者之间的一切接触，并尽力预防后者身上散发并到处传播的、令人憎恶的疫气，做到彻底而根本的防护。青春期少女和经期妇女，都会被流放到远离村落的一个特殊的茅屋里。她们在经期结束并经过净化仪式清除掉所有残余的污秽后，才能离开茅屋。而在此期间，她们的饮食由村里那些最年长的女人负责准

---

[65] 安产感谢礼，天主教仪式，其目的是将因产后坐月子无法去教堂礼拜的妇女重新迎回教堂。——译注

备和提供，因为后者因其高龄已经对经血的污秽免疫，同时基本不再涉足社群生活。这些被囚禁起来的女性，她们使用过的餐具碗碟都会被打碎并小心地埋起来。她们的住处会被密不透风地封闭起来，甚至有时候她们当中会有人因窒息而丧命。这样做是因为，必须防止阳光在照射她们时沾染上她们的污秽。有时候，她们会为此而被要求把脸涂黑。通常，幽禁她们的房屋建在一个距离地面有一定距离的平台上，以防土地也被污染。经期女性最好能被吊在一张吊床里面，因为人们认为这一方法可以实现几乎绝对的隔离。

值得注意的是，这些预防污秽的禁忌同样也隔离圣洁，防止人们接触它。如经期女性一样，像天皇这类近乎神明的君主，也不能触碰地面或暴露在阳光下。不仅日本天皇如此，萨波特克人（Zapotec）的大祭司和波哥大（Bogota）[66]的王位继承人也如此，后者从十六岁开始就要住在一间暗室中。天皇使用过的餐具碗碟同样也会被打碎，因为怕某个鲁莽之徒紧接着就使用，从而导致他的嘴巴和喉咙红肿发炎，生坏疽而烂掉。同时，还要保护神圣的国王不受任何污秽沾染，防止对他神圣之力任何无意义的消耗，并避免任何让他突然急剧释放这种力量的情况。他的神力只应缓慢而有规律地辐射出来，以保障自然的和谐与国家的正常运转。天皇如果对着某个特定方向多看几眼，就有可能对被他目光散射出的强大能量特别"照顾"的

---

[66] 萨波特克人，墨西哥原住民。波哥大，现为哥伦比亚首都。——译注

地区造成极其严重的灾祸。

任何被神圣之人触碰过的东西都会因此而具有神性,并从此只能为他服务。神圣之人只需指定一个物品或把手放上去,就可以使其摆脱公共领域,为己所用。再也没人敢去使用这个物品了,因为接触它会致命。因此神与魔、圣洁与污秽,对世俗之物具有完全相同的效果,都会赋予它们让人畏惧三分的特性,从而使之变得无法被触碰,让其脱离日常流通领域。所以,不必惊讶于同样的限制措施既避免荣光过于耀眼,也避免秽行过于龌龊,因为二者都会让那些维系群体生计的必要物资和日常劳作不可或缺的人力资源脱离常用的领域。

2. 神圣的两极

神圣的两极对立

此外,纯洁与不洁各有与其自身相称、不可颠倒的特征。前者充满诱惑,后者令人排斥;前者高贵,后者可耻;前者会让人敬仰、爱慕、感激,后者会让人恶心、厌恶、恐惧。借用拉格朗日神父的经院哲学术语,纯洁被定义为"因外部偶发因素而被规避之物"(vitandum per accidens),即那种人类因其自身不够格、因客观条件不达标而无法触及的东西。反之,不洁则对应"因其自身而被规避之物"(vitandum per se)[67],即那种

---

[67] 原文为拉丁语。——译注

因其自身本质本就需要被隔离起来，且人类每每出于个人利益考虑都要躲避的东西。在纯洁这边汇聚结合了所有积极正面的力量，借用 R. 赫尔兹的定义，即"那些延续生命并促进其生长的力量，那些保护身体健康，维护社会繁荣，让战士变得英勇无畏，让劳动者变得杰出卓越的力量"。这些力量与自然和谐共处，或者说它们本身就构成了这种和谐，同时决定着世界的节奏。因此，它们呈现一种有规律而庄严的特征，令人崇敬与信赖。而不洁的那一边则集合了死亡与毁灭之力，集合了疾病、混乱、瘟疫与罪恶之源，即所有那些会导致衰弱、枯竭、腐化、解体的东西。

宇宙中的一切都可以形成某种二元对立，并以此来象征纯洁与不洁之间那种形式多样、相互关联却又对立的关系。生命之力和死亡之力，分别构成了宗教世界里令人神往和令人排斥的两极。白日的光明与干燥属于前者，夜晚的黑暗与潮湿则属于后者。东方与南方是生长之力的所在，旭日东升，温暖大地；西方和北方则是堕落与毁灭之力的温床，群星陨落，生命将熄。上与下同样被赋予各自的特性：天空成了诸神的居所，远离死亡；地下世界则被视为死神的黑暗领地，死亡的绝对国度。

R. 赫尔兹确立了这些对立关系，并就其中的一种做了深入研究，即右和左的对立。我们看到，这一对立出现于宗教仪式、预言占卜之术、各种习俗与信仰之中，并延伸至这些领域最细枝末节的地方。穆斯林在进入圣地时先迈右脚，在进入镇尼（djinn）[68]出没之地时则先迈左脚。左撇子往往被视为巫师或者被恶魔附身之人，反之在传言中，基督教的圣徒们在襁褓中时就拒绝吮吸母亲的左乳。右手象征着君权、威望、誓言和善意，左手则代表了欺诈与背叛。导致死亡降临人间的夏娃，是从亚当的一根左肋骨变来的。她是第一位女性，是这个冷漠消极、令人不安的劣等族群的原型，是"病弱的孩子加上十二分的不洁"[69]，而各种宗教也通常将女性排除在崇拜之外，将其视作罪孽和巫术的化身。在描绘最后的审判的绘画作品当中，耶稣总是用右手为被选中者指天，用左手为遭受惩罚者指明地狱恐怖的入口。而在关于耶稣受难的绘画中，太阳总是在上帝的右边闪耀，月亮则同败坏的盗贼、犹太教众一起出现在左边。

就连语言本身也反映了这种对立：在印欧语系中，不同的语言里表示**右**的词有着一个相同的词根。相反，表示**左**的词则形态复杂多变，多是那些主要由隐喻和反语构成的间接表述。梅耶观察到，同样的现象也存在于表示残疾的名词（失聪、跛行、失明）中，这些名词像左的概念一样，会让人觉得不安或隐约感到危险，如同不祥之兆一般，以至于人们甚至会避讳用明确指称这些残疾的术语来称呼它们，反而总是找一些新的词

---

[68] 镇尼，也音译为精灵，伊斯兰教对于超自然存在的统称。——译注
[69] 这句诗出自阿尔弗雷·德·维尼的《参孙的愤怒》(«La colère de Samson»)，收录在其诗集《命运集》(*Les Destinées*) 中，原句为"女人，这病弱的孩子加上十二分的不洁"。阿尔弗雷·德·维尼（Alfred de Vigny, 1797—1863），法国诗人、小说家、剧作家。——译注

第二章　神圣的矛盾性

以委婉地表达。

右手同时也是**灵巧**的手，是可以挥动武器**径直**击中目标的手。因此，右手不仅代表**灵敏**，也意味着战士出征的**名正言顺**与其**正直**品格[70]，证明神灵在保佑他。对中国上古贵族的一项重要考验是射礼。葛兰言指出，射礼并不是技能与勇武的比拼，而是"伴随着雅乐的一套仪式，如同芭蕾一般精心编排"[71]，放箭时须依节而发，弓手的动作也要**中礼从心**。仪式的礼法规则、内心的沉着虔敬加上身体的姿态挺拔，这些可以让弓手**命中靶心**。"此可以观德行矣"，《礼记》如此总结道。[72]事实上，天子会通过诸侯的射术来判断后者品行是否正直。在

---

[70] 右（droit）、灵巧（adroit）、径直（droit）、灵敏（adresse）、名正言顺（bon droit）、正直（droiture），可以看到，这些词都以 droit 为词根或是它的变体。在法语中，droit 一词具有多个不同义项：作形容词时，既表示右边的，也表示笔直的，并由此引申出公正、正直之意；作名词时，既有权力、法令之意，也有正当性、正义之意；作副词时，表示笔直地，并由此引申出直接、径直之意。adroit 一词由 droit 衍生而来，本意为能够直达目的、直中目标的，由此引申为灵巧、机智之意。adresse 为 adroit 的名词形式，既有敏捷、机灵之意，又有地址之意。droiture 为 droit 的名词形式。——译注

[71] 原文出自葛兰言的《中国文明》（版本同前），p. 316。——译注

[72] 这一段《礼记》的原文为："故射者，进退周还必中礼，内志正，外体直，然后持弓矢审固；持弓矢审固，然后可以言中，此可以观德行矣。"（出自《礼记·射义》）葛兰言对射礼的论述见《中国文明》（版本同前），p. 316。在此，作者对《礼记》原文的阐释为了保留其原貌，即前一个意为"符合（礼仪）"的"中"与后一个意为"命中（靶心）"的"中"之间两个"中"字的呼应关系，将二者均用 toucher au cœur 这一短语表述，其字面意思为"击中中心"。为了尊重《礼记》原文，同时也为了体现作者的这一巧妙用心，故译者将这里的两个 toucher au cœur 分别翻译为"中礼从心"与"命中靶心"。——译注

希腊语中，表示疏忽、犯错或犯罪的 άμαρτάνω 一词，其本意为"未能命中目标"。于是现在我们就了解了"右"这个词的不同含义，它既指手艺精巧，也有法律准则之意，还意味着想法正直、品行端正坦率、意图纯洁无私、行为正当合理，一言以蔽之，它表示任何在现实中或在精神上让一种力**直**达目标的东西。反之，左即**笨拙**[73]，意味着内疚，预示着失败。它是笨手笨脚，是一切曲折、间接、歪斜之力，是一切失算与失误的原因与结果，是不确定与未能达成目的之事，因而也是让人们感到不放心、引发怀疑与不安之事，因为一切失败都会逐渐导致坏事的出现。右与直、灵巧代表着纯洁与神的恩典，而左与笨拙则代表了污秽与罪恶。

纯洁与不洁的可逆性

从某种世俗的角度来看，纯洁与不洁是一回事，因为它们都同世俗对立；但是在其共同的领域中，二者却截然相反、势不两立。纯洁与不洁同样都是可以被人使用的力，这种力越强，就越有可能产生奇效。正因如此，人们才会渴望将污秽转化为福运，把不洁变为一种用以净化的工具。为此，人们求助于脚踏神圣与世俗两界的祭司，因为后者因其神圣性的庇护，

---

[73] gaucherie（笨拙），为 gauche 一词的名词形式。在法语中，gauche 一词既表示左边的，也表示歪斜的、笨拙的。作者的这部分研究都建立在法语中左与右两个词的一词多义现象之上，左（gauche）也表示歪斜、笨拙，右（droit）也表示笔直、正直，并引申为灵巧。——译注

能够毫不畏惧地接近或吸收不洁。无论如何，他都知道各种可以让自己免受痛苦的仪式，同时拥有特殊能力，知晓如何将秽物的邪恶之力转化为正面能量，将死亡的威胁转变为生命的保障。

服丧结束时，净化仪式不仅会将逝者的亲属从污秽之中解脱出来，也意味着从这一刻起，死者从一种有害的、令人畏惧的力量，从左之神圣[74]之所有特征的携带者，变成了一个让人们怀着崇敬之心祈祷的守护神。同理，尸骨残留于世的部分变成了圣物，恐惧厌恶之情也转化为了信任。

产妇要同社群隔离开来，以免将自身的污秽传染给后者，但与此同时，例如在赫雷罗人（Herero）[75]的文化中，每天早晨全村所有奶牛产的奶也都会拿给她，因为接触过她的嘴可以保证牛奶的高品质。在瓦伦迪人（Warrundi）[76]的文化中，初潮的少女会被她的祖母带着走遍屋里每个角落，还要触摸所有东西，好让一切都得到神圣之力的庇护。

---

[74] 左之神圣与其对立面右之神圣，是作者基于前文左与右的不同内涵而对神圣做出的划分，前者属于神圣中污秽、邪恶的部分，后者属于神圣中圣洁、高尚的部分。如之前的注释所言，在法语中左与右两个词分别也表示歪斜与正直、笨拙与灵巧，而作者如此命名两种神圣也是基于左与右两个词的多义性。只不过，在法语原文中这种命名方式让两种神圣的属性一目了然，而中文译文却无法达到同样的效果，故在此说明。——译注
[75] 赫雷罗人，一个生活在非洲南部部分地区的民族。——译注
[76] 瓦伦迪人，作者此处也许是指瓦兰吉人，常被称作兰吉人，一个生活在坦桑尼亚中部地区的民族。——译注

同样地，古罗马人会在安娜·佩伦娜（Anna Perenna）的果园中喷洒"处女血"（virgineus cruor）[77]，因为女性的经血常用于杀死园子中的害虫。在几乎所有地方，经血或者分娩时流的血都会被用来治疗某种象征不洁的疾病：如疖子、疥疮等皮肤疾病和麻风病。因为这种血液因其最为不洁而被视作最具灵效，所以少女的初潮之血与初产妇分娩时流的血就成了最佳选择。然而在人们看来，这种骇人的流血现象也承载着一切不祥之力。在老普林尼（Pline l'Ancien）[78]的笔下，它被赋予了所有令人憎恨的特质："世上根本找不出比这种周期性流血的后果还要可怕的东西了。它让新鲜的葡萄酒变酸，让谷物颗粒无收，让嫁接的嫩芽夭折，让花园的植物枯萎。经期妇女在果树下坐一坐，果子就会从树上脱落。只要她一出现，镜子就不再反光，利刃就会钝化，象牙就会失去光泽，蜂群会成批死去，青铜黑铁也会生锈并染上恶心的气味。舔舐过经血的狗会患狂犬病，而它的撕咬所携带的毒液是没有解药的。如此等等。"

直到如今，人们依旧或多或少认为，最恶心的药物也可能是最有效的。因此，我们总会不自觉地去搜寻生理上最让人反胃与宗教意义上最不洁的东西，来调制各种灵丹妙药。阿拉伯

---

[77] 安娜·佩伦娜，古罗马神话中代表一年轮回的女神。处女血，原文为拉丁语。——译注

[78] 老普林尼（23—79），拉丁语全名为盖乌斯·普林尼·塞孔杜斯（Gaius Plinius Secundus），古罗马作家、博物学家、军人、政治家，以《博物志》（又译《自然史》）一书留名后世。——译注

人会用粪便、经血与尸骨混合,来抵御镇尼和邪眼(mauvais œil)[79]的威胁。别忘了,他们还会在其中加入用来赎罪的牺牲品的部分残骸,以完善他们的灵药。在闪米特人文化中,这一代罪羔羊承载着整个民族的罪恶,代表着最极致、最肮脏的污秽。然而,人们会用它的鲜血涂抹祭台,此外,用来净化死者住过的帐篷和使用过的家具以及那些触碰过尸体之人的祛污水,也必须含有以代罪之名献祭出去的小母牛的骨灰。在远离营地的地方将牺牲品焚烧的祭司与拾拢其骨灰的**无垢者**,都必须要清洗他们的身体与衣物,且直至当夜他们都是不洁的,就如同那些触碰过净化之水的人以及那些需要被净化之人一样。《利未记》全书都可以从这个角度来解读:在每一节我们都能看到纯洁与不洁之间那种密切的关联。

热尔内(Louis Gernet)[80]指出:"在古希腊,作为不洁之源与禁忌之因的东西也必须敬献给神明。"实际上,雅典少女会把被她们初潮染红的床单献给阿尔忒弥斯(Artémis),而在分娩中死去的妇女之衣物则会被献给布劳伦(Brauron)的阿尔忒弥斯和伊菲革涅亚(Iphigénie)。[81]

---

[79] 邪眼,一些民间文化中的一种迷信力量,由他人的厌恶、妒忌等负面情绪而生,会带来噩运。——译注
[80] 路易·热尔内(1882—1962),法国语文学家、法学家、史学家,是古希腊史方面的专家。——译注
[81] 阿尔忒弥斯,古希腊神话中的月亮女神、狩猎之神、分娩之神与野生动物守护神。伊菲革涅亚,古希腊神话中阿伽门农与克吕泰涅斯特拉之女。据传说,阿伽门农在率领希腊军队远征特洛伊时,因触怒阿尔忒弥斯,导致海港风浪大作,军队无法航行。平息女神怒火的(转下页)

神圣的矛盾之力不仅蕴藏在物品中，也体现在生灵身上。画在西伯利亚萨满祭司帽子上的守护神，有时会被涂成半红半黑的颜色，以突显它们施展法力的两种性质。在拉普人（Lapon）[82]的文化中，杀死熊的人会荣耀加身。然而，一开始人们会先视他们为不洁，并给他们指定一个特别居所。然后，他们脱去猎熊时所穿的衣服，并要装成陌生人的样子把熊肉带给他们的妻子。直到绕着篝火跳过净化之舞后，他们的隔离生活才会结束。同样，在南非，杀死一头如狮、豹、犀牛这样令人生畏的动物，会被认作是辉煌之举。但是这位幸运的猎手，在仪仗队以豪华的排场将他迎回村里之前，必须在一个远离村子的茅屋里为他的功绩赎罪，通体涂白，食物只能由未割包皮的男孩供给。就连在远征中杀死过敌人的战士，若他要被授予尊荣，也必须先净化自己，涤除身上的鲜血与因杀生和触碰尸体而沾染的污秽，然后才能重新回归社群。

反之，若一个人成功挺过了僭越行为所带来的危害，那么他身上的不洁就会催生出一种神秘之力，或成为这种力量的载体与证明，总之二者是一回事。俄狄浦斯身上承载着弑父与乱

（接上页）方式是献祭他的女儿伊菲革涅亚，而后者在知晓自己命运后毅然决然为希腊献出自己的生命。在献祭仪式中，在伊菲革涅亚被斩首的瞬间，阿尔忒弥斯用一头鹿取代了她的位置，将她救下，并带回到自己的神庙担任祭司。布劳伦，阿尔忒弥斯神庙所在地。——译注

[82] 拉普人，现称为萨米人，北欧地区原住民，居于芬兰、挪威、瑞典和俄罗斯四国境内。"拉普人"为对他们的旧称，但这一称呼并非源自他们自己的语言，且含有贬义，"萨米人"则是他们自己语言中对自己的称呼。——译注

第二章 神圣的矛盾性

伦这两条最为可恨的罪行,但当他踏足雅典的领土时,却成了神圣之人,成了这片土地的福运之源。[83] 在巴依拉人（Ba-Ila）[84] 的文化中,乱伦是最变态、最可怕的行为,但一个男人若想在困难的事业中获得成功,就会同他的姐妹发生乱伦行为,"这会让他的护身灵符获得神力"。通加（Thonga）[85] 男人若想捕猎河马,会和其女儿发生性关系。他会立刻变成一个"杀人者",但同时也具有了实现"在河里的伟业"之能力。在尼亚萨湖（Lac Nyassa）[86] 周围的一个部落中,同母亲或姐妹之间的乱伦行为让敢行此事者连子弹都无法伤害。通过触犯最为圣洁的法律,人类就会获得超自然之力的危险协助,就如要成为巫师,必须同魔鬼签订契约。确切来说,敢于行乱伦之事者确实变成了巫师,但只能维持有限的一段时间,以在某件具体的事上获得成功。他要仪式性地承受僭越行为的可怕后果,以让自己可以对世俗的危险免疫。

毫不夸张地说,通过适当的忏悔或必要的行为和态度所实现的某种转变或性质的改变,足以让神圣法则的僭越者所带来

---

[83] 根据索福克勒斯的悲剧《俄狄浦斯在科罗诺斯》,俄狄浦斯在刺瞎双眼并自我放逐后,最终来到了雅典附近的科罗诺斯,死在这里,并成为雅典的守护神。——译注
[84] 巴依拉人,也称依拉人（Ila）,一个生活在非洲赞比亚南部的民族。——译注
[85] 通加人,一个生活在非洲赞比亚南部、津巴布韦和马拉维的民族。——译注
[86] 尼亚萨湖,现称为马拉维湖（Lac Malawi）,非洲南部大湖,位于东非大裂谷最南端。——译注

的不祥之力，完好无损地还原为圣洁之力，即当这些法则得到遵守与维护时所蕴藏的那种力量。因此，根据蒂托－李维（Tite-Live）[87]的记录，大祭司（grand pontife）P.里齐尼乌斯会逮住C.弗拉古斯并让他当朱庇特祭司（flamine de Jupiter）[88]，"正因为他少年时期混乱而放荡"；后者先前还因其恶习被父母痛恨，却因担任圣职而改头换面，甚至让这个已经被他的前任们搞得名誉扫地的圣职，重新恢复了它的神圣性。同理，在基督教的圣徒传记中，最伟大的圣徒都曾是最卑劣的罪人，这样记述不仅是为了用上帝全能的恩典感化信徒，也是为了突显严重的罪行所具有的那种不同寻常的能量总有转化为福运的可能。

彻底消灭无法涤除的污秽

然而有时会出现罪不可恕的情况：在对神圣极其严重的侵害面前，整个社群都感到震惊和恐惧，其祭司因无法扭转或消除这种侵害的后果而感到绝望。沾染上的污秽看起来无法涤

---

[87] 蒂托－李维（公元前59或前64—公元17），拉丁语名写作Titus Livius，古罗马著名历史学家，代表作为巨著《罗马史》。——译注
[88] 大祭司，拉丁语写作pontifex maximus，又称为最高祭司，古罗马祭司团体的最高阶祭司，是古罗马宗教中最重要的职位。在罗马共和国早期是严格的宗教职位，但逐渐政治化，自奥古斯都起被归入帝位，成为罗马帝国皇帝的专属称谓。现今，这一头衔则由教皇承担。朱庇特祭司，拉丁语写作flamen dialis，古罗马祭司之一。在罗马共和国时期，共有十五位祭司，包括三位主司和十二位副司，每一位祭司都终其一生侍奉一位神明。朱庇特祭司是所有十五位祭司中最高阶祭司，侍奉众神之王朱庇特。——译注

除，从其词源释义来说，这意味着犯罪之人因违反禁忌而承载的能量因子，任何净化仪式都无法将之清除。再没有什么方式能将他"解放"，让他重回世俗秩序之中。因此，能做的就只有将这危险的传染源从社群中彻底革除。人们将之称为**神圣**（sacer, óερίς[89]）。社群通常不同意将他处死，因为行刑意味着接触，而这样人们唯恐避之不及的污秽就有可能传染到自己身上。因此罪人会被驱逐，他会被送至国境边缘，不携带任何武器和补给。这样，他就被交予异邦人、野兽与自然来消灭。如果罪犯是只动物，比如一头吃了自己排泄物的山羊，或一头尾巴击打过地面的公牛，或一只和猪交配过的狗，而其主人不想白白丢掉它们，则会将之卖给途经的商人，好让噩运降临到他们头上。

犯人通常会被流放到海上，在一艘无帆的小舟里听天由命。有的时候，为保险起见，人们会把他的手绑住并破坏船体。根据挪威旧法，被放逐者会被抛弃在一艘四处漏水的小船里。当国家负责解决鼠疫患者时，它要么会委派一个人从事这项工作，而该执行者就会立刻被打上耻辱的烙印，被所有人回避，必须远离社群生活，就好像他将同胞解救出来，却自己一个人承担了全部的污秽；要么就是由负责处理此事的法官采取最严格的防控措施，保证在行刑时，骇人的传染不会扩散到族群之中。

---

[89] 分别为拉丁语和古希腊语。——译注

失贞的维斯塔贞女（vestale）[90]会被活埋，因为她的鲜血若喷洒出来会感染整座城市，所以人们会让她同她的污秽一起消失在大地的深处。事实上，这种情况尤其严重，因为她是圣人。罪人的神圣性会加剧其罪行的严重程度，就如罪孽的大小有时会成为未来神圣性的衡量标准。女祭司会被关在一个密不透风的轿子里抬到行刑之地，一定要确保她和市民之间不能有任何交流。就连这不洁之人的声音都不可以传到众人耳朵里，因为在如此严重的渎神行为中，什么都可以成为污秽的传播途径。犯人蒙着面走出轿子，立刻跳进早已挖好的深沟之中，然后马上就被封在里面，只留有可怜的一点食物。当克瑞翁（Créon）走一条荒无人烟的小路将安提戈涅（Antigone）[91]押送至她的墓穴时，后者也受到了类似的待遇，以"避免渎神之事发生，让整个城邦免于污秽的侵蚀"。

罪犯正是因其不洁而变得神圣，因此直接夺取他性命也变得十分危险。通过给他留一些食物，城市便不再承担责任，而是交予神来定夺［正如格罗茨（Gustave Glotz）[92]所看到的，这

---

[90] 维斯塔贞女，拉丁语写作 virgo vestalis，古罗马灶社和家庭女神维斯塔（Vesta）的女祭司。其主要职责是维护维斯塔神庙，保证炉灶的圣火不熄灭。贞女必须保持贞洁三十年，不可结婚生子。——译注
[91] 安提戈涅，古希腊神话中俄狄浦斯的女儿。克瑞翁，安提戈涅的舅父。根据索福克勒斯的悲剧《安提戈涅》，克瑞翁成为忒拜国王后，宣判安提戈涅的哥哥是叛徒，让其抛尸野外，不许被下葬。安提戈涅认为这不道德，有违神意，于是违反禁律埋葬了哥哥。而克瑞翁则下令，将安提戈涅困在她哥哥的墓中，安提戈涅最终在墓里自杀身亡。——译注
[92] 古斯塔夫·格罗茨（1862—1935），法国史学家，古希腊史专家。——译注

就是神意裁判的原则]。罪人进入了神的世界，自此之后他的生与死都听凭神谕了。人们将他交付于神，由此一来，也就让**他活着**走出了自己的社群。除了保护社会之外，保护自然不受不洁之毒性的侵害也同样重要。在这一点上，古罗马人专门为弑尊亲属罪和渎神罪设立的"皮袋刑"（culeus）[93]最能说明问题。这种刑罚试图将罪犯完全隔离起来，给他穿上木屐，把他的头用狼皮蒙住，并在把他扔进海里之前，将他同一条蛇、一只公鸡和一只狗一起装入一只皮袋子里，因为污秽不会对这些动物造成伤害。用此种方式对待僭越之举罪不容恕的人，其实是这种古老的诅咒在起作用："愿大地和海洋也不接纳他的尸骨。"要看到，狼皮、木屐和缝合的羊皮袋子都是些预防措施，以防止这不幸之人的不洁玷污土地、空气甚至海水。而这最后一项，正如西塞罗在评论酷刑时所指出的，常被认为可以洗净其他一切污秽。

3. 凝聚与分解

纯洁与不洁的社会分配

现在，我们可以画出一张纯洁与不洁的社会分布地图。它们二者在一个中立地带相互斗争，且我们会出于相同的原因但抱着截然相反的态度与心情，试图将它们从这里驱逐出去。在

---

[93] 原文为拉丁语。——译注

此,任何能量都会在纯洁与不洁之间来回摇摆,被导向哪一方都有可能,而无法被赋予一个恒定且单一的特性。它既会招来邪恶之力也会激发祥福之力,既招致噩运又带来好运。因此我们会看到,性交既可以促进粮食丰收,又可能导致伤口发炎,[在班图人(Bantou)[94]的文化中]既可激发祛污水的净化功效,又会增强疾病的危害。但是这种模棱两可的状态本身也意味着更为稳定的分配,意味着福运与不祥之间更为确切的两极对立。实际上,这两种相互对立的原则各自都享有固定的栖所。一边是国王、祭司与法律庄严肃穆、秩序井然的世界,一个我们敬而远之的世界;另一边则是贱民、巫师和罪犯鬼鬼祟祟、臭名昭著的领域,一个我们唯恐避之不及的领域。在那些本性上净化、治愈与宽恕他人之人,在那些神性的传播者的对面,是那些本质上玷污、作践与带坏他人之人,是那些罪恶与死亡之事的始作俑者。与君王身上那富丽堂皇、光彩夺目、镶金佩玉的服饰对比而相形见绌的,不过是肉体令人作呕的腐烂与分解。

其实,就如同战士与经期流血的妇女相互对立一样,帝王与尸体是纯洁与不洁这两种敌对之力的最极致体现。死亡带来污秽,而君王则将之祛除。二者之间的任何接触都是不被允许的。诸如被赋予神圣性的波利尼西亚部落首领,或类似于澳大

---

[94] 班图人,撒哈拉以南非洲中部、东部及南部所有承袭班图语系和文化的族裔的统称。——译注

利亚"丘灵加"这类被视为大量汇聚神性之容器的东西,都通过最严格的禁忌,与一切被认为是不洁之感染源的东西隔离开,譬如尸骸或经血。关于这点,我们有必要参考一些限制古罗马主祭司之自由的神圣法则。他不但被禁止触碰尸体,甚至不能靠近焚尸炉,不能听到丧乐的笛声,不能说出被用于死亡崇拜仪式的植物与动物的名称,他的鞋子也不能使用自然死亡的动物皮来制作。同理,非洲南部黑人[95]族群的大祭司既不能光顾墓地,也不能跨越通向尸体腐烂之所的道路;若某间屋内有人去世,那么他会被禁止进入这间屋子,除非逝者的肖像已经在其中竖立,证明逝者已经成为予人保佑、令人尊敬之力。在欧里庇得斯的悲剧中,阿尔忒弥斯离开了垂死的希波吕托斯(Hippolyte)[96],因为女神是被禁止看到尸体的,且纯洁的目光也不应被临终之人最后的气息玷污。而在雅典的安塞斯特里昂节（Anthestéries）[97]中,当死者的灵魂从地下世界返回,游荡在城邦的大街小巷时,神庙都会被绳子围起来,以阻止亡灵接近。

---

[95] 原文为 cafre,指南半球非洲的黑人,是一个具有种族歧视色彩的称呼。——译注
[96] 根据欧里庇得斯的悲剧《希波吕托斯》,雅典王子希波吕托斯热爱打猎,崇拜狩猎之神阿尔忒弥斯,从不崇拜爱神阿芙洛狄忒。后者感到愤怒,为报复希波吕托斯,让其继母淮德拉爱上了他。希波吕托斯得知了淮德拉的爱意,怒斥并拒绝了她,于是淮德拉羞愧自杀。但她留下遗书,控诉希波吕托斯意图玷污她。国王看罢这封遗书大怒,求海神波塞冬派一头公牛撞倒儿子的马车,希波吕托斯因此身亡。而在他临死之前,阿尔忒弥斯出现,把真相告诉了众人。——译注
[97] 安塞斯特里昂节,古希腊崇拜酒神、纪念死者的节日。——译注

纯洁与不洁的定位

纯洁与不洁这两种原则之间审慎的区分，意味着二者在社会中也有着截然不同的定位。实际上，中心通常是前者明亮而舒适的居所，边缘地带则是后者阴暗而令人不安的王国。祥福之力栖身在色彩艳丽的图腾柱上，傲立于村里的大广场中央，此处一同坐落着祭坛、男性居所或首领的高级茅屋。这样一个明显汇聚了各种神圣之力的地方，没人敢轻易接近。在新喀里多尼亚，首领的大茅屋叫作 moaro，moaro 也是部落的名字，而祭坛则用 ka moaro 表示，即"是 moaro 的东西"。这个例子完美体现了作为集体的整个部落与祭坛和大茅屋之间的同一性，前者正是以后二者为核心聚集并建立起来的。M. 莱恩哈特（Maurice Leenhardt）[98]强调，对于卡纳克人来说，此三者代表着同一种实在，大茅屋是这种实在在地面上的化身，部落是其社会形态，而祭坛则体现了它向不可见之物的投射。那些让村里的生灵朝气蓬勃、容光焕发的力量，都是从村子的中心汲取力量，从大广场中央发散到每个人身上，赋予他滋补之元气。这些力的运动方式是离心的，从中心这一理想空间辐射开来。此处充盈着神性，神灵在此停驻，献祭的青烟从此升起，君王的敕令也会从此发出。而逐步偏离中央，这些力的影响会被另

---

[98] 莫里斯·莱恩哈特（1878—1954），法国民族学家、神父、传教士，于 1902—1926 年在新喀里多尼亚传教，对卡纳克人有深入研究。——译注

一类有害的、神秘的力量所取代,后者源自远离中心的偏僻地带,具有一种向心的、有可能将一切吞噬的威慑力。随着我们逐渐远离中央广场,我们会不知不觉进入到它们的势力范围之中。而在我们完全暴露于其邪恶影响下的这个过程中,我们必会先经过那些让人退避三舍的茅草屋。这些屋子里面隔离着经期妇女、产妇或远征归来的战士,总而言之即所有那些被玷污之人,直至他们清除掉身上的血污为止。必须让这些人远离那光辉的、让集体生活充满生机的中心地带。

　　这些空间事实远非偶然,而存在于文明的每一个维度中。R.赫尔兹所言甚是:右与左的对立和内与外的对立相辅相成。社群可以被想象为一个封闭的空间:在圈子内部,一切都是光明正大与和谐融洽的,其空间也是经过确认、规划与分配的;位于正中央的约柜(arche d'alliance)[99]或祭坛,代表了神圣的物理中心与活力之源,其神力的波及范围一直延伸到边界处;而在界线的另一边弥漫着外围的黑暗,一个充满圈套和陷阱的世界,无法无天,时刻处于污秽、疾病和堕落的威胁之中。信徒在绕着圣火转圈进行宗教仪式时,会将其右肩膀冲着散发福运与欢乐的中心火源,而将他们身体的左侧——人身上劣等的、负责防御危险的部分,即持盾之手那一边——朝向黑暗、不祥和混乱的外界。这种环绕的方式会将内部的神益之力锁住,同

---

[99] 约柜,以色列民族圣物,存放上帝与以色列人所订立契约的柜子。
　　——译注

时形成一道防御屏障来抵御源自外部可怕的攻击。

在某些方面，现代城市的形态让这种空间布局既古老神秘又现实客观价值明晰：在中心坐落着教堂或主教座堂（神之居所），市政厅、政府大楼和法院（权力的象征和权力机关的所在地），剧场、博物馆、逝者纪念碑和伟人雕像（城市神圣遗产的各个方面），佐之以大型广场、宽阔的主干街道和鲜花盛开的花园，刺眼的灯光则会在夜晚带给这些享有特权的街区光明与安全。在这个温暖而令人安心的官方核心周围，大片居民聚居区构成了一条充斥着阴暗与困苦的环形带，这里的街道狭窄、灯光幽暗、充满危险，坐落着破旧的旅馆、破败的房屋与各式各样的非法组织和地下机构，可能聚集着无业游民、妓女与其他各种法外人士。而墓地在还没有被扩张的城市吸纳为其一部分时，也被安置在这个区域，当夜幕降临时，从此经过之人没几个不会感到脊背发凉。因此，从宗教领域与世俗领域的对立，到法律与罪恶、受人景仰之人与卑鄙无耻之流的对立，纯洁与不洁之间一直以来的这种对立关系保留了诸神秘原则那种古老的地形学分布规律：中心是善，边缘为恶。

凝聚与分解

笼统来说，神圣之力享有明确的定位；相反，污秽的领域则分散而不定。我们可以看到，宗教与巫术之间最根本的区别之一就是这种不同，而这一点在澳大利亚原住民文化中尤其明显。事实上，澳大利亚巫师汲取力量的那些恶灵，并不栖身于任何特别的图腾中心。它们和术士本人一样，都在社群边界之外存活。它们引发的不洁之力，那种被施特雷洛（Ted Strehlow）[100]定义为"突然中止生命或将被它接触之人带向死亡"的力量，并不属于某个特定的部落，并不能成为人与人之间精神融合的纽带，不在任何道德体系的建立中发生作用，不像教会或官方宗教那样维系国家的社会体系，也与任何地域特征毫无关联。它只是助益于那些被正统宗教崇拜排除在外之人，譬如妇女和奴隶。

这种力量，可以说它就是从偏远荒凉之地散发出来的那种东西，是一个巨大的、持续不断威胁我们的敌人。就如同大海吞没无数岛屿一样，它将不同的人类族群——那些成功在其势力范围内谋取到生存空间的人——都囊括在自己的同质性之中。同样，巫师也是在这远离村落的乡野之中接受的巫术启蒙。当他归来时，身上便有了一个属于他个人的守护神的加持，这让他与他的部落之间产生了对立，因为后者尊崇的是其集体图腾。他的部落会允许其他部落的成员猎食自己人所崇拜的动物，因为部落的经济结构本身似乎就是建立在这种由饮食方面的呈献构成的互惠关系之上。但是对术士而言，若他在睡梦、幻觉或迷狂状态中与一只动物结缘，或一个同他有亲缘关系的巫师遗赠给他一只动物作为守护神，那么他就会保护这动

---

[100] 泰德·施特雷洛（1908—1978），澳大利亚人类学家，以其对澳大利亚原住民阿龙塔人的研究而著名。——译注

物并让群体中的其他成员都尊敬它。他在部落中仿佛一个局外人，此外他还拥有一种神秘而可怕的力量。他不再被其他人视作"同胞兄弟"，实际上，他已经成为另一种存在。那些对他进行巫术启蒙的神灵们改变了他的生命器官，并在他的身体中植入了水晶石的碎片，正是这些碎片中蕴藏着那种让他变得令人生畏的力量。人们都躲着他，他因此过着孤独而被驱赶的生活。他被社群排除在外，至少差不多算是这样。面对着群体所展现出的那种凝聚力，他通过死亡的原则象征着分解之力。

纯洁与不洁各自分别所属的复杂统一体，可由**凝聚**（cohésion）与**分解**（dissolution）这两个词准确定义。那些构成凝聚力的都是巩固之力，让一切都坚固而强壮、刚劲而健硕、稳定而规整。在世界中，它们负责宇宙的和谐；在社会中，它们确保物质生活繁荣与行政管理的良好运行；在人身上，它们则保护其身体的完整性。它们是一切建立、维系与完善某种规范、秩序与人类健康的东西，且众所周知，它们由君王所代表与体现。反之，另一类力量则会引发动荡、混乱与狂热。在人们看来，自然现象的正常进程中所产生的一切异常，都是拜它们所赐。它们会导致日月食、自然奇观、妖魔鬼怪的出现与双胞胎的降生，总之就是违背自然法则、需要通过赎罪仪式来祛除的种种不祥之兆，又比如树在寒冬开花、黑暗在正午出现、孕期延长、瘟疫暴发。

同时，对政治与宗教秩序的僭越之举背后，也是这类力量在作祟。事实上我们也看到了，背叛、渎神、弑君这样罪不容怨的行为都被视作是不洁的，因为它们都损害、动摇了社会团结，甚至可能将其完全摧毁。有时，单单是保持异见就会被社会除名。在中国古代，某谏言的大夫若不能和他的同僚达成一致，便是有损社稷，因为每个决策都应当得到所有人的认同。他必须辞去官职并自我放逐，因为即使他屈从于其他人的意见，那么这位异见者也只会"心怀怨恨地留下来"。[101] 他必须退隐以让朝堂能够重新团结，否则他的存在可能会继续危害朝堂。放逐之人会斩断自己与其故国和先祖的一切联系，不能携带祭祀祖先所用的器皿。关于这个问题，我们要参考葛兰言的评述来读读《礼记》原文，上面规定了被放逐的异见者所要遵循的操守："大夫、士去国，逾竟，为坛位，乡国而哭，素衣、素裳、素冠，彻缘（丧服），鞮屦、素幂，乘髦马，不蚤鬋，不祭食（他不再与神灵交流），不说人以无罪（他也不说自己有罪，唯有君王才有德行与威严以公开认罪），妇人（或至少他的正室）不当御（他的性生活与夫妻关系都中断了），三月而复服。"[102] 当服丧期结束，这位谏言的卿大夫便不再有国，成了一个无归属之人，无论在哪一国的朝堂中都没有地位。这个人

---

[101] 原文出自葛兰言《中国文明》（版本同前），p. 326。这句话实际上是葛兰言从其他文献中引用的，根据其注释可知出自《礼记》，但译者暂未在《礼记》中找到对应原句。不过《礼记》有云："为人臣下者，有谏而无讪，有亡而无疾。"（《礼记·少仪》）即国君若不接受劝诫，臣子可以离去，但不可以对他心怀怨恨。——译注

[102] 出自《礼记·曲礼下》，括号中的部分是葛兰言的评述，原文见《中国文明》（版本同前），p. 327。——译注

的特殊命运就是这样,因为他在所属的集体中表现为独立的个人,因为他的态度、他开启的这个可怕先例会导致集体瓦解。

在家庭层面亦是如此。人们同样将有可能导致家庭组织崩塌的罪行视作亵渎行为,这也是为何我们会用极端严厉的措施惩罚乱伦者和弑尊者,以让他们变得人畜无害,比如古罗马人会将之称为 sacer。最后,在这个对导致解体的秽行的分类之中,还需要补充一点以使其完整,那就是削弱人类身体健康的疾病。我们会惧怕经期和生产期的妇女出血,更加惧怕尸体**分解腐烂**,因为这是终极、无法逃避的解体之最有说服力的画面,象征着毁灭之力的胜利,意味着毁灭之力不仅会侵蚀生命存在,更会威胁世界与社会的稳定。尸体腐烂的死者自己是一个**痛苦游弋的孤魂野鬼**,因为他的死亡斩断了他同生者社会之间的联系,但未通过下葬与出殡仪式被逝者的世界所接纳。他只有在找到一个新的归属后,才会变为祥福之灵。

纯洁与不洁:"总体状态"

无数互补又互斥的力之间"不协调的和谐"(concordia discors,原文为拉丁文)构成了宇宙,它们不同的形态也会激发多样的情感。而一开始,纯洁与不洁这两个概念似乎一直都与这些情感混为一谈。直到后来,它们间的对立关系才被限定在了卫生与道德层面。这对概念最初与其他成对的概念混杂在一起,相互纠缠与渗透,根本无法梳理与区分。类似的状态,我们现在还能够想见:纯洁同时代表着健康、活力、英勇、机遇、长寿、灵敏、富裕、幸福、圣洁，而不洁则包括了疾病、孱弱、怯懦、笨拙、残疾、霉运、贫苦、不幸、诅咒。此时还无法观察到任何道德方面的意味。同邪念一样，生理缺陷和失败也都会遭受责难，且会被认为是前者的征兆或后果。反之亦然，灵巧与成功展现了神灵的恩泽，会被看作是美德的保障。

各种古代文明可以让我们看清这些概念是如何一步步逐渐道德化的：它们在诞生之初是神秘的神话概念，却作为伦理的、可以说是世俗的概念被流传给了后世。

我们会发现，在古巴比伦，人们还在用**总体**（total）的方式来描述恩泽或罪恶的状态。罪人会受到魔鬼的折磨："诅咒生于海洋，恩泽从天而降（……）在此，诸神的怒火（熊熊燃烧），（魔鬼）疾走并惊声尖叫。被神抛弃之人，魔鬼会找上门来，像衣服一样裹住他。它们径直走来，用毒药将他灌醉，捆住他的双手，绑住他的双脚。它们压迫他的肋部，将毒液洒满全身。"与堕落一样，重生也关系到人的整体："诅咒、魔力、惩罚、痛苦、疾病、贫困、罪恶，还有我躯干、肉体、四肢所染的恶疾，愿它可以像这颗洋葱一样被剥离。现在，愿燃烧的格尔拉（Girru）[103]将它耗尽，愿魔力退散，愿我重见光明。"

纯洁与不洁概念的演进

在原始思想中，这些相互异质的概念被视为未分化的统一

---

[103] 格尔拉，古巴比伦神话中的火神。——译注

体。但是不久之后，古希腊思想便对它们做出了区分。古希腊人对每个概念都做了详尽的分析，并在涉及人的存在与意识的各等级体系，如事件、功用、事实或意图这样的体系中，为各个概念都进行了明确的定位。而这些不同的概念得以被如此精细而确切地区分，尤其要归功于俄耳甫斯教的轮回概念（cercle orphique）[104]之中所孕育的神秘道德观，毕达哥拉斯学派的对立统一观念（table pythagoricienne des contraires）[105]，还有摩尼教的宇宙观（cosmologie manichéenne）[106]。各种特质经过分类思想和哲学思考的梳理之后，虽然依旧相通，其相互之间深层的相似性也依旧存在，却被划分为孤立的概念，分别置于符合其本质的类别之中：现在，弯与直的对立属于几何的范畴，奇与偶属于算数，洁净与肮脏属于卫生领域，健康与疾病属于医学，善与恶的对立被归入伦理的范畴中，恩泽与罪恶则被保留在了宗教领域。渐渐地，纯洁这个概念与生理或道德意义上的洁净融为一体，本质上同化为贞洁之意。正是因为这一点，污秽的含义某种程度上也经历了去物质化的改变：它原指流水所带有的疫气，现在却变为需要神的宽恕来洗刷的灵魂污点。

---

[104] 俄耳甫斯教，古希腊时期的一种宗教信仰，得名于古希腊神话俄耳甫斯下冥府接欧律狄刻的故事，该教信奉灵魂的轮回转世。——译注
[105] 毕达哥拉斯学派，由古希腊哲学家毕达哥拉斯所创立的科学与宗教团体，起源于公元前5世纪。——译注
[106] 摩尼教，公元3世纪波斯先知摩尼所创立的宗教，是一种将袄教、基督教和佛教混合而成的宗教体系。——译注

一切都被削弱、分解，变得不相关联。自此，我们可以高枕无忧，某一处没做好就在别的地方找补回来。再没什么能让人以总体的方式来参与了。现在的时代尽是弥补的机会，错过了救赎也没关系。每一种对立都见证了其影响力的衰减和独立性的增强。世俗的领域显著扩张，如今涵盖了几乎全部的人类事务。

世俗与神圣

然而纵览宗教史，无论在哪一种文明中，无论野蛮或是先进，哪怕在现代生活中其影响范围已经极其有限，但神圣的概念一直保留着一种显著的独特性，这也让它具有不容置疑的统一性。在神圣的概念中，"道路、真理、生命"继续与那些在各种意义上损害生命的力量、与那些让生命陷入绝望与危难的力量对立。[107]但同时，相对于那种维系生命的要素，神圣反而体现了增益与毁灭生命的两种物质之间本质上的不谋而合。世俗是怡然与安全的世界，两道深渊将其夹在中间。当人类对怡然与安全不再感到满足，当他对安稳谨慎地屈从于规则感到难以忍受时，有两道炫目的光芒吸引着他。他于是明白了，规则只是作为限制而存在的，它本身并不神圣，而它让人无法触及的，那种唯有僭越或打破它之人才能知晓并拥有的东西才是神

---

[107] 出自《圣经新约·约翰福音》14：6："耶稣说：我就是道路、真理、生命。若不借着我，没有人能到父那里去。"——译注

圣的。界线一旦跨越，就不再有回头路，必须不断沿着圣洁之路或诅咒之路走下去，这两条路还会在无法预测的地段突然交会。敢于求助地狱之力的人，是对自己命运不满之人，有时还是叫天不应之人。他敢硬闯地狱，就会获得魔力。同神的恩泽一样，与魔鬼的契约也是变成神圣的标志。受神的恩泽宠幸之人与签订魔鬼契约之人，同样地永远告别了寻常人生。自此，凭借其命运的威名与魔力，他们就成了胆小怕事之徒与无欲无求之流，即那些不敢踏入深渊一步之人的噩梦。

第三章　敬畏神圣：禁忌理论

若将神圣视作世俗领域的对立面，那么它的两极之间的区分就没那么显著了。在世俗面前，二者间的对立就会削弱乃至消失。同样地，圣洁既畏惧污秽又害怕世俗，因为后两者对于它而言都意味着不洁，只是程度不同。反之，污秽既能够污染圣洁又可以破坏世俗，后两者都会受到它的损害。因此，宗教世界里的这三种元素——纯洁、不洁与世俗——都具备一种特殊的能力，可以任意两个相互联合以对抗第三者。我们已经看到了这种辩证法是如何在神圣的内部发生作用的，看到了神圣的一极如何在与另一极对抗时，会不由自主地也将由世俗构成的这种**活跃的虚无**当作敌人，迫使其与另一极联手。既然我们已经认识到了神圣根本的矛盾性，那么现在就要来看看它作为一个整体是怎样对立于世俗世界的，这即是说，我们应当研究神圣世界与世俗世界所构成的这两个既互补又对立的领域，它们之间的区分是如何体现在社会之中的。我们很快就会认识到，在社会之中这种区分又涵盖或融合着别种二元分立与区隔，即某些同样既互补又对立的群体或原则之间的二元分立与区隔，而正是这样的群体或原则间的对立与协作（"不协调的和谐"）维系着社群的运转。譬如，在权力分散的社会中不同胞族之间，或在权力集中的社会中君主与民众之间，就存在着这样的关系。在这两个极端且近乎抽象的（因为现实中二者绝不会以如此纯粹的面貌呈现）社群类型中，世界的秩序这一概念都是由两派力量的结合决定的，这两派力量或在数量与权威上保持平衡，或通过其数量与权威方面双重与反向的不平等来达到平衡（一方补足另一方）。同时，此二者的结合也以同样的方式主导着世俗与神圣的分配。在一个胞族成员眼中的自由，在另一个胞族成员眼中则是禁忌；允许君王所做之事，对民众而言则是被禁止的。如此种种，反之亦然。诸禁忌的作用正是保护既有秩序不受任何僭越之举的危害，我们不可孤立视之。它们构成了一个任何元素都不可或缺的系统，一个我们只有通过对社会——被它们作用并影响着的社会——之运转进行整体分析才能够阐释其意义的系统。[108]

---

[108] 这项研究是且只能是概略性的。它唯一的抱负是告诉世人，那些诸如乱伦的禁忌这类引发广泛讨论的问题，我们只有在将之视为一个系统——一个囊括了某一既定社会中所有宗教禁忌的系统——中的个案时，才能够给出正解。——原注

1. 世界的结构

社会的二元分化

已经被有关图腾社会的研究所阐明的诸多重要事实，其中大部分都可以证明，部落（tribu）的结构通常体现为不同胞族（phratrie）间的划分。实际上，胞族远不只是一个部落与其氏族（clan）之间的中间环节这么简单，它更代表着社会统一体根本且恒定的架构。氏族的数量会发生改变，时而增加时而减少。相反，胞族的数量则是确定的。一个部落有且只有两个胞族。当然，确实存在一个部落划分为三个胞族这种罕见的情况，但它们也依然能够轻易被普遍法则所解释。譬如在东非的马赛人（Massaï）[109]部落中，某位学者观察到了三个主要族群，但另一位学者则将前者眼中一个作为次级区分存在的氏族视为初级区分之下的胞族，并因此将整个部落划分为四个基本族群，在游牧迁徙中两两结合。其中两个族群的成员统称为"红血猛兽"，而另外两个的成员则统称为"黑色猛兽"。

其次，氏族之间的界限常常是模糊与不确定的。在它们之间，异族通婚的法则并没有太大的作用。反之在胞族之间，这种法则非常严格。最后，氏族的出现通常是一个部落早期二元分化之后进一步细分的结果。因此，如果笼统地来看图腾社会

---

[109] 马赛人，非洲东部的游牧民族，主要生活在肯尼亚南部及坦桑尼亚北部。——译注

的地理扩张，我们可以大体将胞族的存在视为构成图腾社会的基本现象。

在具体案例研究中，弄清楚这种二元分化的本质与主要特征是非常重要的，因为禁忌的网状体系正是依托这种二元分化而存在。不论在社会的哪一半群体中，禁忌都将其世界分割为世俗与神圣两个领域。在澳大利亚，大部分情况下胞族成员都分散在不同的地方机构里，但在每个机构内部不同胞族间都保持着区分与对立。而当整个部落聚集时，胞族间的分化就会重新显现出其重要性。因此，从一开始我们就发现，在部落的结构中胞族系统要比其他系统有着更加重要的地位。涂尔干和莫斯就已经指出，整个自然世界都建立在这种部落的社会分化之上。虽然他们的研究主要涉及氏族间的划分，而氏族也正是现如今构成澳大利亚诸族群的能够被区分的最小单位。不过若像他们二人所笃信的那样，氏族真的是由胞族分裂而来，那么他们的研究反而更加适用于胞族间的划分。事实上，如果说每个氏族图腾的选择及其各自关系我们难以弄清，那么胞族图腾的名称则显然清晰明了得多。象征着它们的各种生灵，其颜色总是各不相同且常常是相反的。例如，生活在维多利亚州的贡迪吉马拉人（Gourditch-Mara）[110]就分为 Krokitch 与 Kaputch 两个族群，即白凤头鹦鹉族和黑凤头鹦鹉族。在一些其他不同的部落中，我们也能看到类似这样的命名。有时候，譬如在芒

---

[110] 贡迪吉马拉人，主要生活在澳大利亚维多利亚州西部的原住民。——译注

特甘比尔（Mont-Gambier）[111]的部落中，以白凤头鹦鹉或黑凤头鹦鹉为图腾的仅仅是一些氏族。但这些氏族都各自分别隶属于两个胞族，而后者的名称则显然与贡迪吉马拉人所使用的 Krokitch 与 Kaputch 两个词相关。因此我们可以从崇拜凤头鹦鹉的诸氏族中归纳出一个部落的基础划分，也就是胞族的划分。

如此说来，在各个部落中两个胞族各自的图腾并非随意指定，而是对称且对立的，即颜色相反的两个同种动物。这样，它们之间便既保持着同一性又存在着对抗性。白凤头鹦鹉与黑凤头鹦鹉互相对立，就如马赛人当中红血猛兽与黑色猛兽互相对立一样。

宇宙的二元分化

世界中各种元素在不同社会单元之间的划分，也遵循着这种对称与对立的原则。涂尔干和莫斯的研究指出，生灵或物品会因为它们之间的相关性而被划分到同一阵营。例如，我们会把一个氏族的图腾动物所食的植物，以及常常出没于其聚居地的动物，都归属于该氏族。在阿龙塔人的文化中，青蛙是与橡胶树联系在一起的，因为它们生活在橡胶树的树洞里；鹦鹉和袋鼠联系在一起，因为前者通常会在后者身边飞来飞去。反之，那些相互对立且因对立而成双出现的东西，似乎总是会被

---

[111] 芒特甘比尔，澳大利亚南澳大利亚州的第二大城市。——译注

分别划分到同样是对立且成双出现的社会族群中。以月亮与太阳的普遍划分为例：在麦凯港（Port-Mackay）[112]的部落中，太阳是yungaroo，月亮是wootaroo；在芒特甘比尔的部落中，这两颗星体不仅各自分属于一个胞族，还分属于每个胞族内部相对立的氏族，确切地说即白凤头鹦鹉族和黑凤头鹦鹉族。

诚然，这种对立原则有时候并不十分显著。在澳大利亚，尤其是在新南威尔士州的许多部落中，两个胞族的图腾分别为鹰隼和乌鸦。不过至少它们是同一类动物，是神话传说中无时无刻不在争斗的两种鸟。同样地，在部落举行的竞技活动中，分别以这两种鸟为图腾的两个胞族也总体上保持着竞争关系。如果我们将目光从对立原则不那么明显的案例转移到那些清晰体现这一原则的案例上，我们就可以更好地观察到胞族之间这种对抗关系的系统性特征。阿龙塔人的胞族分为**陆**之族与**水**之族。在巴布亚地区托雷斯海峡群岛（Îles du détroit de Torrès）一个岛屿上的部落也使用同样的命名方式，[113]且它的两个胞族分别以水栖动物和陆栖或两栖动物为图腾。在这两个例子中，胞族间的对立就仿佛两种互斥的元素，且这种对立体现在它们集体生活的方方面面：一族聚东而居，另一族聚西而居；一族背

---

[112] 麦凯港，澳大利亚昆士兰州麦凯地区的一小片区域。——译注
[113] 托雷斯海峡群岛，澳大利亚的群岛，位于约克角半岛与新几内亚岛之间的托雷斯海峡。所谓巴布亚地区，这里应指新几内亚岛。在本书写就的时代，新几内亚岛一分为二，西边现如今属于印度尼西亚的领土当时仍然属于荷兰，而东边部分即现今的巴布亚新几内亚在当时则属于澳大利亚。——译注

风而居，另一族迎风而居，等等。

这一特征在另一片信奉图腾的辽阔土地上体现得更为淋漓尽致：北美洲。现如今祖尼人（Zuñi）[114]的社会空间结构相对复杂，但通过观察其各氏族可以发现，它们仍然是由两个原始胞族演化而来的。无论如何，我们至少可以根据当地的神话如此推测：世界伊始，一位巫师向人类呈上两对颜色相反的蛋，分别为**天空**般的深蓝色和**大地**般的深红色。他说在其中一对中蕴藏着**寒冬**，而在另一对中则是**盛夏**。他请人类来做选择：一批人选了蓝色的蛋，从中破壳而出的鸟儿有着黑色的羽毛，那是飞往**北方**（北方是冬季的象征）的**乌鸦**；另一批人选了红色的蛋，从中飞出了**鹦鹉**，象征着种子、温暖与和平（即**南方**与盛夏的标志，正如**寒冬**代表着毁灭与战争）。这位智者最后说，正因如此祖尼人才分为了冬之族和夏之族，前者的图腾是乌鸦，后者的是鹦鹉。

在大部分普韦布洛（Pueblo）印第安人的文化当中，我们依然能够找到这种对立体系的痕迹，它会将两种在某些方面具有相似性的鸟类，同时通过其颜色与所代表的季节和原则——和平与战争这两种确定的社会状态——的不同，将其对立起来。正是最后这一个区分构成了苏族（Sioux）[115]不同部落中胞

---

[114] 祖尼人，北美原住民部落，属印第安普韦布洛族，主要生活在新墨西哥州西部。普韦布洛人，北美印第安原住民，主要生活在美国西南部地区，尤其是亚利桑那州和新墨西哥州的沙漠地区。——译注
[115] 苏族，北美最主要的印第安原住民族群之一。奥塞奇族与克里克族，以及下文的庞卡族和奥马哈族，均为苏族的下属族群。——译注

族之间的对立性〔如密苏里州的奥塞奇族(Ossage)和亚拉巴马州的克里克族(Krik)〕:一方为战争而生,另一方则以守护和平为业;一方居于营地入口的右边,另一方则在左边。类似这样的划分并不罕见,两个胞族总是分而聚居于部落营地的中轴线两侧。有时候,譬如在庞卡族(Pauka)中,一个胞族内部分别代表着相互对立的原则与元素的不同氏族之间,会时刻保持着对抗状态:水之族和火之族会对面而居,风之族和土之族亦是如此。有时候,譬如在奥马哈族(Omaha)当中,则由分属于不同胞族中的氏族来体现这些对立的原则与元素:因此反而是有着同样标志的氏族会对面而居,但都位于部落营地中央大道的同一侧,处于其胞族的领地中,两个雷之族就是如此居于营地入口处。

在北美原住民部落中,由两个胞族间的这种一贯的对立,诞生了仪式性的竞赛与具有体育竞技性质的周期性比赛。易洛魁联盟(Iroquois)中胞族之间的棍网球比拼,以及威斯康星州的温尼巴戈人(Winnebago)[116]所进行的球类游戏,就是典型例子。将整个部落聚集在一起的仪式活动,是胞族之间进行竞技的主要方式。在这类活动中,双方都要各由一位代表带领,表演象征着他们各自属性的一系列舞蹈,一方表演时另一方在旁观看。

---

[116] 易洛魁联盟,北美印第安原住民联盟,囊括了六大印第安部族。温尼巴戈人,一个北美印第安原住民部落。——译注

实际上，胞族各自的名字就已经展现出了它们平分宇宙的这个特点，而这种分割既体现在自然事物方面又体现在社会制度方面。比如，在加州北部的胡帕人部落中，一个胞族独享鳗鱼制成的药物，而另一个则独享鲑鱼制成的药物；又比如，温尼巴戈人的两个胞族——一方划分为四个氏族，另一方八个氏族，且由于氏族派生而需要在其之间实行异族通婚——会分别以天和地为各自的象征，而其成员便分别被称为"天上人"与"地下人"，并在社会生活的绝大多数方面都相互对抗。此外，其中的每个氏族都有着属于他们自己的仪式，同时承担着不同而明确的政治职能：治安由熊之族维护，部落首领从雷鸟族当中选出，而公共事务的传令官则由野牛族人来担任。米沃克人（Miwok）[117]同样划分为两个各自实行父系异族通婚的胞族，即水之族或海蟾蜍族与土之族或冠蓝鸦族。在他们眼中，所有自然现象都要么与水要么与土有关，并因此分属于两个胞族。当然这种关联会显得有些牵强和武断，主要是一种象征性的联系。[118]

---

[117] 米沃克人，北美印第安原住民，主要生活在加州北部。——译注
[118] Cf. E. W. Gifford, *Miwok Moieties*, University of California Publications, XII (1916), pp. 139-194; Id., *Clans and Moieties in Southern California, ibid.*, XIV (1918), pp. 155-219. 通过这个特殊的例子，我们可以明白为何动物纹章可以流传至今，而与之相关的宇宙原则却早已不具备任何社会意义。——原注
爱德华·温斯洛·吉福德（Edward Winslow Gifford, 1887—1959），美国人类学家。两本著作分别为《米沃克胞族》《南加州地区的氏族与胞族》。——译注

互补的属性

从对上述案例粗略而浅显的研究中,我们得出一个重要的结论:两个胞族共同构成一个系统。它们各自拥有并体现着一些既对立又统一的互补的**属性**(vertu)。每个胞族都承担着具体的功能,具有明确的原则,并恒定地同空间中的某一方位,一年中的某一季节,自然中构成它的诸元素里的某一个联系在一起,而这些方位之间、季节之间与元素之间总是保持着对立关系。每个胞族的性质都由其图腾所代表,而图腾则与某种基本的宇宙物质相关。这种关联有时是直接的,就如在北美洲的例子中普遍呈现的那样;有时是通过动物这种具体的意象间接体现的,譬如那些常见于澳大利亚的案例。

和整个宇宙一样,部落也诞生自两个胞族的**结合**。我们知道它**从来**都不拥有图腾,因为它并非一个具有实质性的统一体,而是两个能量极通过相互对抗孕育出的结果。那些讲述部落起源的神话传说从不强调其一元特征,而是强调其二元结构。我们还记得在祖尼神话的叙述中,万事万物都源自**两**对颜色不同的蛋。流传在澳大利亚的各种传说也完全符合这个特点。根据这些传说,世界的创立可以追溯至一些叫作 Nurali 的神话生灵,它们有些长得像乌鸦,有些像鹰隼,而我们知道这正是当地两个胞族各自的图腾。在当地人眼中,二者无时无刻不在争斗。同理,那些诸如班吉尔(Bungil)、达拉穆伦(Daramulun)和拜阿姆(Baïamé)这些部落崇拜的伟大神灵[119]，其实都是旧时胞族的图腾，后来被进一步神话为至高无上的神明。我们很容易在他们身上找到鹰隼或乌鸦的影子，且在当地人看来，在他们各自之间或在他们同鹰隼和乌鸦之间，总是存在着一种结构性的对抗关系。

因此，无论在可见的领域还是在不可见的领域，无论是在神话里还是在现实中，部落都不是作为一个同质的统一体，而是作为一种整体而存在的。它诞生于相互对立的两类物品、两类生灵之间持续的对抗，且只在这种对抗中存在并发挥作用。物品与生灵的这两个类别涵盖了自然与社会的全部，并因此决定了"物的秩序"与"人的秩序"（ordo hominum，原文为拉丁文）这两种结构。

我们不敢说这种二元对立性是放之四海而皆准的原则，它至多适用于图腾社会，而难以扩展至其他地区，比如差不多整个非洲以及亚洲的大部分地方。此外，即使是图腾社会，以它目前呈现出的形态来看，其结构也常常是非常复杂的，似乎并非由两个而是由多个原则所构成。诚然在大多数案例中，我们都可以溯源至某种原始的二元分化，但这并不意味着我们必须默认往这个方向努力。我们只要合理地证明这种二元对立原则是存在的并值得被研究，这就足够了。如果它能完美适用于相当一部分社会，那自然更好。至于对这一原则体现得不那么明

---

[119] 班吉尔、达拉穆伦和拜阿姆，都是澳大利亚原住民神话中的神灵。——译注

显的社会，如果它们与前者的区别仅在于初级功能划分的数量不同，那么只需要进行简单的调整，将我们的理论原则**范围扩大**就可以轻松解决问题，因为说到底社会运行的机制是一样的。最后，如果某一类社会的运行机制被证明与我们的理论完全不符，那就需要针对它们建构另一种和它们的结构一样独特的理论原则。

至少我们可以认为，在亲缘分类术语中"达科他"型命名法频频出现，是因为它为原始异族通婚的二元分化提供了一个无法比拟的拓展空间。事实上，罗维（Robert Lowie）[120]尤其明确指出，命名法只能被解释为是原始社会现象的一种痕迹遗存。我们同样可以思考，体现着相反的属性的君主们，其之间权力的更迭是否符合我们所提出的原则。譬如在柬埔寨，王权是在火之王与水之王之间更替的。根据葛兰言的研究，我们可以推测在中国存在某一个时期，相互对立的族群之各自首领是随着季节的改变而轮流掌权的。无论如何，根据传统来看，国家权力总是由两个人把持着：代表天之德的天子与体现地之德的宰辅。后者隶属于前者，但在达到一定的年纪并通过克服一系列仪式性的考验从而获得天之德后，它可以迫使前者让位于他。[121]

---

[120] 罗伯特·罗维（1883—1957），出生于奥匈帝国的美国人类学家，北美印第安人研究专家。——译注
[121] 此处作者参考了葛兰言的《中国文明》（版本同前），pp. 232-233。葛兰言是在论述中国先秦封建父系王朝时提及这一政治习俗的，所举的例子是舜逼迫尧让出权力并将之流放。关于这一典故，葛兰言所参考的中国古籍包括《竹书纪年》《尚书》与《史记》，但三者（转下页）

不同属性的性别、季节与社会基质

涂尔干和莫斯早就指出，天与地的概念代表着类似于他们

（接上页）所论均为尧将帝位禅让于舜："七十年，春正月，帝使四岳锡虞舜命。帝在位七十年，景星出翼，凤皇在庭，朱草生，嘉禾秀，甘露润，醴泉出，日月如合璧，五星如连珠。厨中自生肉，其薄如箑，摇动则风生，食物寒而不臭，名曰'箑脯'。又有草荚阶而生，月朔始生一荚，月半而生十五荚，十六日以后日落一荚，及晦而尽，月小则一荚焦而不落，名曰'蓂荚'，一曰'历荚'。洪水既平，归功于舜，将以天下禅之，乃洁斋修坛场于河、洛，择良日率舜等升首山，遵河渚。有五老游焉，盖五星之精也。相谓曰：《河图》将来告帝以期，知我者重瞳黄姚。'五老因飞为流星，上入昴。二月辛丑昧明，礼备，至于日昃，荣光出河，休气四塞，白云起，回风摇，乃有龙马衔甲，赤文绿色，缘坛而上，吐《甲图》而去。甲似龟，背广九尺，其图以白玉为检，赤玉为柙，泥以黄金，约以青绳。检文曰：'闿色授帝舜。'言虞夏当受天命，帝乃写其言，藏于东序。后二年二月仲辛，率群臣东沉璧于洛。礼毕，退俟，至于下昃，赤光起，元龟负书而出，背甲赤文成字，止于坛。其书言当禅舜，遂让舜。"(《今本竹书纪年疏证·五帝纪》)"昔在帝尧，聪明文思，光宅天下，将逊于位，让于虞舜，作《尧典》。"(《尚书·尧典》)"尧立七十年得舜，二十年而老，令舜摄行天子之政，荐之于天。尧辟位凡二十八年而崩。百姓悲哀，如丧父母。三年，四方莫举乐，以思尧。尧知子丹朱之不肖，不足授天下，于是乃权授舜。授舜，则天下得其利而丹朱病；授丹朱，则天下病而丹朱得其利。尧曰：'终不以天下之病而利一人。'而卒授舜以天下。尧崩，三年之丧毕，舜让辟丹朱于南河之南。诸侯朝觐者不之丹朱而之舜，狱讼者不之丹朱而之舜，讴歌者不讴歌丹朱而讴歌舜。舜曰：'天也。'夫而后之中国践天子位焉，是为帝舜。"(《史记·五帝本纪》)关于《竹书纪年》，葛兰言所参考应为今本，但该本常被视作伪书，而古本中则有提及舜囚禁尧并迫其让位："昔尧德衰，为舜所囚也。舜囚尧于平阳，取之帝位。"(《古本竹书纪年辑证·五帝纪》)不过荀子与韩非子均曾对尧舜禅让表达过怀疑："有擅国，无擅天下，古今一也。夫曰尧舜擅让，是虚言也，是浅者之传，陋者之说也，不知逆顺之理，小大、至不至之变者也，未可与及天下之大理者也。"(《荀子·正论》)"舜逼尧，禹逼舜，汤放桀，武王伐纣，此四王者，人臣弑其君者也，而天下誉之。"(《韩非子·说疑》)因此，也许葛兰言是依据其他古籍做出这种夺权的推测的。——译注

在图腾社会中所发现的那种分类的类型。的确，天与地分别对应男与女、光明与黑暗、南方与北方、红与黑、君主与臣民等。且不出所料，他们发现这两个概念与空间、时间和神话动物之间都存在着关联。究其根本，天地之德代表着阴阳法则，后者主导着中国人社会生活的方方面面，体现着他们对世界的全部认知。在中国人眼里，任何一种对立都可以被囊括在阴阳对立之中。当然，我们不能将这反映着一个文明所有哲学与生命思考的经典思想视作是原始的，而正相反，应当将之视作是长期经验积累的产物。

不仅如此，根据葛兰言所发掘出的那些最原初的社会现实，我们还可以十分明确地将这种阴阳对立法则，与两个胞族所体现的那种既对立又统一并以此稳固部落之生命力的法则等同视之。在他看来，二元分化主宰着古代中国的农业生活。他甚至将这样的图景重塑了出来，让我们认识到，古代中国的农业生活在其各个方面都与阴阳对立紧密结合在一起，既是对这种对立的**模仿**，又是其生成的**原型**。阴阳对立与季节变化交织在一起。阴为冬之德，阳为夏之德。这两个"主要类型"应该是源自春秋分时节的节庆活动[122]，在这类节庆活动期间，常于温暖季节在艳阳之下耕作的男性，与常于寒冷季节在屋中纺织的女性，会在河的两岸对歌。通过这种仪式性的方式，男女一方

---

[122] 原文出自葛兰言《中国思想》(*La Pensée chinoise*, Paris, La Renaissance du livre, 1934), p. 143——译注

便会进入其劳作的活跃期并同时占据夫妻生活中的神秘主导地位,而另一方则进入蛰伏期并退居从属地位,如此轮替。[123]诚然,男性为阳而女性为阴。但葛兰言的大量研究证明,这种无可争议的性别对立并非阴阳对立的唯一体现,甚至于它也许并非阴阳对立的根源。

实际上,在冬季节日里,田间的耕作者会聚集在男性居所之中起舞,以此祈求温暖季节的回归。这类仪式包括"参与者之间面对面的对抗"与"肢体动作的交替变化"。舞者会分为相互对立的两方,一方代表着太阳、温暖、盛夏与**阳**,另一方则代表着月亮、寒冷、严冬与**阴**。**然而,妇女却不被允许参加这类仪式**。因此,阴阳及其各自所象征的季节都是由**男性**的化身来体现的。至少在这个例子中,性别之间的对立退居到次要地位。那么处于首要地位的对立究竟是什么,我们便需要试着来探究一番。葛兰言推测说,参与仪式的两组成员应当分别由主人与宾客构成。[124]如此一来,我们便自然联想到胞族社会当中仪式性的竞技活动与体育竞赛。而中国季节性节庆活动中的这种对抗性的舞蹈似乎体现着完全相同的逻辑,它既有着同样的作用与功能,同时也基于同样的社会制度。其中一类舞蹈也许

---

[123] 此处作者参考了《中国思想》(版本同前),p. 141。葛兰言是在论述中国的阴阳之说时提及这一农业习俗的,但并未明确该习俗盛行的时期。因其参考典籍主要在先秦时期,所以可推断该习俗的出现不晚于先秦。——译注

[124] 原文出自葛兰言《中国文明》(版本同前),p. 192。在论述先秦王朝农业生活时他提及了这一习俗。——译注

呈现为男女对立的形式，但其他的则都在相互对立统一的氏族之间举行。这些氏族共同继承着集体族内通婚的悠久传统（葛兰言在别的著作中对这种通婚的机制做过说明），且其存在与运作方式同二元社会中的胞族完全一致。

在我们已知的一种舞蹈仪式中，一组舞者由少年男子构成，而另一组则由成年男性构成。因此在这个例子中，**阴阳**对立并非由性别对立，而是由年龄对立所体现。我们要时刻牢记，这些都只不过是些**类型**，它们轮流代表着自然与社会中常见的各种对立，尤其是性别与社会族群的对立。当后者在两个胞族之间的竞技仪式中逐渐淡化，前者便突显了出来。葛兰言的著作就十分有见地地展现了这种变化是如何发生的。因此，阴阳二性才会主要且几乎完全通过两种不同性别呈现出来，以至于到最后，在那些能够帮助我们重现中国古代文明之面貌的晚期文献中，我们只能看到性别的对立。

此外在图腾社会中，这种神秘的、具有社会意义的性别对立也偶有出现。这个现象尤其体现在库奈人（Kurnaï）[125]文化之中：在氏族之间的对立之外，库奈男性和女性还会分别视自己与鹋鹟鹩莺和壮丽细尾鹩莺有着亲缘关系。这两类动物都具有图腾生灵的性质，对它们的捕杀和食用都是被严格禁止的。男女双方都会要求对方敬畏象征着自己的鸟，而任何违反禁忌的行为都会引发双方之间的争斗。这种有时是血腥战事，有时

---

[125] 库奈人，生活在澳大利亚东南部的原住民。——译注

则仅是竞技比赛的两性对抗,实际上都是婚姻的仪式性前奏。因为在中国春分、秋分的节庆活动中同样会举行订婚仪式,[126]所以库奈人文化和中国文化在这点上是完全一致的,从其功能上来看,鸸鹋鹩莺和壮丽细尾鹩莺其实就等同于阴阳。

不过如果我们对此稍加思索,就会发现胞族之间的社会二元分化与性别之间的生理二元分化是不可能完全契合的,即一个完全由男性构成的胞族与一个完全由女性构成的胞族之间的对立是不存在的。这种划分的方式过于绝对地否定了血缘关系,会切断兄弟与姊妹之间的联系,并会阻碍无论何种类型的血缘关系与家族的形成。因此,构成宇宙与社会的两个原则一方面会体现在两种性别之上,以促进并保证生理繁殖,而另一方面则体现在两个胞族之中,以稳固社会和谐。若事实证明这当中存在着矛盾的重叠现象,这并不违背世界上存在着各种神秘力量这一观察结果。那种在性别竞技中由女性所象征的原则,完全有可能在胞族节日中由某些男性来代表。

在一些极端气候地区,生产方式的季节性变化只牵涉男性,因此社会的基本对立并非由性别而是由季节本身构成。这种现象在北极圈附近尤其明显,因为那里人类的集体生活总体上受到气候条件的制约。马塞尔·莫斯的研究已经充分阐明了这种季节性变化在当地人文化中的重要性,因此我们无须多费笔

---

[126] 此处参考葛兰言《中国思想》(版本同前), p. 145。我们依旧可以根据葛兰言参考的主要是先秦典籍,推断出该习俗的出现不晚于先秦。
——译注

墨。在此，我们仅想着重谈谈生活在巴芬岛（Terre de Baffin）以及弗罗比舍湾（Baie de Frobisher）[127]的爱斯基摩人。

那里的爱斯基摩人同其他所有同族人一样，会分别为诞生于夏季和冬季的婴儿举行不同的降生仪式。但不仅如此，一个人的一生都会受到其出生季节的影响，譬如他的内在性格，这种影响就如同性别或图腾社会中胞族文化对人的影响一样，十分深远。生于冬季之人属岩雷鸟，生于夏季之人则属绒鸭。在竞技仪式中，这两类人要进行拔河比赛，一方朝着内陆方向拉，另一方朝向海岸。获胜的一方，其所代表的季节便会被尊为这一年的主导原则。

这种冬夏对立属于一种二元体系，其复杂程度不亚于由胞族分立或阴阳分立所主导的体系。**夏季**出生的婴儿，第一餐是用**淡水炖**的**陆生**动物肉汤；**冬季**出生的婴儿，第一餐则是用**海水熬**的**海洋**动物肉汤。这种区分，就如同澳大利亚原住民文化一样，涉及整个自然。分属于相反季节的物品之间的任何接触都是被禁止的。夏季穿的衣服在冬天会被埋起来，反之亦然。季节的更替决定了食物的更替，夏季捕获的鲑鱼肉永远不得与冬季捕获的海洋动物的肉相接触。

如此一来，我们便又回到了禁止**混合**的系统当中。关于这些禁忌的细节，我们需要参考莫斯的著作，它详细论述了图腾社会中诸如食物与狩猎方面的一系列禁忌。莫斯研究的案例与

---

[127] 巴芬岛，加拿大北方位于北极圈内的大岛。弗罗比舍湾，位于巴芬岛东南部的海湾，连通拉布拉多海。——译注

我们在此考察的案例之间唯一的区别，似乎在于他总结出的禁忌全年通行且适用于社会的任意一半，而我们这里的禁忌虽然适用于全体社会，但却只通行半年。在前者中，自由与禁止、世俗与神圣之间的划分与胞族的社会划分结合在一起，且以互惠性为原则；而在后者中，这种划分则与季节更替相符，并建立在交替性的原则之上。

无论如何，我们都能在人类的集体生活与对世界的想象中发现这种二元分化的规律。这即是说，一切都是由两个相互对立的原则之统一决定的，而此二者分别由部落中相互对立的两派成员所代表。起主导作用的有时是季节性对立，有时是性别对立，有时是胞族对立。而在这当中，还存在着一些中间类型，例如库奈人的性别对立与巴芬岛地区爱斯基摩人的季节性对立。这些多样的对立类型并不是独立存在的，它们往往会相互重叠以至于相互矛盾，因为事实上不可能男性都出生在夏季而女性都出生在冬季，也不可能同一位母亲生的孩子全部是男性或女性。因此某一种分类原则便需要让位于另一种原则，而最终占据主导地位的原则，对于我们而言其成因常常不那么容易搞清楚。正是这种主导原则决定了一个文明的原始面貌，也正是它让我们能够分辨例如中国社会、澳大利亚社会与爱斯基摩社会之间不同的运作机制。

通过上述分析我们应当牢记，物的秩序与人的秩序总是呈现为两种原则的结合，这两种原则的本质既是社会性的，又是性别性的，同时还是宇宙性的，不过它们之间的比例会不断变化。因此，我们应当将胞族及其派生的氏族的图腾标志视作是不同的**符号**（signature），它代表着各种神秘的属性，而正是这些属性的对立统一维系着世界与社会的稳固发展。只有这样，胞族的功能性运转才是有意义的，各种图腾禁忌——尤其是乱伦这个名字听上去极为不祥的禁忌——才是有意义的。

敬畏的原则

主导禁忌这一机制的是由斯万顿（John Reed Swanton）[128]所提出的敬畏（respect）原则。社会的每一半都对应着两类互补的禁忌中的一类，而这两类禁忌的结合能够促进与维持宇宙以有序的方式存在。社会的一半需要时刻监督它所代表的这一类禁忌不容侵犯且保持完整性，并将之交由体现着另一类禁忌的社会的另一半处理。正因如此，社会的这两个组成部分才需要相互协助以共同生存。被归入同一神秘类别的生灵与物品，应该具有一种相同的、实实在在的身份。同一个氏族的成员之间，以及他们与其图腾、与所有被归为他们这边的事物之间，都有着一种亲密联系，这种联系敌对于其他任何异于它的关系。

族群的统一性并不是地域性质的，它源自一种由族群中每一个成员共同构成的理想范畴。这个范畴与每一个成员共有的

---

[128] 约翰·里德·斯万顿（1873—1958），美国人类学家，印第安人研究者。——译注

内在本质是一体的，远比例如他们的性别、他们头发或眼睛的颜色这种共性要深刻得多。族群中的每个物体、每个人身上都带有这种根深蒂固的性质，不具备这种性质的人与物是不存在的。因此，正如马林诺夫斯基（Bronislaw Kasper Malinowski）所记录的那样，将世界与自己族群划分为四个类别的特罗布里恩群岛（Îles Trobriand）[129]土著，自然会问登岛的欧洲人属于哪一类。这种从根本上影响着每个族人个性的性质，会以文身的方式铭刻在他们的肉身之上，并通过氏族的名字展示给外族人。涂尔干就非常准确地观察到，在澳大利亚原住民社会中，若一个氏族没有固定领地，缺乏持久的威信，也缺少父系亲缘传承关系（此乃最常见的情况），那么文身便构成它统一性的唯一可见标志，构成代表其成员根本身份的唯一有效符号。

若没有文身，那么氏族的名字便起着同样的作用，它也是族人个性的组成部分。拥有同样的名字之人，他们之间会产生一种内在的凝聚力，仿佛他们的存在被联结在一起。在古代中国，家族姓氏与其发源地的名称是紧密相连的（二者之间至少听起来要类似），且它决定着一个人的命运，会将其束缚在某种社会框架之下，告诉他应遵守的义务，同时赋予他一定的特权。葛兰言如此写道："个人姓名、外在性格或生命保障、亲

---

[129] 特罗布里恩群岛，巴布亚新几内亚的群岛，位于新几内亚岛东面的所罗门海。布罗尼斯拉夫·马林诺夫斯基（1884—1942），英国籍波兰裔人类学家，开创了在地田野调查的研究方式，并以客观民族志代替研究者主观论述，因此成为影响近代人类学发展的代表人物。二十世纪初，他曾在特罗布里恩群岛进行田野调查。——译注

缘证明、婚姻呈献、生育原则、权力身份、祖先神明与**纹章标志**，这些都是等价且互不可分的。"[130] 这段话读起来就好像是对图腾社会基本特征的描述一般。

实际上，图腾社会本身就宛如一个由权利与义务构成的系统，在其中每条禁忌都对应着一项对之进行补充说明的义务。对于一个氏族的成员而言，猎杀与食用其图腾动物是被禁止的，但他们却可以猎杀与食用其他氏族的图腾动物，反之亦然。若他们被严格禁止与本族妇女结婚，那是因为这些女性只能嫁给其他氏族的成员，反之亦然。一切皆如此。这便是斯万顿针对特林吉特人（Tlinkit）和海达人（Haïda）[131] 所提出的**敬畏原则**。每个胞族的行事都离不开另一个胞族，无论是在宗教仪式、饮食、经济、法律、婚姻还是丧葬领域。

R. 赫尔兹早已指出，一切属于胞族自己的东西，对其本族人而言都是**神圣与禁忌的**，而对另一个胞族成员而言则是

---

[130] 原文出自葛兰言的《中国文明》（版本同前），p. 206。葛兰言是在论述中国先秦封建王朝的君王与个人权威时提及这一习俗的，所举的是郑穆公的例子："初，郑文公有贱妾曰燕姞，梦天使与己兰，曰：'余为伯鯈。余，而祖也，以是为而子。以兰有国香，人服媚之如是。'既而文公见之，与之兰而御之。辞曰：'妾不才，幸而有子，将不信，敢征兰乎？'公曰：'诺。'生穆公，名之曰兰。（……）穆公有疾，曰：'兰死，吾其死乎，吾所以生也。'刘兰而卒。"（《左传·宣公三年》）不过这里需要指出，先秦的姓与氏是不同的，姓用来彰显血缘与部族标记，氏则关联着国名、官职、封邑、祖先的字或谥号；姓用以区别婚姻，氏用以区别贵贱；男子称姓，女子称氏。——译注

[131] 特林吉特人与海达人，均为北美洲原住民，主要生活在北美洲西北部太平洋沿岸，包括美国的阿拉斯加州和加拿大的不列颠哥伦比亚省。——译注

世俗与自由的。所以神圣与世界秩序紧密相连，既是其直观体现又是其直接结果。神圣与世俗之间的区别重现并复制了社会中两个胞族之间的区别。以互惠性为前提，两个胞族都要各自为对方提供生存所需的食粮、繁衍所需的妇女、献祭所需的人类牺牲品、族群正常运转所需的节庆与丧葬仪式，因为若所有这些都分别由双方自己来承担的话，污秽和危险便会随之而来。

因此，在易洛魁人和南加州的卡维拉人（Cahuilla）[132]文化中，葬礼仪式的负责人员需要由不属于逝者胞族的另一个胞族成员来担任。在古代中国，一个人的葬礼不能由和他生肖相同的人来操办，即那些和他同年出生或隔一轮乃至几轮出生的人，而只能请那些属相不同的人来操持。

研究者经常会强调这种在部落仪式中所体现出的胞族之间的相互依存关系，即双方出于彼此的利益要轮流为对方在仪式中发挥积极作用并承担责任。这种关系属于一种被莫斯称为**总体呈献体系**（système des prestations totales）的结构，他以"**夸富宴**"（potlatch）[133]为例解释了这种体系结构的运作机制，并

---

[132] 卡维拉人，北美洲印第安原住民，主要生活在加州南部。——译注
[133] 夸富宴，又称散财宴或赠礼宴，是北美洲原住民的一种赠礼仪式。在这种仪式上，东道主会主动赠送财物给宾客，甚至当着对方的面毁掉财物，以展现其财富与权威。而对方也常常会以东道主身份再次举办夸富宴，并赠送或毁掉更加贵重的财物，以盖过前者的威势。莫斯在其经典著作《礼物：古式社会中交换的形式与理由》（*Essai sur le don: Forme et raison de l'échange dans les sociétés archaïques*）中，对这种极具代表性的原始社会仪式做了详细分析。potlatch 一词源自（转下页）

认为其在氏族社会中是相当常见的。他说:"异族通婚是具有血缘关系的氏族之间所有妇女的交换,正如权利、物品、宗教仪式等一切都在不同代际的氏族之间交换一般。譬如在澳大利亚中部地区的瓦鲁芒加人文化中,这种交换就非常典型,当地的两个胞族在仪式中总是一方为主事者,另一方为观众。"事实上,当乌鲁鲁族(Uluuru)人庆贺他们的节日时,金利利族(Kingilli)[134]人会为他们化妆,准备仪式的场地与器具,搭建举行仪式的圣丘,并在仪式当中充当观众。而当后者要举办自己的仪式时,前者会为他们提供同样的服务与帮助。

(接上页)北美洲太平洋沿岸原住民的语言,本义为赠礼。呈献,这是莫斯的著作中一个非常关键的概念,总体上代表着他所言的"礼物",即人自愿提供给他者的一种义务性付出。prestation 一词在法语中意义丰富,且很难找到合适的中文词语来翻译,在此译者选择了汲喆译本中所使用的"呈献"一词,并引用他在翻译该概念时所做的注释,以便读者能够更好地理解其复杂性:"'prestation'(呈献)一词来自拉丁语的'praestare',基本义是'提供、给予',但其用义却十分丰富和广泛。例如,在法律中,它指义务性的给付,即为了作出补偿而必须付出的财物或劳务。同时,它还指劳役或财务形式的养路捐,由国家、军队等集体权威所发放的津贴或补助,运动员、艺术家、演说家在公众面前的表演,战败国根据条约向战胜国交纳的实物赔偿等。此外,它还指属臣向领主交纳的贡赋,新郎应向女家提供的财物或劳务,以及这种贡献所呈现出的尊敬、服从、爱慕,进而又引申为宣誓,即呈付自己的忠诚。(……)在莫斯所描述的古式社会中,能够找出与上述诸项意涵相对应的各种事实。因此,这个词可以看作一个兼有该词的种种含义的术语,体现了赠礼作为一种'总体的社会现象'的复杂意义。"(《礼物:古式社会中交换的形式与理由》,马塞尔·莫斯著,汲喆译,上海人民出版社,2002,第 11 页,注释 5。)——译注

[134] 乌鲁鲁族与金利利族,瓦鲁芒加部落的两大胞族。——译注

与饮食相关的呈献

对分散在自然中，有待被攫取的食物的分享，是总体呈献体系当中非常重要的一个方面。一个部落可支配的所有物质资料似乎都会在胞族之间、在婚姻阶层之间进行分配。众多研究者，尤其是斯宾瑟（Walter Baldwin Spencer）和吉伦（Francis James Gillen）[135]早已指出，阿龙塔人的图腾体系呈现为一种庞大的经济结构。每个氏族为了确保别族的食物供应，都会举行一种叫作 intichiuma 的仪式，类似这样的仪式遍及整个澳大利亚。无论这种节庆仪式多么著名，我们都需要在此重述一番其基本架构。

对一个氏族而言，那种与它的存在神秘相关，且对它的每一位成员来说都是神圣的动物或植物，它首先需要促使其再生。一旦通过适当的仪式，这种动物或植物获得了再生，那么在接下来的一段时期内此氏族成员便被严格禁止食用这种图腾物种，而其他氏族的成员食用它也会受到限制。在此之后，部落里的人才可以去狩猎这种动物或采摘这种植物。他们会将得来的收获聚集起来，先由该图腾氏族的首领来品尝这先前被禁食的食物，然后是他的全部手下。剩余的食物会以回敬的方式赠给其他氏族的人，后者从这一刻起就可以随意支配这些食物

---

[135] 沃尔特·鲍德温·斯宾瑟（1860—1929），英国与澳大利亚生物学家和人类学家。弗朗西斯·詹姆斯·吉伦（1855—1912），澳大利亚人类学家与民族学家。——译注

了。在北方部落中，这类现象更加值得注意：不同氏族的人会将那些刚刚经历过 intichiuma 仪式洗礼的图腾物种带来并敬献给其各自的合格代表。而后者则会拒绝品尝，并说"我做这些是为了你们，你们可以去尽情享用了"。

如此看来，这一切毫无疑问是关于饮食的相互呈献。通常，一个氏族的成员不仅会拒绝食用其图腾动物，甚至还会拒绝食用一切被归到这一图腾所代表的类别之中的食物。尤其是在芒特甘比尔的部落中，例如无毒蛇族人，不仅会禁止食用这种蛇，还禁止食用海豹、鳗鱼以及任何在他们看来和无毒蛇同类的猎物或植物。

因此，每个胞族都会乐意看到对方顺利举行仪式并严格遵守禁忌，以促进并确保日常食物的再生产乃至丰产。在澳大利亚中部的凯地奇人（Kaïtish）[136]文化中，惩罚僭越饮食禁忌之人的职责专门由对方胞族的人来承担，因为实际上正是后者需要承受僭越之举带来的后果。禁止食用图腾物种以及因此而必须消费互补族群图腾物种，这样的胞族体系便构成了一种经济秩序。

在中国，我们看到同样的原则以类似的方式在两个对立统一的群体之间运作，而这两个群体的结合保证了社会平衡，并促使其永远发展下去。根据葛兰言的研究，谷物与布匹最初并非商品或贡赋，而是"用以相互呈献""用于回赠"的物品。他

---

[136] 凯地奇人，澳大利亚原住民。——译注

写道:"通过家族或性联结在一起的族群,在耕种谷物与纺织布匹时,也将其灵魂中的某些东西融入了其劳动之中,所以他们只会在另一个族群祛除了这些粮食与布匹的神圣性后,才会食用或穿戴它们。"[137]因此,一个氏族或胞族的成员才会去请求对立族群的首领,求他首先品尝他们的食物以将之从神圣领域之中解放出来。

与性相关的呈献

同样的互惠原则也在婚姻之中起着主导作用。异族通婚之必要性并不仅仅是乱伦之禁忌的正面表述。对一个族群而言,其成员不仅应当与族外人通婚,更重要的是与某一个既定的他族成员通婚。与其说禁止同族人结婚,不如说必须和外族人结婚。对这一现象做出最明确定义的依然是葛兰言,他发现**配偶之间的结合既无比紧密又无法达到实质性的同一**。这种同一性,有时是由名称决定的,有时是由所属于同一胞族、所属于该胞族所代表的并通过自己的延续而维系的宇宙原则所决定的。婚姻则是一项集体事务:在每一代人中,两个族群之间都会相互交换子女,若是男方入赘则交换男孩,若是女方出嫁则交换女孩。借用葛兰言准确而独到的表述来说,入赘或嫁到本族的配偶们可被看成一批体现着世俗团结的人质,是对立族群

---

[137] 原文出自《中国文明》(版本同前),p. 248。葛兰言在论述先秦的结盟文化时提及这一习俗。——译注

的代表团，或是证明着两族之间古老同盟的、需要不断被更替的抵押品。

平行从表（cousin parallèle）婚配是被禁止的（在某些其他社会中，这种平行从表的亲属会被称为**神圣兄弟**，意味深长），而交错从表（cousin croisé）婚配则是必须的。[138] 此现象导致的结果是一方面姑姑和岳母可以由同一个词指代，另一方面舅舅和岳父可以由同一个词指代。[139] 在古代，若家族的实质统一性由女性遗传，那么这种婚配规则便是：青年男子要和他母亲的兄弟的女儿或他父亲的姊妹的女儿结婚，而他父母也是在这种规则之下结合在一起的。此外，若要和一个女性结婚，他必须同时向对方家族提供一个本族女性作为补偿，且尤其要将这个女性婚配给他结婚对象的兄弟，因为这才是合理的。婚姻结合只有发生在"很久以来就一直通过通婚维系关系的两个家庭成员之间"，才能够顺利繁衍子孙后代。

胞族之间通婚的习俗也遵循着同样的规则，在它们之间婚配依然是传统与普遍的。一个胞族迎娶进门一位新娘，这意味着它同时也必须嫁出一位女性给对方胞族。而这位过门的新娘所生的孩子，同时也会给娘家胞族带来喜悦，因为这新生儿也

---

[138] 平行从表，即父亲兄弟的子女（堂兄弟姊妹）或母亲姊妹的子女（姨表兄弟姊妹）；交错从表，即父亲姊妹的子女（姑表兄弟姊妹）或母亲兄弟的子女（舅表兄弟姊妹）。——译注
[139] 因为交错从表婚配在古代社会是必须的，所以一个人需要和他或她的姑表亲或舅表亲结婚。如此一来，其岳母同时是其姑姑，或其岳父同时是其舅舅。——译注

延续了他母亲原族的生命之流，因为嫁过来的女性永远都只是暂借给本族。新降生的外甥与他住在远方的亲娘舅之间有着一条纽带，因为他的生命也源于后者，因为他象征着后者的血脉得到了新生。我们需要读一读 M. 莱恩哈特是如何描述新喀里多尼亚的卡纳克胞族之间的通婚关系，如此我们才能认识到这种关系的复杂性及其真正意义。

无论如何我们都一定要强调，这种关系在卡纳克人文化中也是一种强制性的呈献关系，它通过族群之间不断交换这种被称为"神圣之篮"的神秘货币而维系。所谓神圣之篮，即女方氏族向与它结为婚姻同盟的氏族派去作为抵押的每个妇女、每个生命之源。M. 莱恩哈特如此写道："嫁出去的女性是期许后代降生的保证，但她生下的女儿则要再嫁回到她的原族，并接替她还是少女时所占有的地位。"胞族之间这种新娘的往复，以及取而代之的神圣之篮的反向循环，突显了异族通婚这一基本现象的意义：两个社会族群之间的对立是由性与代际的对立构成的，而这反而让两个族群团结在一起。

事实上，父子虽然居住在一起，却分属对立的两个胞族。男人的生命并非由其子来延续，而是由被他派遣到互补族群中的姊妹所诞下的孩子来延续。在这些子女中，男孩就留在他们的出生地，而女孩则还要返回到她们的舅舅那里，嫁给舅舅的儿子并为他诞下孙子孙女。这样，他便重获了他的骨肉血脉。至于那些男孩子们，也就是他的外甥们或他个体存在的新生与延续，会留在对立族群中，并与他的孙子孙女之间保持他与他们之间保持的那种关系，即香火传承的关系。因此在每个族群中，生命之流都是从祖辈跨越到孙辈，同时中间还要经祖辈的外甥或孙辈的娘舅绕个弯到另一个族群中。异族通婚无非是这种永续而强制的妇女交换，它同时证明了两个社会族群、两性与两个连续代际的团结与对立。

同食物的相互呈献一样，性的相互呈献若运转良好，那么首先受益的是对立胞族。若异族通婚法则遭到违背，对方胞族也会承受损害并需要得到补偿，因为它被剥夺了生命之源，即作为对它呈献之回报的，与之互补的生命之源。没有这种回献，它就无法保证族群的延续。"女儿们必须嫁到家族之外，因为对立家族对她们享有权利"，葛兰言在评述齐桓公时如此强调，后者正是由于拒绝让他的姑姊出嫁而备受史学家们的指责，他想要以此让敌对家族们无法获得可以充当人质的过门媳妇。也许他做得更加过分的地方在于，他违背了维系两个对立原则之统一的契约，而这种对立统一则是族群得以世俗地繁衍生息、繁荣昌盛的必要条件。乱伦总是国君之所为，因为通过乱伦，通过留住并占有本族之女，他便让天平向自己倾斜，进而突显了自己高人一等［原文出自葛兰言《中国文明》(版本同前), pp. 376-377。译者补记］。

因而在某些社会中，我们会看到一些预防这种违约行为出现的严格措施：新生儿出生不久就会被送回到他们的母族并在那里被抚养长大，待到成年他们才会带着他们迎娶的表亲返回，但回归本族的条件是他们的姊妹必须同时也被嫁过去。这一习俗名为**寄养**（fosterage）。若只考虑我们之前讨论过的社会，我们有理由相信在古代中国这个习俗就已经存在［此处作者参考了葛兰言的《中国文明》（版本同前）p. 354］。葛兰言在论述先秦时期，父系氏族的儿子通常由母系氏族的人，也就是儿子的舅舅负责教育这一现象时，提及寄养这一习俗。译者补记），而在新喀里多尼亚，我们也能在如下的现象中找到无疑是寄养的证明：因为异族通婚的原则，本族的青年男子要迎娶其娘舅的女儿，但在将后者带回到本族的村子之前，他首先需要到娘舅那里暂住。

有关性、饮食和仪式的呈献协同运转，通过在双方之间这种不间断的往复交错输送，促成了人类部落中两个群体的团结永固，而后者间相互对立的属性则在无形之中构成了宇宙有机整体，既构成了物的秩序也构成了人的秩序。

2. 神圣法则与渎圣之举

胞族的团结

这种双重规则不容任何侵犯，因为过失行为会通过在具体某一点上扰乱其秩序而让整个世界都受到影响。世界的秩序因此被重重禁忌保护着。每个族群的成员都被禁止食用某类食物，禁止与本族女性结婚，因为这类食物和妇女与他们一同构成族群的实质统一性，且他们必须将其留给对立族群。

原则上，每个胞族或氏族都可以实行一种封闭式的、自给自足的经济制度,而不是像在大多数案例中那样,采用那种建立在总体与相互馈赠之上的制度。事实上我们有时候会发现——这当然只是极特殊的情况——在某些社会中,迎娶本族女性或食用本族图腾食物是被允许的。譬如托达人(Toda)便实行族内通婚制,在维克布拉人(Wakebura)部落中,玛勒拉族(Mallera)人所吃的食物就是玛勒拉,而乌塔鲁族(Wutaru)人所吃的食物就是乌塔鲁。[140]但是这种系统和与之相反的系统一样,也是建立在二元分立之上的。只吃与自己族群神秘相连的食物和只吃属于另一族群的食物,意味着一种同样的结构秩序。这样的二元结构也体现在其他方面,比如火葬柴堆就必须由逝者胞族的同伴搭建,因为与饮食方面的自给自足相对应的便是仪式方面的自给自足。自给自足的模式与相互依存的模式一样,都将世界划分为自由与禁止、世俗与神圣两部分。我们所要做的是去探究为什么后者比前者更常见、更常被各种部落所采纳。

无疑,独立族群通过并置而构建起的纽带,远不如相互依存的族群之间错综复杂的关系那样,可以始终突显部落功能上的统一性。此外我们可别忘了,两个胞族的图腾总体上所分别代表的那些相互对立的属性,正是其结合确保了部落得以繁衍生息。更重要的是我们还应当记得,那些被分别归入与这些属

---

[140] 托达人,生活于印度南部的小型部落,其部落内实行一妻多夫制。维克布拉人,澳大利亚昆士兰州的原住民部落,玛勒拉族与乌塔鲁族是它的两个胞族。——译注

性各自对应的社会框架之中的生灵与物品,其本质也都浸润着同样的属性。这些属性之间的关系就好比男女之间的关系一样。如此一来我们便能明白,将自然对立与性别对立结合在一起,这样既符合宇宙法则又对物种的繁衍至关重要。

因此具有相同"本质"的个体之间,也就是说属于同一个社会族群的个体之间的婚姻,对宇宙秩序是有害的,就如同同性之间的结合一样注定只会有最糟糕的结果,注定无法繁衍后代。葛兰言所引用的一句中国谚语就很有代表性,它告诉我们两性分离是异族通婚的基础。[141] 如果从字面意思上看,这句格言显得很荒唐,因为异族通婚讲的是两性结合的法则而并非两性分离的法则。但借助我们在前文中已经讨论过的内容,我们可以完全明白这句话想表达的究竟是什么:在异族通婚中相互对立的两个族群之间的互补性,与两性之间的互补性是一样的,具有同等的重要性,也会带来同样的后果。所以异族通婚法则不仅体现着政治统一体当中相关双方之间的团结一心,此外还明确了让婚姻能够多子多福的必要和充分条件。

相同本质的个体之间的结合,生出的只能是死胎或怪物。中国人会认为,由不具有血亲关系但同姓的夫妇所生的孩子必定会有先天缺陷,因为姓氏相同便代表着本质同一。这就是僭

---

[141] 此处作者参考了葛兰言《中国文明》(版本同前),p. 176,但葛兰言实际上并未直接引用这句中国谚语,而是和作者一样用转述的方式阐述了这句谚语的意思,因此译者也无法考证这句谚语原文应当是什么。——译注

越异族通婚法则之人所受到的惩罚,甚至他们身上流出的血液也不能接触土地,因为这会让土地变得**贫瘠**。近亲结婚只会生出病弱畸形儿,这种现今流行的观点无疑是遥远过去异族通婚观念的遗留。

"乱伦",一种神秘的同性恋行为

因此,违反异族通婚法则的行为不仅意味着,借用图恩瓦尔德(Richard Thurnwald)[142]的定义,"对维系集体生活的结构秩序的破坏",同时在某种神秘的层面上也完全等同于同性恋。这种行为既触犯了"公民之法"(jus),因为它损害了对立胞族的利益,又触犯了"神圣之法"(fas),因为它是有悖于自然的。[143]而实际上我们也正是如此看待它的。关于这点,哈德兰德(August Hardeland)在编纂达雅克(Dayak)词典时所做的注释最能说明问题[144]:他将这种行为归类到了名为djeadjea的行为之中,即反自然的、会招致闪电劈死的行为。作者提到的

---

[142] 理查德·图恩瓦尔德(1869—1954),奥地利人类学家与社会学家。——译注
[143] 原文为拉丁语,jus是古罗马的世俗公民法,规范人与人之间的关系,fas是神圣之法,定义神灵与人之间的关系。——译注
[144] 达雅克人,泛指生活在印度尼西亚和马来西亚诸岛屿上的不同原住民种族。作者此处所指的作品应为奥古斯特·哈德兰德(1814—1891)编纂的《达雅克语言语法试解》(*Versuch Einer Grammatik der Dayakschen Sprache*),该作为哈德兰德基于那朱达雅克族的语言编写而成。那朱达雅克族,生活在婆罗洲上的原住民。婆罗洲源自马来语,印尼语称之为加里曼丹岛,是世界第三大岛,亚洲第一大岛,由马来西亚、印度尼西亚和文莱三国分治。——译注

种种 djeadjea 行为都非常典型，比如"给一个人或一个动物另取一个不属于他 / 她 / 它的、不适合他 / 她 / 它的名字，或者用与其本质相反的词句来形容他 / 她 / 它：例如说虱子跳舞、老鼠唱歌、苍蝇打仗等；或说一个男人的母亲或妻子是只猫或别的动物"；或在活埋动物时说"我埋了一个人"（问题不出在活埋这一行为之上，而在于说错了话）；或者在活剥一只青蛙的皮时说"它把外套脱掉了"。僭越异族通婚法则的行为等同于说了不吉利的话，也就是说根本上等同于渎圣（sacrilège）之举，因为这些话只要被说出口，就是对世界秩序的诋毁与破坏。

同样，不同物种动物之间的交配，尤其是同性动物之间试图交配，也被视作是上述渎圣行为的一种，例如一头母猪跳到另一头母猪身上。这类有悖常理的行为只会干扰宇宙的正常运行，且事实上若得不到及时的补救，那么秩序的破坏就有可能导致地震、暴雨或干旱，尤其会导致土地贫瘠。基于这种臆想出的因果联系，在某些亲缘分类体系过于复杂致使违背异族通婚法则的行为时常难以被发觉的社会中，人们会根据自然界出现的某种异象而推断出"乱伦"的存在，譬如一根茎上长出两个南瓜或两根黄瓜。

食用图腾，一种同类相食行为

"乱伦"只不过是僭越"物的秩序"之行为中较特殊的一种。它是两个同类原则之间蔑视神圣法则且必然不会有任何结果的结合。从这个角度来看，违反饮食禁忌的行为与之完全是一回事。实际上与婚姻类似,在食物与食用它的人之间也必须存在某种两极对立关系,如此才能保证食物对人是有益的。人的机体不需要构成它的物质,而需要它所缺乏的物质。这就是为何一个人会敬畏自己的图腾,而去食用对立族群的图腾。食用自己的图腾不会滋养他,反而会让他因得不到所需要的养分而消亡。此外,这种渎圣式的食物摄取比违背异族通婚有过之而无不及的地方在于,它十分令人发指,因为吞食自己图腾动物的肉就等同于吃自己的肉。在班克斯群岛(Îles Banks)[145]上,这种行为被明确视为食人行为。所以,氏族成员除了在一些仪式当中——他通过这类仪式让栖身于自己身上的神秘原则重获新生——之外,他只会在极端迫不得已的情况下才会去吃其图腾动物,且这么做之后他必须立刻通过赎罪仪式来净化自己。

食用图腾与僭越异族通婚之法类似,都是对同一个法则的违背,即为每个族群划定神圣与世俗之间界限的法则。在原住民的意识里,这两种行为会引发同样的反响,都会激起恐惧之情。二者常常被认为是一回事,常常由同一个词来表示。在新不列颠岛(Nouvelle-Bretagne)上,一位库阿努阿(Gunantuna)[146]老人向一位传教士解释说,禁止食用图腾"纯粹只是"意味着禁止所属于此图腾的人之间发生性关系,因为

---

[145] 班克斯群岛,太平洋西南部岛国瓦努阿图的群岛,位于该国北部。
 ——译注
[146] 新不列颠岛,巴布亚新几内亚东部俾斯麦群岛中最大的岛屿。库阿努阿,实为居住在新不列颠岛东部的原住民托赖人所说的语言。
 ——译注

摄取食物象征着肉体媾和。除这个证据之外,还有许多理由让我们相信,性行为实际上总是被视作是贪吃的表现。

不过在此我们需要注意的,与其说是人们对普遍价值潜在的、无意识的认同,不如说是他们所强烈感受到的与普遍价值之间的和谐,这种和谐感与他们对宇宙的某种特殊想象紧密相连。它在如下事实——英明的列维-布留尔(Lucien Lévy-Bruhl)所着重强调的事实——中体现得就十分明显[147]:以图腾食物为食,以图腾女性为妻,属同罪。这两种行为都是一种社会性的**违法**行为,因为它们剥夺了本属于另一族群的东西。两种行为都是在生理上**有害**且**无用**的(因此它们同真正的结合相反),而且它们在双重意义上**亵视了神圣法则**:一方面它们破坏了物的秩序,另一方面犯罪之人损害了他所体现的且他应当全心全意敬畏的神秘原则。

这两种行为之间的相似性是显而易见的:虽然僭越饮食禁忌之人无疑更像是同类相食者,而僭越异族通婚禁忌之人无疑更像是同性恋者,但这两种行为紧密相连,相互呼应。无论哪一种行为都违背了人们应当敬畏的神秘属性,又都同时是对体现着神圣性的东西的暴力破坏。它们都是 Missbraucht[148],即对法则不合理的、野蛮的侵犯。它们都属于渎圣行为,都意味着极度污秽。对于这类复杂行为,也许只有《乞援女》(*Les*

---

[147] 吕西安·列维-布留尔(1857—1939),法国哲学家、社会学家和人类学家。——译注

[148] 原文为德语。——译注

Suppliantes)中的一句韵文——它让我们联想到某些一去不返的古老过去遗留下来的谚语,但埃斯库罗斯在此使用则十分贴切——最能突显其真正含义:"当一只鸟吃了一只鸟,它将如何能够保持纯洁呢?"达那俄斯问道。这句格言之所以重要,是因为它被用来谴责一场渎圣式的、连死亡也无法救赎的、被视为有悖宇宙秩序即泰美斯(Thémis)的婚事,一场被描述为"象征着血脉相连的敌人之欲望,会将污秽带到他们氏族中"的婚事。[149]

杀害族人,一种局部自杀行为

除僭越饮食或性禁忌的行为之外,第三种类似的罪行是杀害族群成员。食用图腾,占有妇女,杀害族人,这三种行为都

---

[149]《乞援女》,古希腊悲剧诗人埃斯库罗斯的剧作。其剧情为:达那俄斯(埃及国王柏罗斯之子)的五十个女儿达那伊得斯(该名称为五十个女儿的总称,字面意思为"达那俄斯的女儿们"),被迫与其五十个表兄弟(即达那俄斯的孪生兄弟埃古普托斯的五十个儿子)结婚。为了躲避这场婚事,她们从埃及逃亡到了阿尔戈斯(古希腊城邦,位于伯罗奔尼撒半岛东北部),向阿尔戈斯王寻求庇护。此时埃及的传令官到来,强迫达那伊得斯们回到埃及完婚。阿尔戈斯王出现,威胁传令官,并让达那伊得斯们躲在阿尔戈斯城墙内。戏剧最终在达那伊得斯们退守城内得到保护之中完结。而古希腊神话的叙述则与埃斯库罗斯的剧作有所不同:达那俄斯要将五十个女儿嫁给她们的五十个表兄弟,但就在即将举行婚礼之前,达那俄斯忽然想起一个古老预言,说他未来会被自己的女婿杀死。于是他给了每个女儿一把短剑,命她们在新婚之夜将自己的丈夫杀掉。其余的女儿们不敢违令,分别将各自丈夫杀害,唯有大女儿违抗了父命。第二天,幸存下来的大女婿为了报仇,将自己的岳父以及另外四十九个女儿全部杀死,从而兑现了古老预言。泰美斯,古希腊神话中象征着秩序、法律、公平正义的女神,thémis一词因此在古希腊语中表示"神圣法则"之义。——译注

是对各自对象的侵害，是同一罪行的三个不同方面，都破坏了氏族神秘的完整性。食物、妇女与受害者都必须到族群外面去寻找，在族群内部一切都是神圣而不可侵犯的。族人们断不可为了满足口腹之欲、色欲或杀人之欲而去碰这些东西。

新不列颠岛上的每个部落都由相互通婚的胞族构成，而杀害或吃掉其同胞之人与违反异族通婚法则之人是由同一个词来指代的。此人的罪行不在于他杀了个人这么简单，而在于他削弱、损害、破坏了族群整体的生命力，即那种充盈在他所属的社会与宇宙空间各个角落的属性。此外，如果罪犯被处死，那么族群自己也同样会受到削弱、损害、破坏。若这么做，那么族人便会像萨摩亚（Samoa）[150]的土著那样，感觉到他们自己似乎是在"自相残杀"，或借用列维-布留尔生动的表述，仿佛大家默许了某种集体的**局部自杀**（suicide partiel）行为。因此在大多数情况下，族人们不会处决杀人凶手。在某些族群中，**他甚至不会被追究责任**。譬如在爱斯基摩人的部落里，任何过失杀人者都不会被如何。哪怕在最坏的情形下，他也只是会被流放，以防止族群受到他污秽罪行的传染。他会被宣判为**神圣者**，会像**违反异族通婚之法的人**一样，被放在一艘没有帆缆索具与船桨的小舟上驱逐出境。然而，族人们会留心不去直接伤害他的性命。

---

[150] 萨摩亚，此处应指萨摩亚群岛，位于南太平洋，属于大洋洲波利尼西亚地区，现今分为两部分，西部群岛为萨摩亚独立国，东部群岛则为美属萨摩亚。——译注

如此看来，罗伯特森·史密斯对阿拉伯氏族所做的定义（"没有血仇的族群"），只不过是对禁止族内婚之族群这一定义的另一种表述。婚姻与复仇只存在于不同氏族或不同胞族之间。它们都是同样牢固的纽带，都同样让不同族群间形成**血盟**。当然一种血盟建立在和平之上，而另一种则形成于战争之中，但二者在每个方面都是相互对称的。杀人与联姻同等重要，交换女性与为死者复仇同等重要。凶杀与婚配都是一种需要得到回报的呈献，因为它们同样都会导致一种不平衡的局面出现，而这种局面只有在劣势一方得到合理的补偿之后才会结束。这即是说，杀人偿命，娶妻还女。

葛兰言就着重强调了这种不同族群间的和谐共生。他指出在中国，亲属之间是不可能存在仇杀与联姻的。他发现，"因仇而生与因情而生的争斗，是那些姓氏与本质不同的群体之间既相互较量又相互结盟、既相互趋近又相互对立的方式"。[151] 在既敌对又联合的胞族之间，血债血偿是必须的。若一方让另一方付出了血的代价，那么族群生命受到伤害的后者，其族人在得到等量的血的回献之前是决不罢休的，只有这血的偿还才能够安抚死者，才能让支配互补族群相互之间关系的平衡之法得到重塑。

因此，互补族群之间的和谐共生，是由一系列持续交替出现的不对称性——我们已经知道，是仪式、妇女与食物的交

---

[151] 原文出自葛兰言《中国文明》（版本同前），pp. 342-343。葛兰言在论述先秦的同姓宗族时提及这一习俗与禁忌。——译注

换不断造成又弥合了这种不对称关系——构成的。我们必须承认，杀人是一种导致不平衡状态出现的行为。而平衡的反复破坏与重塑，既展现了胞族之间的团结一致，又让生命之流变、其周期性的涨落、其节外生枝与变化莫测，与根本上静态的、在物的秩序支配下保持恒定的现实结合在一起。如此，万事万物才不断处于流变之中。在阿伽门农（Agamemnon）被克吕泰涅斯特拉（Clytemnestre）谋害之后，驱使厄勒克特拉（Électre）为死者复仇的是**涅墨西斯**（Némésis），即那种会对受到破坏的普世法则进行修复的宇宙之力。[152] 这种力量的爆发十分具体、特殊与严苛，它会拯救亡者的灵魂，为它寻求正义，直至敌人喷洒鲜血，从而重塑宇宙之中人、物的关系与秩序。

部落，一个有生命的整体

食物的互赠、配偶的互换、血债的互偿这条完美无缺的链条，是部落生活和谐运转的佐证。胞族社会的这种典型结构，似乎便是各类禁忌诞生的源头。在人类的生活中，禁忌为神圣保留出一个特定的领域，同时限定了自由与世俗行为的活动范围。两个胞族代表着两个原则之间的平衡与团结，这两个原则的分离创造秩序，其结合则促进繁衍生息。胞族各自的名称则象征着它们各自属性之间的对立：天与地，土与水，水与火，

---

[152] 在古希腊神话中，希腊国王阿伽门农在结束特洛伊战争返乡后，被其妻子克吕泰涅斯特拉与其情人谋害。厄勒克特拉是阿伽门农的次女，她后来帮助她的弟弟俄瑞斯忒斯弑母，为父报仇。涅墨西斯，古希腊神话中的复仇女神。——译注

黑鸟与白鸟。

因此在原始土著人的思想中，成双成对这一概念范畴是无可取代的，其影响力是方方面面无处不在的。土著人无法理解唯一性，因为所有存在物在他眼中都是成对出现的东西当中的一个。M. 莱恩哈特在谈论新喀里多尼亚的卡纳克人时，就已经指出了这一点。叔侄、母子、夫妻这种成对出现的东西，在当地人看来就是真正的一，算数当中最小的整数单位，再往下就是**分数**了。从最基础的二元结构中脱离出来的独立个体，是一个**迷失的**存在、一个**游荡者**。他不是一，而是一个有生命的整体中一块不完整的碎片。卡纳克人的语言中没有不定冠词：他们不会说**一栋**房屋，只会说**另外那栋**房屋，因为没有哪个人、哪个物拥有独立的存在。在他们的意识里，任何一个**一**都和**另外那个**共同组成一个二元体，正如每个胞族都和另外的胞族共同构成一个社会。

婚姻之中两性的结合，为这种成双成对的概念提供了一幅既直观又完美、既有说服力又全面的图景。整个社会生活都可以通过两性结合这一模式被构想出来。在各个方面，两个胞族都相互为对方提供着其所缺乏的东西。然而每个胞族及其成员所体现的原则，不仅应当与其对立原则互补，同时也需要自我强化、巩固自己的本质。一方面，若要创造新的东西就必须去找寻与自我互补的东西；但另一方面也要远离它，以免自己的原则受到破坏。一方面需要敬畏与自己具有相同属性的东西；但另一方面也需要吸收它、用它滋养自己以便强化自身的属性。以水为图腾的阿龙塔人只能适度地甚至是敬畏而恭顺地使用这种液体；但当下雨时，他不能在茅屋中避雨，而是必须走出来并长久沐浴其中，让水这一增益精力的原则保佑他健康，让倾泻而下的雨促他强壮。

3. 等级秩序与欺君之罪

随着社会日益复杂，胞族之间的互动逐渐丧失其重要性，社会也慢慢分化为各个专门化的群体。在这样的情况下，成双成对这个概念不再占有统治地位，同时人们也忘记了和谐共生——通过相互提供与获得各种服务以保持平衡——的意义。这即是说，每个人都彼此不可或缺、索取多少就付出多少的这种凝聚力不再是显而易见的了。唯一残存下来的，是促使每个族群保持其完整性的本能。因此对一个族群而言，重要的不再是保证其生命属性不受侵犯并将之交予社会实体的另一半独享，而是强化这种属性并努力确保其高于其他原则（但部落的存在与永续发展依靠的却是各种原则的相互结合）。它不再想着如何同对立族群一起保持一种完美的平衡状态，因为维系平衡已不再是它们的第一要务了。反之，每个族群都开始野心勃勃地提升自己的威名并建立自己的统治。

权力的诞生

敬畏原则被一种个体化原则所取代，胞族之间的对称结构被传统氏族之间不稳定的竞争状态所取代。这些氏族逐渐演变为各种专有某种社会功能的盟会（confrérie），每个氏族都独享并有义务承担其所具有的功能。从此时开始，社会的运转便同时建立在各族群的协作与竞争机制之上，即这些族群所代表的原则一方面共同努力促进世界和谐，另一方面却并不追求相互平衡，而是力求超越其他原则并守护这种优越性，并当这种优越性在事实上已无可争议之后使之被承认为自己的合法权利。

我们已经知道，在北美洲祖尼人的文化中，社会的二元结构几乎已经消失，它只存在于神话之中，如同过去的记忆一般。在如今的社会中只存在各种盟会，其成员主要来自与各盟会所履行的功能所属同一地区的氏族。譬如战士盟会的成员来自北方氏族，祭司盟会的成员来自西方氏族，舞蹈盟会的成员来自东方氏族，农业与医学盟会的成员来自南方氏族。葛兰言同样发现，在中国，族群旧的二元分化也被专门的功能分化所取代。这些族群各自之德由风决定，且它们通过"舞蹈、竞赛、比拼威名来维系某种宇宙秩序"。[153]

以此为出发点来重建社会形态的各种可能发展轨迹是没有意义的，审视世界中诸社会结构的不同类型更加没有意义。在关于神圣的研究中，我们每次从各个案例分析里得出的结论都是相同的，即社会中存在着某种等级秩序，各族群中都存在着

---

[153] 原文出自葛兰言《中国文明》（版本同前），p. 221。葛兰言是在论述先秦社会架构时提及这一现象的，所谓的风即八风。——译注

某种绝对权力，此二者都是庄严、不可侵犯、令人生畏的，任何威胁到它们的行为都是渎圣之举。

各类专门化的盟会是否呈现为各种封闭的、世袭的、相互之间有严格高低贵贱之分的社会集团，这并不重要；合作意愿是否完全被权力意志抹杀，这也不重要。正如戴维（Georges Davy）[154]所指出的，敬畏之心常常演变为强迫他人敬畏自己的手段；在财富与食物的大量分发馈赠中，过度的慷慨最终反而"让呈献变成对对手的挑战，变成一种让他认可自己的付出之行为"。种种这些，最终导致某个氏族在部落中占据优越性，某个个体在氏族中占据优越性。这即是说，需要一个首领出现来汇聚财宝并主持献礼仪式，在这个仪式中，他以居高临下的姿态、怀揣私心的态度将礼物赠予他想要征服之人，并通过这种方式达到高人一等的目的，从而成为君主。从这个角度来看，任何试图构建权力生成轨迹的研究都是靠不住的，都会遭到质疑，且似乎迟早都会被驳倒。

因此在这样的情形下，我们最好原封不动、理所当然地接受个人权力这一新出现的事实，而不要将之视为从某种先前状态中衍生出来的东西。诚然我们不可忽视，同样的仪式（大茅屋的建造、葬礼杆的竖立、年轻人的入教启蒙等），在譬如特林吉特人文化中就是胞族之间保持团结与平衡的方式，而在譬

---

[154] 乔治·戴维（1883—1976），法国社会学家。——译注

如夸夸嘉夸人（Kwakiutl）[155]文化中，就变成了通过某种炫耀式的、无法被偿还的、无法**回报**的耗费行为来取得优越性的手段。[156]仪式本身没有任何改变，但氏族的图腾却变为了仪式主持者的纹章，成了首领的个人标志，即他可以继承或交易、给予或获取、丢失或赢得的东西，而一旦持有，图腾本身的神秘属性与威望就会聚集在他的身上。

权力，一个直接的事实

然而，我们有必要对权力这一赤裸裸的事实做一番深入研究。无论个人影响力是如何固化为公认的权威的，我们都会注意到权力的内在属性那种根本上的独特特征。因此对于我们而言，权力就如两性对立一般，是一种直接、基础且不可忽视的事实，而胞族社会中神圣与世俗之间可逆的分化便建立在这一事实之上。它所展现出的是一种绝对而不可违抗的性质，就如同"命中注定"（anankê stênaí）[157]一样。

显然这并不是说，我们在任何情况下都不能去解释性的两极对立或主奴之间那种关系——权力——是如何产生的，但是若要对这类现象做出解释，就必须放眼于一种对世界的普遍认

---

[155] 夸夸嘉夸人，北美印第安原住民，主要生活在北美洲西北部太平洋沿岸，在现加拿大不列颠哥伦比亚省内。——译注
[156] 作者所说的这种夸夸嘉夸人的仪式，便是先前所提到的夸富宴。——译注
[157] 原文为古希腊语，意为绝对而不可违抗，即便是众神也无法逃脱的命运或必然性。——译注

第三章 敬畏神圣：禁忌理论

知，而这远远超出了一个具体问题的范畴。所以我们最好只着力于权力这一事实本身的绝对独异性，着力于它与神圣之间本质上的紧密联系，这样就已经很不错了。

若不论权力的源起及它的使用，而是着眼于其所有可能变体，那么不管对物还是对人，权力总是表现为某种意志的实现。它体现了话语的无所不能，无论这话语是敕令还是咒术。它让命令得到执行。它呈现为一种无形的、附加的、不可抗拒的属性，见于首领身上，是其权威的源头与本因。这种迫使他人服从其律令的属性，同时也让风得以吹拂，让火焰得以灼烧，让武器得以伤人。美拉尼西亚（Mélanésie）[158]语中的"玛那"一词及其各种美洲的同义词，所指的便是这种属性，无论它以何样的形式出现。具有"玛那"之人即知道如何且能够让他人臣服之人。

权力便如同神圣一样，仿佛是某种外来的恩泽，个体之人只是其临时居所。它可以通过授勋、入教或加冕仪式来获得，亦可因堕落、卑鄙或恶劣行径而丢失。它受到全体社会的拥护，它的持有者构成它与社会之间的纽带。国王头戴王冠、手执权杖、身穿象征着神明的绛红色长袍，有护卫保驾，有各种强权手段来迫使那些负隅顽抗之人服从于他。但我们需要注意，这种种权力的中介虽然能展现出权力本身的强大，却无法解释这种强大性从何而来。这是因为，只要人们发现它们代表

---

[158] 美拉尼西亚，与波利尼西亚、密克罗尼西亚同为太平洋的三大岛群。——译注

着无所不能，看出它们能够让人臣服，意识到它们会让自己感到害怕，就不会去想自己温良恭顺的原因了。

无论世俗、军事还是宗教权力，都是某种认同的结果。并不是将军们的权力，而是士兵们的服从造就了军队的纪律性。在等级秩序的每一层级中，情况都是一样的：上到元帅下到下士，无论是谁，只要他的下属拒绝执行他的命令，他就无能为力，因为下属的人数比他多、武器比他精良。拉波哀西（Étienne de La Boétie）[159]早就指出，一切奴役都是自愿的：暴君依靠其臣民自己的眼睛与耳朵来监视他们，靠臣民借给他的双手来镇压他们。

权力的神圣特征

我们必须要强调权力的这种矛盾性，强调这种将被统治者与统治者结合在一起的关系之根本独特性。权力建立在能量级别之间的差异所造成的影响之上，这种影响即能量级别低的一方会自动服从高的一方，后者能立刻掌控前者。从个人威望这种基本权力中，我们就已经能看出能量级别的差异了：个人威望代表着一种神秘的权威，拥有并可以向他人施加这种权威之人便处于能量级别的高点，而缺乏并服从这种权威之人便处于能量级别的低点。"权威"（ascendant）这一术语源自占星术，

---

[159] 艾蒂安·德·拉波哀西（1530—1563），法国作家、诗人、法学家，法国政治哲学的奠基人，反暴君论的代表人物，蒙田的密友，代表作为《自愿奴役论》（*Discours de la servitude volontaire*）。——译注

指一个人出生时于地平线上升起的黄道星座。[160]

这一事实很能说明问题，它体现了人们是多么爱将权力之源客观化，将之投射到星体之上，一言以蔽之即将之神化。当权威并非源自个人品质，并非源自这种不稳定、模糊、不可靠且毫无说服力的东西，而源自某种社会职能所固有的特权，源自这种可靠、一目了然、受到公认且让人敬畏有加的东西时，神化权力的现象体现得尤为明显。所有的国王，要么自己就是神，要么是神的后裔，要么在神的庇佑之下进行统治。他是神圣之人，因此他必须被隔离开来，必须在他和世俗世界之间建立起严密的阻隔。他的身上蕴藏着一种圣洁之力，能够创造繁荣并维系世界的秩序。他可以确保季节正常更替，让土地肥沃、妇女多子。他泼洒的血液具有奇效，能够保证作为食物来源的动植物经年累月不断繁殖。对他行为的管束也会精确到每一个细节：他既不可以耗费，也不可以滥用他的神力，否则他就会被认为是饥荒、干旱、瘟疫与灾祸的罪魁祸首。只有他一人拥有一种圣洁之力，可以让他通过必要的渎圣之举来祛除丰收的作物之神圣性，从而让他的臣民能够自由支配这些作物。

这种圣洁之力让他变得令人生畏。他触碰过的任何东西都只能归他所用。同理，他用过的餐具、穿过的衣服对别人而言都是危险的，会给持有这些东西的人带来灾祸乃至死亡。波利

---

[160] 在法语中，"ascendant"一词本义为（星体的）上升，引申义为巨大的影响力、权威。——译注

尼西亚的部落首领只须用自己身体的一部分来命名一个物品，就足以成为它的主人并让它充满死亡之力。他也可以给一条河、一片森林祝圣（即宣布其为禁忌），如此一来这里就禁止通行了，在此不可进行任何世俗的、有用的行为。

权力的拥有者会被用一种华丽但是严苛的方式隔离起来。不小心接触到他的人会因此而丧命。若一个人，无论是出于无知还是莽撞，用手碰了首领的物品，那么他就必须立刻给自己消毒，以躲过那种对他而言过于强大的能量喷涌。在此之前，他不能用手做任何事。如果他饿了，他必须让别人来喂他，或者像动物一样用牙齿叼着食物来吃。否则，他那沾染着首领圣洁之力的手会将其传染给他的食物，而一旦吃掉这食物，他就会将其注入他自己那不堪一击的肌体中，并因无法承受这力量而死去。

同样地，人们只能通过中间人和首领讲话。在中国，"在陛下者"这一表达方式已经简化成"陛下"，变成皇上的代名词。[161] 同理，臣子们也不可仰面视君。从世俗之语中呼出的不洁之气，从下等之人的注视中射出的慵懒之光，都会污染、削弱君主的神圣之力。

此外，权力会赋予持有它之人以新的品质。它如同圣职

---

[161] "陛下"一词中，"陛"为帝王宫殿的台阶，而站在台阶之下的是皇帝的侍者。臣子向皇帝进言时，不可直呼天子，必须呼侍者而告之。因此作为"在陛下者"的侍者便逐渐演变为皇帝的代称，"陛下"即指皇帝。此处参见葛兰言《中国文明》（版本同前），p. 286。——译注

一样，可以让人获得神圣性。接受或夺取权力之人会变得纯洁：如果他先前是浪荡之徒或戴罪之身，那么获得权力后他就会改头换面，开始一种禁欲苦行的典范生活。历史轻屋大维（Octave）而重奥古斯都（Auguste），文学轻唐·卡洛斯（don Carlos）而重查理五世（Charles Quint）。[162]我们要看到，这代表的是一种集体意识的要求。当一个人成为一切献礼的对象，当他的存在成为受人景仰的模范、成为所有人的支柱时，他就必须具备一切美德，具备所有崇高的品质。人们会把他所缺乏的美德与品质都集中到他身上，而不会向他索取任何东西。

保护首领不受世俗的侵袭，光这样子是不够的。他生活的方方面面都必须远离普通人的世界。通常珍奇之物供他专享，而反之平庸之物对他而言则是严格禁止的。他的臣民们习以为常的种种日常之事，他都不能去做，如果要做，也必须以另一种方式来做。神圣之人从事某种累人的、低贱的工作，这完全不可想象。最好他什么都不做，最好他统而不治。他身上圣洁的能量正常而规律的辐射，就足以让他的祥福之力发挥效用了。他不能吃别人吃的东西，就如他不能做别人做的事一样。

---

[162] 屋大维（公元前63—14），拉丁语全名为盖乌斯·屋大维·图里努斯（Gaius Octavius Thurinus），罗马帝国的开国皇帝，奥古斯都为他成为罗马皇帝后获得的神圣称号。唐·卡洛斯（1500—1558），原先为西班牙国王即卡洛斯一世，后成为神圣罗马帝国皇帝，史称查理五世。所谓"文学轻唐·卡洛斯而重查理五世"，应指法国文豪雨果的著名剧作《欧那尼》（Hernani），唐·卡洛斯为该剧的主要人物之一。在作品中，唐·卡洛斯仍为西班牙国王，本性格乖戾，但是随着剧情发展逐渐向善。——译注

为他提供的是一种特殊的、他的臣民禁止享用的佳肴，而反之他则不允许品尝臣民吃的下贱食物。甚至他的性生活都是特殊的：乱伦对一般人而言是禁忌，但皇族或贵族却乐意为之。因为神圣血脉不能受到世俗血脉的玷污，所以在乱伦这个问题上，适用于首领的法律也必须完全区别于适用于臣民的法律。

平衡状态与等级秩序

我们再一次看到，神圣和世俗似乎是互补的。某些人眼中的秽行，是另一些人眼中的圣举，反之亦然。胞族之间那种二元分立原则，同样适用于君王和他的臣民之间。不过，在前者中二元分立意味着平衡状态，建立在相互尊重之上，赋予双方同样的权利与义务，让各自以对称的方式令行禁止，简而言之即构建出一种可逆关系。而君主与臣民、贵族与贱民之间的关系则是单向的、等级森严的。

在君臣之间，法律法规并不是双向的。与君主享有的每项权利互补的那一部分，对其臣民而言并非是一种权利，而是相应的义务。在这个意义上，欺君之罪（lèse-majesté）被视作是最严重的亵渎之举。它是单方面的，只能是以下犯上。若同样的行为自上而下发生则并非犯罪而是恩惠，并不是那种会给自己带来灾祸的罪行，反之是庇佑下人的一种恩典。

在波利尼西亚，谁触碰了神圣之人谁就会全身肿胀而亡。为了躲过必将到来的死亡，罪犯或冒失犯错之人只能去求首领，让后者同意再被他触碰一次。这样一来，他就让那圣洁之力重新回到了能够承受住它的机体之中。由不正当的、有害的接触带来的恶果，便会被正当的、得到恩准的接触消除。东非的努巴人（Nouba）[163]一旦踏入国王的茅屋就会命丧当场，但若想避免这一危险，只需让君主同意用手轻抚他们裸露的左肩即可。这一行为可以赋予他们神圣性，让他们能够毫无畏惧地进入到圣地之中。

一般来说，君主触碰或命名臣民与臣民触碰或命名君主，结果是相反的。这是因为，触碰与命名是特属于权力的行为，是优越性的体现。命名一个物或一个人，意味着召唤它/他，迫使它/他到场并服从，强迫它/他自我呈现。命名总是意味着召唤，而这就是在下命令。类似地，将手放在一个物或一个人之上，代表着控制它/他，使用它/他，将它/他变为工具。"垂手法"（manus injectio）即为占有，一种通过把**手垂放**在想要获得的东西之上来表示获取的行为。[164]

若君王向子民彰显其位高权重，就是遵循物的秩序，是降福于民；若子民对君王有不臣之心，则是有悖于宇宙之法，是对它的亵渎与动摇。曾经轮流支配胞族部落中相互对立的两个

---

[163] 努巴人，生活在苏丹努巴山脉中的原住民。——译注
[164] "垂手法"原文为拉丁语，字面意思为"手放在（某物）之上"，是古罗马法中的一条法规。该法规规定，若一个人欠债而逾期未还，那么债权人就可以通过仪式性地把手放在债务人身上，让他成为自己的财产即奴隶，从而将其监禁或变卖。"手垂放"（main basse）为作者的一个文字游戏，faire main basse sur 这一短语字面意思为"把手垂放在（某物）之上"，引申为"占有（某物）"，而作者在此特别强调了"手垂放"，是为了和"垂手法"呼应。——译注

族群、让二者分分合合的那种永无止境的对抗与永不停息的交换，被社会等级秩序中自下而上的贡品进献与自上而下的恩泽普施所取代。权力同样让社会建立在一种两极关系之上，只不过这次，这种两极关系的模式并非基于男女关系，而是基于父子关系。它少了些合作的意味，而多了些从属的色彩。不过，合作与从属这两种关系并非互不相容，而是以不同的比例结合在一起。在男女之间，从属关系就已经存在了。反之，在君王与臣民、领主与忠于他的附庸之间，往往也存在着一种平衡关系。"明"君致力于维护这种平衡，但众所周知，暴君会将之打破，因此后者几乎总是被视为世界秩序最典型的扰乱者与破坏者，被视为麻烦、混乱与动荡的制造者。

君主对全体臣民应尽的义务并不比后者对他的义务少。社会便建立在他们二者的合作之上。在中国，君为**阳**，众为**阴**。因此他们之间的关系是互补的。然而，一个人的天威或少数人的特权也会同时与多数人的巨大影响力相互抵消，这样才能达到少与多之间的平衡。在君王和全体臣民之间，存在着一种类似于胞族之间那样的相互敬畏关系，正是这种关系体现了同等重要、互不可缺的双方之间的同心协力、彼此尊重与相互认可。

相反，在帝王与他的每个臣民之间起主导作用的则是权威关系，即自上而下的保护者之于受保护者的关系和自下而上的仆从之于主人的关系。在他们之间也存在某种敬畏，但这只是封建关系的体现，无论这封建关系是双方自愿还是一方强加给另一方的。任何一种主奴关系的实质都是这种封建关系，毫不夸张地说，它表现为农奴对贵族、附庸对宗主、年轻人对老年人、徒弟对师父、教徒对教主或世俗之人对教徒庄严地承诺臣服或谦卑恭顺地宣誓效忠。

在上述这些关系中，有些是或者会逐渐变成世袭关系，而其他的则是某种过渡状态，会随着时间的推移而改变。年轻人也会成年，儿子也会为人父，但他永远都是自己父亲的儿子，就如年轻人永远无法在年岁上超过他的前辈一样。如此一来，所有这些关系就构成了一种不可逆的、线性的世界秩序，与胞族社会中那种环形的、平衡的秩序形成了鲜明对比。因此，欺君之罪就成了和渎圣之举（食用神圣的食物或迎娶禁止与之发生关系的女性）一样的罪行，它们都破坏了宇宙的结构，中断、扰乱、影响了社会的运转。

维系与创造

无论是在平衡状态还是在等级秩序中，所谓美德，都意味着守**秩序**，居**其**位，不逾矩，行所允，不犯忌。这样，我们便在自我约束的同时维系了宇宙秩序。这便是礼法之中禁忌的作用。《礼记》曰："夫礼，禁乱之所由生，犹坊止水之所自来也。"[165]

但是岁月会侵蚀堤坝[166]，机械的运转会磨损、污堵齿轮。

---

[165] 出自《礼记·经解》。——译注
[166] 堤坝，即《礼记》原文中的"坊"。——译注

人会生老病死，也的确会重生为子孙后代。凛冬将至，自然会失却生机，万物会逐渐凋敝。因此必须要重塑世界，让社会系统恢复活力。禁忌只能防止它们意外崩坏，却无法让它们逃过必将到来的毁灭，逃过那美丽的死亡。它只能延缓，却无论如何无法阻止衰亡。必须重铸一切的时刻到来了。我们需要某种积极正面的方式来重新稳固秩序。我们需要某种创造的幻象让自然与社会焕然一新。这便是节日的作用。

第四章 僭越神圣：节日理论

在平常的生活中，人们终日劳作，安稳度日；同时又被种种禁忌所限制，处处小心谨慎；"切勿无事生非"（quieta non movere）[167]，正是这句格言在维系着世界的秩序。与此相对的，是节庆时分的群情鼎沸[168]。如果我们只考虑节日的外在方面，那么无论在哪种程度的文明之中，它的特征都是一致的。在节日中，我们总能看到一大群激动喧闹的人。这种大规模的人群聚集非常利于催生一种狂热情绪并促它传播，从而让人们沉浸在欢声笑语和手舞足蹈之中，让他们完全被各种无比疯狂的冲动所支配，无法自拔。时至今日，哪怕寡淡无味的节日几乎已

---

[167] 原文为拉丁语。——译注
[168] 毋庸多言，这一节日理论远无法穷尽节日的方方面面。它尤其需要结合着一种献祭理论来一起研究。实际上，献祭似乎是节日当中最主要的内容。它就好像是节日的内在机制，代表其核心价值并赋予其意义。二者总是如影随形，他们的关系就如同灵与肉的关系一样。由于无法过多谈论这种紧密联系（我必须有所取舍），我只得努力呈现出节日中那种献祭的氛围，以求读者能够明白，节日的辩证法同时也是献祭的辩证法，是后者的一种表现形式。——原注

经再难以从日常单调生活灰暗的背景板中脱颖而出，似乎已经被它弄得七零八落、支离破碎甚至快要完全被它湮没了，我们依然能在节日中辨认出一些少得可怜的那种古代节庆时分普天同庆之盛景的痕迹。事实上，狂欢节中常见的盛装之行与欢闹之举，7月14日[169]遍布于街头巷尾的饮酒作乐与载歌载舞，依然见证并延续着这种必要的社会性放纵。任何节日庆典都意味着纵欲狂欢与大排筵宴，就连那些在悲伤场合举办的活动也至少会有这种欢宴的影子，乡村地区盛行的丧葬宴便是个例子。无论在过去还是在现在，没有歌舞与宴饮便不成节日。人们必须全心全意投入其中，直至筋疲力尽，直至病态百出。这就是节日的法则。

1. 节日，追寻神圣

在所谓的原始文明中，节日与日常生活之间的反差尤为明显。节日一般会持续数个星期乃至数月，中间还会被四到五天的休息时间隔开。通常需要好几年才能攒齐的大量食物与财富，不仅会在节日中被铺张地消费和耗费掉，甚至还会被直接而彻底地摧毁与浪费掉。这是因为，浪费与破坏这样的过度之举（excès）就是节日的本质。

节日的尾声总是弥漫着狂热情绪与纵情享乐，是一场直至

---

[169] 7月14日为法国国庆节。——译注

深夜的放浪狂欢。在这场狂欢中，伴随着那最粗劣的器具适时的敲击，人们的喧闹和躁动会变成有节律的舞蹈。根据一个亲历者的描述，拥挤在一起的人群上下起伏地跳着，震颤着地面，同时绕着中央旗杆时快时慢地转着圈。这样的亢奋情绪会通过各种方式表现出来，也会反过来受到这些方式的刺激而进一步增强：长矛在盾牌上不断的敲击声，喉咙中嘶吼出的一字一顿的歌声，蹦跳着的纷乱舞步。暴力便自然而然地出现。争斗时不时会爆发。每当这时，双方就会被分开，被数双有力的手臂举到天上，随着节律摇摆着，直至他们冷静下来，与此同时人群的环形舞却不会中断。同样地，情侣们会突然离开起舞的人群，到旁边的树丛中行男女之事，然后再回来重新加入这股人流的漩涡，一直跳到第二天清晨。

我们明白，节日代表着一种生命力空前旺盛的状态，与日常生活中那些微不足道的烦恼形成了强烈的对比，因而它对人们来说仿佛是另一个世界，让他们觉得好像被某些超越自己的力量所裹挟与改造着。人们每日所做的工作——譬如果实采摘、狩猎、捕鱼或饲养牲畜——唯一的作用就是消耗时间并满足他们眼前的需求。当然，这些工作也需要专心、耐心与技巧。但是在更深层意义上，人们总是活在对上一个节日的怀念与对下一个节日的期盼中。这是因为，节日对他们而言是激情澎湃的时刻，意味着其存在的蜕变，而这正是他们所牢记与渴望的。

神圣的降临

节日与工作日的区分最完美地展现了神圣与世俗的差别,能认识到这一点,涂尔干居功至伟。事实上,节日之于工作日,好比间歇性的情感爆发之于持续不断的沉闷乏味,令人亢奋的疯狂状态之于满足物质需求之举的不断每日重复,集体躁动强烈地冲击着神经之于个体各自为政地忙碌于无聊的工作,社会的凝聚之于它的涣散,它高光时刻的狂热情绪之于它死气沉沉之时的平淡劳作。此外,节日中举行的各种宗教仪式也会让信徒们的灵魂荡漾。如果说节日是欢乐的时光,那么它同时也意味着焦虑与痛苦。在最后放松之前,禁食与静默是必不可少的。往常的禁忌会更加严格,新的禁忌也会出现。各种放纵与过度之举,庄严肃穆的诸仪式,绝对严苛的种种限制,这些共同让节日的氛围形成了一个独特的世界。

实际上,节日通常被认为是神圣的界域。星期日或安息日这一节日,即是首先要献给神灵的日子。这一天禁止工作,人们必须休憩、享乐并赞颂上帝。在某些社会里,节日并不是穿插在劳作生活中,而是集中为一个真正的**节日季**。通过这样的例子我们能更好地看出,究竟为什么节日确实是一段神圣至上的时期。

莫斯对爱斯基摩人的社会所做的研究,就为这两种生活状态之间鲜明的对比提供了最好的例证,并且他的这些研究也对我们了解某些其他人类文明——这些文明的社会经济结构受气候与自然环境限制，因此在一年中的某段时期内人们会无所事事——大有裨益。在冬季，爱斯基摩人的社会呈现出聚拢之态，任何事情都由集体共同完成或共同见证；反之在夏季，在一片近乎沙漠的广袤土地上，每个家庭都各自生活在自家的帐篷里，各自觅食，完全独立，没有任何集体生活的举动。相对于几乎完全是世俗性的夏季生活，冬季则像是一段"宗教热情持续高涨"的时期，像是一个漫长的节日。北美印第安人的社会形态也随着季节变化而变化，在他们的习俗中，夏季时分大家便各自为政，冬季时分则聚在一起。在此时节，各个氏族便会消失，取而代之的是举办大型舞蹈仪式、组织部落庆典的各种宗教性的盟会。这是一段用来传播部落神话和习俗的时期，在此期间，先祖神灵会显圣，为新的族人进行传授与启蒙。夸夸嘉夸人中就流传着这样一句俗语："夏日，神圣为下而世俗为上；冬日，神圣为上而世俗为下。"这句话让神圣与节日的关系一目了然。

正如我们所见，在平常的生活中，神圣几乎只通过禁忌的形式呈现。它被定义为"专属的""受区隔的"，即它处于常用领域之外，受到种种禁令的保护，以防发生任何对世界秩序的破坏，防止出现任何扰乱它的、引发不稳定因素的危害。因此，神圣根本上是以**否定**的面貌示人的。事实上，这是神圣最根本的特征之一，我们常常会在仪式礼法禁忌中观察到这一特征。而社会生活的神圣时期，则正是各种法则被暂时中止、一切都得到许可的时期。当然，我们也可以拒绝赋予节日期间的各种过度之举以明确的仪式礼法意义，而只是将之视作单纯的**活力的释放**。涂尔干如此写道："在此期间，人们完全处于日常生活状态之外且对此心知肚明，以至于会觉得自己必须要脱离并超越日常道德的束缚才行。"确实，节日期间无节制的狂欢与情绪宣泄所反映出的那种冲动，其作用类似于某种消肿的过程。孔子早就意识到了这一点，当他为中国乡村宴席辩护时，说人们的生活就如同弓弦一样，既不能"张而不弛"亦不可"弛而不张"。[170] 群情激昂所引发的种种过度之举当然**也**发挥着同样的作用，它们的出现，便如同社会情绪经过长期而强烈的紧缩之后突然爆发一般。但这只是这些过度之举的一个方面，与其说是它们的存在理由，不如说是它们的生理机制。这个解释远无法参透种种过度之举的本质。实际上在原住民看来，出现这类举动意味着他们的节日具有神奇的灵效：正是这类举动预示了各种仪式会大获成功，也正是它们间接保证了妇女多子、土地丰收、战士勇猛与渔猎成果丰硕。

过度之举，一种修复耗损的方式

因此，过度之举虽然总是与节日相伴，这却并非它唯一的存在理由。它并不只是因节日而生的躁动情绪所引发的附带现

---

[170] 原文为：子贡观于蜡。孔子曰："赐也，乐乎？"对曰："一国之人皆若狂，赐未知其乐也！"子曰："百日之蜡，一日之泽，非尔所知也。张而不弛，文武弗能也；弛而不张，文武弗为也。一张一弛，文武之道也。"出自《礼记·杂记下》。此处参考了葛兰言《中国文明》（版本同前），p. 175。——译注

象。它对节日期间举行的仪式能够发挥灵效起着至关重要的作用，具有和这些仪式一样的神圣属性，且同它们一样会促进自然或社会新生。其实，这正是节日的意义所在。时间会将一切消磨殆尽，会让人衰老并将人引向死亡，会不断地**耗损**。而以此为含义的词根，便构成了希腊语和伊朗语中表达时间的词汇。年复一年，植被都会新生，而社会生活也像自然一样会开启一个新的周期。所有的存在之物都需要重新焕发活力，世界也需要得到重塑。

我们的世界仿佛是一个被宇宙秩序支配，以有规律的节奏运转的**宇宙**。它被尺度与规则维系着。它的法则是万物居**其**位，万事有**其**时。这便解释了为何神圣唯一的表现形式是禁忌，即保护宇宙秩序不受任何威胁的预防措施，以及针对任何扰乱宇宙秩序之行为的补救措施。一切以静止为上，因为任何变化、任何革新都会危害宇宙的稳定性，而我们则希望能阻止它改变，避免它衰亡。然而，宇宙毁灭的根源就蕴藏在它的运转过程本身当中，因为在运转中它会不断累积废物，从而导致其机制的耗损。

被人类全体经验所定义与确认的事物，似乎全部都服从于这一法则。人体为了保持健康，必须要定期排出其"污秽之物"，即尿液与粪便，女性则还要排出经血。可是，它最终还是会因衰老而陷入虚弱甚至瘫痪。年复一年，自然也同样会经历生长和衰亡的周期。各种社会制度与组织似乎也不能幸免于这种更迭变化，它们也需要定期更新并自我净化，排出那些有毒的废物，即那些为保社群利益而做出的行为所带来的不良影响。无论这类行为有多么必要，我们都承认它会让负责执行它的人沾染上某些污秽，并将之传染给整个社会。

因此，吠陀教的众神会找寻一个生灵，好把它们在献祭仪式中因鲜血喷洒而染上的不洁转移到后者身上。这种净化的施行方式，通常是驱逐或杀死一个替罪羊——因为它背负着所有此种行径所产生的罪孽——或一个需要被更替的旧岁之化身。邪恶、羸弱与耗损，所有这些意涵差不多类似的概念都应当被驱散。在东京（Tonkin）[171]，人们举行各类仪式的明确目的，是清除每个事件，尤其是官方行为所残留下来的不洁，是平息被政府因叛国、叛乱和谋反而处死之人的灵魂的怒气和恨意。在中国，人们会把扫出来的脏东西，即那些在日常生活中每天产生的垃圾，聚拢堆在屋子的门口，并在岁末年初的节日期间小心翼翼地把它们清理掉，因为它们就如任何一种污秽一样，也包含着某种有益的成分，如果使用得当便可以招财进宝。[172]

光是消除每个机体在运作中积累起来的废物、年年清除罪恶、驱逐旧岁是不够的，这只不过是埋葬了一个行将就木、污浊不堪的过去罢了。它**已经大限将至**，必须要让位于一个崭新的世界，而节日的作用正是迎接这个世界到来。

事实证明，禁忌无法让自然与社会保持完整如初。更重要

---

[171] 东京，现今越南北部红河三角洲一带的旧称。——译注
[172] 此处作者参考了葛兰言《中国文明》（版本同前），p. 169。——译注

的是，它们无法让自然与社会恢复往日的青春。规则不具备任何让其重现活力的能力。为此，必须要诉诸诸神的创造力，必须返回到世界伊始去求助于那种将混沌幻化为宇宙的力量。

原初的混沌

所谓节日，实际上是对宇宙伊始或 Urzeit[173]，即原初时代的一种重现。这个时代极具创造力，它见证了万事万物与所有基本原则以其传统而确定的形式被固定下来。这个时代正是我们那神明般的祖先生活与行动的时代，关于他们的神话构成了最初的历史。对于北美洲的钦西安人（Tsimshian）[174]来说，神话更是不同于其他传说故事，因为它所讲述的正是这遥远的过去，是世界还未变成如今模样的那个时代。

列维-布留尔通过研究澳大利亚和巴布亚的原住民文化，对这神话的伟大时代之特征做了详尽的论述。每个部落都有一个特殊的词来指称这一时代：阿龙塔人称之为 altjira，阿鲁里加人（Aluridja）为 dzugur，卡拉加里人（Karadjeri）为 bugari[175]，生活在澳大利亚西北部的原住民为 ungud，等等。通常这些词都表示梦境，广义上则指所有不可思议的神奇之事。它们都被用于定义一个"非凡即法则"的时代。而外来的观察

---

[173] 原文为德语。——译注
[174] 钦西安人，北美西北沿海地区的印第安原住民，主要生活于加拿大的不列颠哥伦比亚省与美国的阿拉斯加州。——译注
[175] 阿鲁里加人和卡拉加里人均为澳大利亚原住民，前者主要生活在澳大利亚北部，后者在西北部。——译注

者们所使用的表述,也都会强调原初时代的这个特征。譬如福辰（Reo Franklin Fortune）[176]博士就将这个神话时代称为"生命诞生、自然历史开始"的时代,它同时既是万物流变的**伊始**又处于其**之外**。类似地,埃尔金（Adolphus Peter Elkin）[177]指出这个时代既是过去也是现在和未来："这既是一种状态,也是一段时期。"他的这句话意味深长。

根本而言,神话时代即为我们所在的另一个世界的起源,且它不断返现于我们的世界中,创造着所有那些看起来令人不安与无法解释的东西。超自然之物总是潜伏在可感的自然之物背后,并时刻想要通过后者将自己展现出来。在千差万别的各个不同地区,对于原初时代的描绘却奇怪地完全一致。它是变形与奇迹的理想之所,因为在此一切都是不稳定的,没有任何确立的规则,也没有任何固定的形态。后来成为不可能的事情,在那时依然是可能的。物体会自己移动,小船会飞在空中,人会变成动物,动物也会变成人。他们会蜕皮,会改变外貌,却不会生老病死。整个宇宙都是可塑的、流动的,是取之不尽用之不竭的。粮食自己就会丰收,动物身上被割掉的肉也会长回去。

宇宙的创造

最后,先祖们为世界赋予了一个自此之后就不再变化的形

---

[176] 里奥·富兰克林·福辰（1903—1979）,新西兰人类学家。——译注
[177] 阿道弗斯·彼得·埃尔金（1891—1979）,澳大利亚人类学家。——译注

态，树立了一系列自此之后便一直通行的法则。他们或是用泥土，或是通过改造存在于世的半人半兽这种混合形态的生物创造了人类。同时，他们也创造或培育出了种类繁多的动植物物种。在塑造出一个单独的个体后，他们便在这个基础上做些微调来创造它的后代，让所有的后代都成为这一原型的变体，而无须新的因素的介入。他们同样也创造了海洋、大陆、岛屿和山峦。他们划分出各个不同的部落，并为每个部落确立了它们各自的文明、礼法、礼法的具体细节、仪式、习俗和法律。

但正因为他们将每个物、每个生灵都限制在了既定的范围——随之成为后者**自然**界限的范围——之内，他们也剥夺了后者的所有神奇之力，即那种可以让自己立即实现愿望、随时随地毫无阻碍随心所欲变化的力量。实际上，秩序是无法允许所有可能性同时存在的，也无法允许任何法则的缺失。因此，世界便拥有了种种无法跨越的界限，正是这些界限将每个物种都限制在自己的存在中无法逃脱。一切都被固定了下来，禁忌也得到了确立，以保证世界新的结构与法度不受侵扰。

最后，由于第一个诞生于世的男人——更常见的情况是由于第一个诞生于世的女人——的不顺从，或由于神之使者的过失，或由于先祖中的"捣蛋鬼"[178]（通常他会试图拙劣地模仿创世者的所作所为，而这愚蠢的执念会导致一些既可笑又可怕的后果）干的蠢事，死亡被引入到世界之中。总之，死亡就如同

---

[178] 即盎格鲁-撒克逊民族志学家所谓的 Trickster（见后文附录之二）。
　　——原注

果子里的虫子一般,而随着死亡的出现,**宇宙**便走出了**混沌**。原初混沌[179]的时代终结了,自然历史开始了,正常的因果律作为法则也确立了下来。在造物之举的泛滥之后,接踵而至的是维持新生宇宙良好运转所必需的警觉。

混沌与黄金时代

我们明白,神话时代似乎带有某种基本的矛盾性:确实,它同时呈现着混沌(chaos)与黄金时代(âge d'or)这两种截然相反的特征。一个没有限制的世界既容易导致无序与动荡,又意味着秩序与稳定。人类用怀恋的目光遥望这个世界:在那里只需伸手就能随时摘到美味和熟透的水果,在那里丰收的粮食会听话地自己把自己储存进谷仓,无须耕作,无须播种,无须收割,在那里没有不得不去完成的工作,在那里欲望一诞生就会得到实现,而不会被某些物质层面的不可能性或某些社会禁忌所肢解、压抑或消灭。

黄金时代便如同人类的童年一样,是世界的开端,它呼应着这种关于人间天堂的畅想:在此,人类被事先给予了一切;而一旦走出去,他就必须满头大汗才得糊口[180]。这个世界仿佛

---

[179] 此处的"原初混沌"一词,作者使用的是 tohu-bohu。该词源自希伯来语 Tohou va-vohou,是《圣经》中形容创世之初世界一片混沌状态的词。而在现代法语中,该词已经成为一个常用词,指某种混乱而嘈杂的环境。——译注

[180] 这句话化用了《圣经旧约·创世记》3:19 中的"你必须汗流满面才得糊口"。——译注

一个没有战争与贸易、没有奴隶制与私有财产的萨图尔努斯（Saturne）或克罗诺斯（Cronos）治下的世界。但是这个充满光明、宁静的欢愉与简单和快乐的生活的世界，同时也是一个黑暗而恐怖的世界。萨图尔努斯的时代是活人献祭的时代，而克罗诺斯则吞食自己的孩子。[181] 土地天然的肥沃并非没有危害：原初时代也是一个大量而无序、可怕而无度地造物的时代。

有时混沌与黄金时代这两种相对立的形态错综复杂地纠缠在一起，有时人类会逻辑严谨地将二者区分开来，所以我们才会在神话中看到混沌与黄金时代相互区别、对立与轮替出现。它们是同一个虚构现实的两面，这个虚构现实代表着一个毫无法度的世界，而随后从这个世界中诞生了那个秩序井然、人们现居的世界。前者之于后者，便如同神话世界对立于历史世界一样，后者在前者终结时才会开始；前者之于后者，更如同梦幻的世界——如此称呼它再合适不过了——对立于清醒的世界一样。最后，前者宛若一个生活悠闲、物质丰盈、可以肆意挥霍的时代，人类一边徒劳地期盼它的重现，一边却只能辛苦劳

---

[181] 克罗诺斯，古希腊神话中第一代泰坦十二神的领袖。他推翻了自己父亲的残暴统治并开启了古希腊神话的黄金时代，直到他被自己的儿子宙斯推翻。他曾因怕被自己的孩子们所取代而吞下了所有的孩子，除了宙斯。萨图尔努斯，古罗马神话中的农业之神。他是古罗马最古老的神祇之一，但后来被与古希腊神话中的克罗诺斯联系在一起，克罗诺斯的种种事迹被写进了他的神话之中。古罗马纪念萨图尔努斯的节日是农神节，在此期间奴隶们可以获得部分自由并参加节日庆典，包括角斗士的比赛。在比赛中丧生的人，便相当于敬献给萨图尔努斯的祭品。——译注

作、忍饥挨饿、省吃俭用度日。

与此同时，前者那样的世界大概也会让人类隐约回想起自己的童年。若要呈现这个童年般的世界，我们当然没必要去诉诸成年人那种内心的遗憾或记忆的偏差，因为正是这种偏差让他极尽所能来美化他对年轻岁月的回忆，仿佛这段岁月突然就成了无忧无虑只顾玩耍的时光，仿佛在他眼中这段岁月就如同在伊甸园里欢度一个永不完结的节日一样，虽然这根本就不是真的。不过毫无疑问的是，对原初时代的畅想与对**充满童稚之爱的绿色乐园**[182]的怀恋，二者交相辉映。

除此之外，在通过成人仪式进入社会生活之前，年轻人的行为事实上并不受那种限制成年人之行为的禁忌所约束。同样，在结婚之前，青少年的性行为总的来说自由到近乎难以想象。似乎在这个阶段的人还没有被纳入到世界的秩序之中，因此哪怕他僭越了与自己无关的法则，他也不可能扰乱世界秩序。可以说，他活在有序的宇宙与井然的社会之边缘。他只有一半属于世俗的宇宙，还未完全切断与神话的宇宙、与另一个世界的联系：先祖们正是从后者中抽取了他的灵魂，并将之注入一个女人——他的母亲——体内，让他从中诞生。

与秩序和"自然历史"相反，世界的原初时代意味着一个普遍混乱的时代，对它的想象会引发人们的恐慌。在爱斯基摩

---

[182] "充满童稚之爱的绿色乐园"出自法国诗人波德莱尔的诗《忧伤与漂泊》(«Moesta et Errabunda»)，收录在诗集《恶之花》(Les Fleurs du mal)中。在此译者选择了钱春绮的译文。——译注

人的文化中，原初时代种种矛盾的方面似乎是紧密交织在一起的。它表现为一种未分化的混沌：一切都笼罩在黑暗中，大地上没有一丝光明；人们既辨认不出陆地，也看不出海洋；人与动物毫无区别，他们都说着同样的语言，住在相似的房子中，用同样的方式狩猎。不过在对这个时代的描述中，我们也会发现那些通常用于描绘黄金时代的特征：在那时，护身灵符有着相当强大的神力，人们可以变身为动物、植物和石头；驯鹿的肉被人们吃掉后，还会重新从骨架上长出来；雪铲不劳人们拿，自己就会从一个地方移动到另一个地方。

但这最后一种畅想，已经在很大程度上反映出了人们对原初时代既怀恋又惧怕的情感：它一方面展现了人们渴望着一个一切都可以不劳而获的世界，另一方面却又让人担心铲子会再次活过来并突然从其主人的手里跑掉。正因如此，雪铲永远都不会被无人看管地插在雪中。

2. 世界的重塑

原初时代同时既是噩梦又是天堂，也正因为如此，它似乎是一个创造之力活跃的时代。从中诞生了如今的世界，即在兴衰变迁中不断耗损、遭受死亡威胁的世界。因此通过重生，通过将自己重新浸润在这永远处在当下、永远在场的永恒世界中——这就如同将自己浸润在不老泉的永生之水中，从而恢复青春，让生命重新变得丰满与健壮一样——我们的世界便能够与岁月抗衡,去迎接一个新的周而复始。

这便是节日的作用。根据我们之前的定义,它是对创造力丰盈的时代之重现。借用杜梅齐尔先生的一句精准的表述来说,节日是通向伟大时代的通道。在此时刻,人们会逃脱万物的流变,进入原初时代所代表的蕴藏万能与永续之力的宝库之中。节日常在宗庙、教堂、圣地举行,而同样,这些地点也是通向伟大场域的通路。所谓伟大场域,先祖神明们长生于斯,那里的景象、一块块圣岩都是创世者们打造世界的种种创举所留下的显著标志。

节日庆典通常会在季节周期的关键阶段举行,即在大自然面貌一新,在它发生显著的、所有人都能看到的变化之时:在极地或温带气候区一般是冬初或冬末,在热带地区则是雨季伊始或雨季尾声。在此时节,人们会带着强烈的情感,既惶恐不安又怀揣希望地到神话中的先祖们曾经走过的地方去朝圣。澳大利亚原住民会满怀虔诚地重走先祖们过去的道路,在每个他们曾驻足过的地方停留并认真地重复他们曾经的举动。

埃尔金就着重强调过原住民和他的乡土之间的这种生命与宗教纽带,一种远超地理意义的纽带。他写道,乡土在原住民看来便是将他带向那不可见的世界的通途,它让原住民同那些"滋养生命、使人类和自然受益的力量"进行交流。而一旦他不得不背井离乡或殖民活动让他的家乡变得动荡不安,他便会感觉自己日渐衰弱并终将死去,因为他无法再与那为他生命定期注入活力的源泉保持联系了。

创世先祖的化身

因此，人们总是在神话的时空架构中来庆祝节日，它承担着让现实世界重生的职能。为此，人们通常会将节日定在植被新生之时，或如有可能，定在图腾动物重新大量繁殖之时。人们也会在神话先祖造人，即创造自己族群之先人的地方举办节日。在节日期间，各个族群都会重现它所传承下来的造人仪式，也只有它自己才能把这种仪式办好。

仪式的表演者会模仿先祖英雄的行为动作。他们会通过戴面具，让自己化身为那半人半兽的祖先。通常面具这类配饰不止一层，这样表演者便可以在合适的时机突然变出另一张脸，以此重现发生于原初时代的那种瞬间的变形。实际上，这些做法的目的是召唤创造力丰盈时代的那些神灵们，让它们现身并作法，因为只有它们才有那种让仪式产生理想效果的神力。此外，在"神话基础与现今仪式"之间是不存在任何区分的。达里尔·福德（Daryll Forde）在论及科罗拉多的尤马人（Yuma）时[183]，便明确观察到了这一点：为他提供信息的当地人总是分不清他们常举行的仪式，与他们的先祖最初让这种仪式得以确立的举动之间的差别。

为了重现具有神力的先祖们生活的那个充满创造力的时代，

---

[183] 达里尔·福德（1902—1973），英国人类学家。尤马人，又称为奎查恩人，美国西南印第安原住民部落，主要生活在亚利桑那州的科罗拉多河畔——译注

人们会同时采用多种不同的方式。有时候，光朗读神话就足够了。顾名思义，神话便是讲述一个物种的诞生或一个习俗制度的确立之神秘而有强大魔力的故事。它们的作用如同咒语一般，只要高声讲出来，就足以让它们所纪念的创举再次发生。

召唤神话时代的另一种方式，是重绘偏远洞穴里的巨石上那些画着祖先们的壁画。通过给它们上色，通过定期修饰它们（重绘工作不能一次全部完成，否则就无法保证这种定期行为之间的延续性），人们可以让画面里的神灵重生，让它们**重现**，好求它们保佑雨季的回归，保佑作物丰产、猎物繁衍，保佑灵童大量出现，因为这会让妇女怀孕并保证部落繁荣昌盛。

有时候，人们还会诉诸真正的戏剧表演。在澳大利亚，瓦鲁芒加人的各个氏族都会以此来重现神话先祖的一生，譬如黑蛇氏族的人就会将英雄泰拉瓦拉（Thalawalla）的一生，即从他离开大地到他重归尘土的这一生表演出来。演员们会在身上盖满羽绒，让羽毛随着他们的舞动而四散纷飞。如此一来，他们就将生命种子从祖先身体上散落的景象呈现了出来。而通过这种方式，他们也确保了黑蛇能够大量繁衍。随后族人再通过食用这种神圣动物，来自我重塑、自我重生并巩固自己的内在本质。

我们先前曾指出，当人们需要敬畏世界秩序而非重塑它时，这种食用神圣动物的行为是渎圣之举，是一种禁忌。但是在这个例子中，氏族成员都化身为了神话时代的神灵。神灵们是不知禁忌为何物的，它们正是为了防止这类行为再次发生才将之确立为禁忌。实际上在表演仪式之前，仪式的祭司们已经通过奉行严格的斋戒与遵守重重禁令而封圣，一步步从世俗世界进入了神圣领域。他们变成了先祖，他们所佩戴的面具和配饰便代表着他们的变身。因此那些与他们具有同样神秘属性的动物或植物，他们便可以将之杀死并食用或采摘并吃掉了。通过这种方式，他们就实现了与那种赋予他们力量、赐予他们生命的原则之间的共融，并和这一原则一起都被注入了新的活力。随后，他们会把那刚刚被他们复生的动物或植物留给其他氏族的人，因为他们通过首先食用这种神圣的食物，已经祛除了其神圣性。换言之，他们虽然与这种神圣的食物是同质的，但需要定期品尝它们，因为这是一种焕发活力的食人行为，是一种强健体魄的食圣体之举。不过一旦尝过一口这种食物后，他们便不能再随意食用了，因为节日已经结束，秩序又被重新树立了起来。

繁育与成人仪式

与上述这种繁育（fécondité）仪式类似的，是那种旨在让年轻人进入成年人社会、让他们融入集体之中的仪式，这便是成人（initiation）仪式。后者与前者完全相同，且如同前者一样，根本上说就是让讲述物之起源或习俗制度之诞生的神话再现。

二者间的相似性是绝对的。繁育仪式确保自然的重生，而成人仪式则确保社会的重生。无论它们是同时进行还是分别举办，其目的都在于让神话般的过去变成当下与在场，从而让它对世界进行洗礼，使其重获新生。

在新几内亚名为玛约（Majo）的宗教仪式中，新人们会以一副新生儿的模样进入圣地：他们装作一无所知，假装不会使用任何器具，被给予食物也要表现得仿佛第一次见到一般。而为了把这些都教授给他们，作为先祖神明化身的表演者们会通过讲述神话故事，以神话中造物的顺序来给他们介绍每样东西。我们没什么更好的办法来明确区分，仪式的哪个节点意味着原初混沌的回归，而哪个时刻又代表着宇宙制度的具体建立：秩序的诞生绝非一蹴而就，而是按部就班实现的。

根据维尔兹（Paul Wirz）[184]的研究，在"玛约"仪式中繁育和成人仪式是一回事，二者的唯一区别在于其目的不同。实际上，社会与自然总是相伴而生，社会的新人和播撒在未开垦的土地里的种子是一样的。先祖们最初将伟大时代的怪物变成人类时，通过赋予它们性器官、生命之源与生育能力使它们变得完整。同理，成人仪式的作用是将新人们变成真正的男人，割礼便是**完善**其阴茎的方式。整个仪式一方面赋予他们以各种男子气概，尤其是勇猛与无敌，另一方面则赋予他们以生育的权利与能力。成人仪式会让新一代男人们成熟，就如为促进图腾物种的繁衍所进行的仪式会促进新一轮作物或新一批动物的生长一样。

---

[184] 保罗·维尔兹（1892—1955），俄裔瑞士人类学家。——译注

此外，在成人仪式中，新人们会了解部落的神话与神秘和神圣的遗产。他们会先旁观仪式表演，然后再亲自参与到表演之中，而仪式的成功举行将证明他们完美获得了成年人的属性。北美的各种仪式舞蹈统统与有魔力的赠礼相关，而这些赠礼本身则与那些解释祖先们如何获得它们的神秘故事紧密相连。了解这些故事并完成仪式舞蹈，意味着仪式参与者能够"拥有"譬如捕猎水獭必不可少的魔法鱼叉，以及能让死者复生的烈酒和可以远程攻击的烈火。博厄斯（Franz Boas）[185]写道，对夸夸嘉夸人来说，舞蹈无非是"戏剧性呈现某种神话的方式，这种神话所讲述的是对神灵的获取"，亦即对其所象征的赠礼的获取。

舞蹈是由神灵自己启示给新人的，而后者为了确保他的成人仪式顺利完成，会戴着象征着这祖先-守护神的面具与佩饰，将其教给他的舞蹈动作重复一遍。在跳舞的时候，他会扮成动物，以此作为神灵的化身，因为仪式的目的总是复刻神话时代，即创世者还未赋予事物以确定的形态之前的时代。神灵只会在冬季现身，即两段世俗劳作期的间隙，或日常时间之外。冬季便是节日与舞蹈的季节，在此期间，年轻人会成为神灵的化身，以此来获取后者分发的礼物，并通过与它们成为一体来获得它们所拥有的能力。

---

[185] 弗朗茨·博厄斯（1858—1942），德裔美国人类学家和语言学家，现代人类学的先驱之一，被称为"美国人类学之父"。——译注

另外在神话时代，两种仪式（成人和繁育仪式）是一回事。即便在二者区分最为显著的澳大利亚亦是如此，施特雷洛尤其确认了这一点。在当地，先祖们会和新人们一起走遍伟大场域，并一边教给他们那些自己创造万物或赋予万物稳定形态的仪式，一边表演给他们看。这样说来，先祖们并非通过某种"苍白"的仪式，而是通过直接的、有效的展示，通过自己创世之举的第一手馈赠来启蒙新人的。

时间记录的中断

从各个方面来看，节日最重要的目的是让原初时代重现，即寻回原始混沌并对其进行重新塑造。中国人认为，代表着混沌的囊在被闪电七次击穿后，得到了重塑。人的脸有七窍，圣人之心亦有七窍。而混沌之囊的化身则是一个"浑敦而无目"，既没有脸亦没有眼睛的浑人。因此在一场宴席结束之时，闪电将其击穿七次。葛兰言强调说，这并不是为了杀死它，而是为了让它重生，为了将它塑造成一种更高等的神灵。而射囊这种仪式则似乎与一种冬季节日相关，即长夜之饮。这一节日在每年的最后十二天举行，在此期间，人们会争先恐后地行过度之举。[186]

---

[186] 此处作者参考了葛兰言《中国文明》（版本同前），pp. 225-226，而葛兰言在其中的相关论述则主要延续他的另一汉学作品《古代中国的舞蹈与传说》（*Danses et légendes de la Chine ancienne*）中的研究。此处葛兰言所参考的文献主要为《山海经》《庄子》与《史记》。通过查阅这三部作品，译者在此逐一详述卡约瓦这段话背后所（转下页）

这个习俗非常普遍。节日便是重回那可以无拘无束进行创造的时代,即先于并催生了秩序、形态与禁忌的时代(这三个概念相互关联,且共同对立于混沌的概念)。节日的这个时间段

(接上页)涉及典故:首先,"囊"为中国古代神话中天山的山神帝江,出自《山海经·西山经》:"又西三百五十里,曰天山,多金玉,有青雄黄。英水出焉,而西南流注于汤谷。有神焉,其状如黄囊,赤如丹火,六足四翼,浑敦无面目,是识歌舞,实惟帝江也。"鲁迅的散文《阿长与〈山海经〉》中也曾提到过"袋子似的帝江"。而"混沌"或"浑沌"则是中国古代神话中的中央大帝,出自《庄子·内篇·应帝王第七》:"南海之帝为儵,北海之帝为忽,中央之帝为浑沌。儵与忽时相与遇于浑沌之地,浑沌待之甚善。儵与忽谋报浑沌之德,曰:'人皆有七窍以视听食息,此独无有,尝试凿之。'日凿一窍,七日而浑沌死。"由于庄子笔下的浑沌形似帝江,后人也认为二者实为同一个神,即外貌像皮囊、没有脸更没有七窍的神。这里的"混沌之囊",便是葛兰言将两个神话合二为一的产物。而"被闪电七次击穿"则源于儵忽二帝为浑沌凿七窍。所谓"闪电",即儵忽二帝。"儵忽",转瞬即逝之意。葛兰言在他的研究中,将二帝意译为闪电。其次,"圣人之心亦有七窍",来自比干丞相有七窍玲珑心的典故。《史记·殷本纪》中便记录了比干挖心的故事:"纣愈淫乱不止。微子数谏不听,乃与大师、少师谋,遂去。比干曰:'为人臣者,不得不以死争。'乃强谏纣。纣怒曰:'吾闻圣人心有七窍。'剖比干,观其心。"最后,"射囊"与"长夜之饮"均出自《史记》。前者在《殷本纪》中有提及:"帝武乙无道,为偶人,谓之天神。与之博,令人为行。天神不胜,乃僇辱之。为革囊,盛血,卬而射之,命曰'射天'。"同时也出现在《龟策列传》中:"(纣)杀人六畜,以韦为囊。囊盛其血,与人县而射之,与天帝争强。"后者则出现在《殷本纪》中:"(纣)大冣乐戏于沙丘,以酒为池,县肉为林,使男女倮相逐其间,为长夜之饮。"最后这两个典故,在《史记》中都是为了说明殷商两位帝王的残暴昏庸:帝武乙与帝辛(即纣王)箭射盛满鲜血的皮囊,是为了与上天争锋,因为天帝即为貌如皮囊的浑沌;而彻夜饮酒则是纣王在著名的酒池肉林中的享乐之举。葛兰言则将"射囊"与"长夜之饮"解读为古代中国的某种节日仪式。由于译者没有查到更多的资料,不知葛兰言是否参考了其他的中国古籍,因此不知道这是他的个人解读,还是真正存于中国历史中的仪式。
——译注

在历法上有其确切的位置。实际上，当人们以月亮的阴晴圆缺纪月、以地球绕太阳的公转纪年时，在一年到头之际便会多出十二天。它们被用以协调这两种记录时间的方式造成的时差。这些闰日不属于任何一个月或任何一年。它们处在时间的记录之外，且似乎正因如此而意味着伟大时代的周期性回归与重塑。[187]

这些额外的日子刚好对应于一整年，借用《梨俱吠陀》中论及古印度仲冬时节的那些神圣之日时所用的表述，它们即一年的"复制"。这十二天中的每一天都对应着一年十二个月中的每一个月，在前者中发生的事预示着后者中将会到来的事。此外，这十二天的名字与十二个月一样，顺序也一样。如果我们按照科利尼的凯尔特历（calendrier celtique de Coligny）那样，以两年半为一个周期算闰月，那么后者便有三十天，对应于十二个月重复两次半所盈余的天数。[188]

---

[187] 天文学中，纯粹以月亮绕地球一周的周期来纪月与纪年的历法被称为阴历，即太阴历，一年共十二个月，大约为 354 天；纯粹以地球绕太阳一周的周期来纪月与纪年的历法被称为阳历，即太阳历，一年共十二个月，大约为 365 天。现国际通行的公历即格里高利历便为阳历。中国传统农历实为阴阳历，阴历纪月，阳历纪年。但由于公历为阳历，所以中国人习惯将农历称为阴历，这是一种误称。伊斯兰历则为真正的阴历。——译注

[188] 科利尼历，出土于法国东部市镇科利尼的铜表历，形成时间约为公元 2 世纪。凯尔特人是对活跃在古代西欧有着共同文化和语言有亲缘关系的民族的统称，其出现时间约为公元前 1350 年，公元前 275 年时已经占据了西欧和中欧的大片地区，后逐渐被其他民族驱赶、消灭与同化。科利尼历为阴阳历，一年为十二个月，每五年闰两个月，两个闰月分别位于第一年的初始与第二年的中间。——译注

幽灵的现身

盈余的这段时间，无论其长短，都是此世与彼世交融的一段时期。化身为蒙面舞者的先祖或神灵会来到人间，让自然历史的进程戛然而止。它们会现身于澳大利亚的各种图腾节日中，也会出现在新喀里多尼亚的"皮拉舞"（pilou）[189]以及巴布亚和北美的各种成人仪式里。同时，死者的亡魂也会走出其冥府，闯入生者的世界。

这是因为，在岁末年初、新旧交替之时，宇宙秩序会被暂时中断，一切阻隔都不存在，已逝之人能够不受任何限制地去探望他们的后代子孙。在暹罗（Siam）[190]，一个地狱之人会在此时节打开深渊的大门，让死者可以在三天时间内重新回到阳光的沐浴之下。一个临时的享有真正至高无上君主特权的国王会暂管国家，与此同时，人们则会纵情于各种赌博（即充斥着风险与挥霍的行为，完全对立于通过劳动缓慢而可靠地积累财富的行为）。在爱斯基摩文化中，每到冬季节日之时，亡灵们便会附身于族群的成员，并以此确认族群的世代团结与延续。而后族人们再庄严地请它们回归冥府，好让族群生活的正常秩序得以恢复。

当节日并非集中于某一个时节，而是分散在全年之中时，

---

[189] 皮拉舞，卡纳克人的一种传统舞蹈。——译注
[190] 暹罗，泰国的旧称。暹罗自1939年起更名为"泰王国"，而本作成书之时暹罗仍未更名。——译注

我们依旧会发现在某段时间中，逝者可以自由穿梭于生者社会。随后，在这段一年一度允许他们归来的日子结束时，人们会通过一种具体的驱魔仪式，将他们遣返回其居所。在古罗马，每当固定的日期到来，人们便会抬起那封锁"世界"（mundus）[191]的石头：所谓"世界"，是帕拉蒂尼山（Mont Palatin）[192]上的一个洞，人们认为它是通向地狱的道路，是阴间世界的缩影，且如其名所示，是与生者世界截然相反、完全对称的彼岸世界。它同时既是对立于世俗领域的伟大场域的象征，又是连通二者的入口。在5月的三天里，亡灵们自由地游荡于城中。当三天期限到来，每个家庭的一家之主都会以吐蚕豆的方式将它们赶出自己的屋子，这样他和他的家人便得以在接下来的一年中不受其侵扰。逝者的归来日通常都在新旧交替之时：纵观整个欧洲，一般是在新年前夜即一年的最后一夜，幽灵、亡魂、鬼魅们可以自由横行于生者之间。

3. 淫乐的作用

因此，节日所构成的这种到处都充斥着混乱的间歇，实际上是世界秩序遭到中断的一段时间。这就是为什么在此期间，各种过度之举都是被允许的。人们要做的正是去违背法则，倒

---

[191] 原文为拉丁语。——译注
[192] 帕拉蒂尼山，古罗马城中的七座山丘之一，位于城市正中心。——译注

行逆施。在神话时代，时间的进程就是颠倒的：人生下来是老人，死去时则是孩童。在这样的情形下，两个原因让淫乐（débauche）与疯狂的行为成了应当去做的事：一方面，为了更加确定能够找回神话般的过去的存在条件，人们会想方设法去做与自己通常所行相反的事；另一方面，任何激情洋溢的举动都意味着活力的增长，这只会促进社会繁荣昌盛，加快那令人期盼已久的万象更新的到来。

这两个原因会促使人们去僭越禁忌并无所节制，去利用这段宇宙秩序中断的时间来违背规则而行其所禁止之事，来肆无忌惮地滥行其所允许之事。因此，在此期间一切保护自然与社会秩序良好运转的法规都会被统一践踏。然而，这些僭越行为依然构成了渎圣之举。那些先前的法则在经过它们的损害之后，必将变成最为神圣而不可侵犯的。因此，这些僭越行为乃是最严重的渎圣之举。

一般而言，一旦社会和世界的存在似已摇摇欲坠，并需要通过注入年轻而强大的活力来重获新生，我们便来到了时代变换的悲壮时刻。在这种情况下，当人们去行那些与闰日时节所行的放纵之举（licence）类似或一致的举动时，这没什么可大惊小怪的。此种做法的目的，正如我们在某个澳大利亚部落遭遇瘟疫时所观察到的，是去弥补灾难带来的后果；而在另一个部落中，当南极光这种被当地人视为会吞噬他们的天火出现时，老人们便会下令让众人交换妻女。

当宇宙的存在受到威胁时,土著人便会想要对其进行修复,关于这点我们确信不疑。譬如我们知道,当因收成不好而担心出现饥荒时,斐济人(Fidjien)便会进行一种被其称为"创造大地"的仪式。[193] 实际上,正因为大地初露枯竭之相,所以才必须让它重新焕发生机,让它重获新生,并将那窥伺着世界与人类的毁灭之力驱赶走。

国王之死时发生的社会性渎圣行为

当社会与自然的生命凝聚于国王的神圣之躯时,他的死会成为一个重大的时刻,因为这会让各种仪式性的放纵行为一发而不可收。这类放纵行为完全像是突如其来的灾难一样。渎圣之举是社会性的,它会损害皇家威严、等级秩序与权力。没有任何例子可以证明,被长期压抑的社会情绪,是由于政府的权威遭到了削弱或权力机关暂时失效才得以爆发,因为后者从来都没有对群众的狂热有过一丝一毫的抗拒:群众的狂热与他们对已逝君主的服从一样,都被视为是必不可少的。在三明治群岛(Îles Sandwich)[194] 上,当人们得知国王的死讯后,会做出各种在平常被视为犯罪行为的举动:他们会放火、劫掠与杀人,女性则必须公开卖淫。而根据博斯曼(Willem Bosman)的

---

[193] 斐济人,斐济群岛的原住民。斐济为位于南太平洋的群岛国家。——译注
[194] 三明治群岛,夏威夷群岛的旧称。——译注

记述，在几内亚（Guinée），[195]人们一旦知晓国王已死，"大家便会争先恐后地互相抢劫"，这种行为会一直持续到宣布继任者为止。

在斐济群岛，这种现象更加明显：首领之死便是劫掠的信号，从属部落们会入侵中央部落，在此大肆抢劫、大肆破坏。为了避免这种情况出现，后者通常会选择对首领的死讯保密。而当其他部落前来询问首领的生死，以求可以破坏与洗劫村落时，他们会被告知首领的尸体已经腐烂。这样他们就只好悻悻而归，但会依然保持顺从，因为他们已经错过了时机。

通过这个例子我们非常清楚地看到，放纵之举被允许的时段正是国王尸体腐烂分解的这段时间，即死亡的感染与污秽最为猛烈的时期，是它的毒性最为显著、最为强大、完全活跃并有极强传染性的时期。为此，社会必须通过展示其活力来保护自己不受死亡的侵害。只有当国王的尸体中那些腐烂的成分完全被清除掉之后，当其遗骸中只剩下一副坚硬、完好且无法腐败的骨架时，灾难才会结束。此时人们才会认为危险期已过，事物的正常秩序才能被重塑。守护者肉体分解的这段时期是一段充斥着不确定性与混乱的时期，而这段时期过后，新的统治才会开始。

---

[195] 威廉·博斯曼（1672—1703后），荷兰商人，曾供职于荷兰西印度公司，在西非的荷兰殖民地荷属几内亚长期工作和生活。几内亚，西非国家。这里所指的应为历史上的荷兰几内亚，又名"荷属黄金海岸"，指西非几内亚湾一带中的荷兰殖民地，实为现今西非国家加纳的一部分。——译注

其实，国王本质上就是一个守护者，其职责是维系秩序、尺度与法则，即所有那些会与他一起耗损、过时并衰亡的，所有那些会随着他身体健康的衰退而逐渐丧失力量与效用的原则。他的死会开启一段权力的空窗期，在此期间一种反向的效力，即混乱与放纵这样的原则会支配一切。这种反向的效力会催生社会动荡，而一个全新的、强大的秩序则会从这种动荡之中重生。

饮食与性方面的渎圣行为

同样地，在图腾社会中饮食和性方面的渎圣行为，其目的也是确保族群能够在一段新的时期内生存与繁衍。这些放纵之举与神圣动物的重生仪式以及年轻人进入成年人社会的仪式紧密相关。

事实上，这类仪式会开启一个新的生命周期，因此它们在各种不同的文明中都扮演着让时代改头换面的角色。在此期间，文明同样会退回混沌时代，退回那个宇宙与法则的存在都突然遭受动摇的时代。人们会违反那些在平日确保各项社会制度正常运行、确保世界稳步发展的，将允许之事与禁止之事严格区分开的禁忌。他们会捕杀或采摘并食用受到族群敬畏的动植物，而与饮食方面的罪行同时被犯下的，还有性方面的严重罪行：异族通婚之法会遭到僭越。

借助着舞蹈和夜色的遮掩，一个氏族的男性会无视血缘关系，与互补族群男性的妻子媾和。后者原是从前者的氏族嫁过来的，因此二者间的结合是禁忌。在瓦鲁芒加人的文化中，当乌鲁鲁胞族的族人庆贺其成人仪式时，等到夜晚来临，他们就会把自己的妻子带给金利利胞族的族人。我们还记得，前者节日仪式的所有准备工作都是后者做的。而此时后者便会同前者的妻子媾和，然而这些女性本来就是后者的同胞。通常情况下，这种乱伦式的结合会让人因恐惧和憎恶而战栗，犯了罪的人会因此遭到最严厉的惩罚。但是在节日期间，这样的结合不仅是被允许的，而且是必须的。

我们需要强调，这类渎圣之举同它们所违背的禁忌一样，都被视为是仪式性的、圣洁的。同禁忌一样，它们也属于**神圣**的范畴。根据莱恩哈特的记录，在"皮拉"这个新喀里多尼亚的盛大节日中，会出现一个戴着面具、行与所有法则相悖之事的人。他会做所有禁止对他人做的事。他戴着的面具象征着他是先祖的化身，而他也会模仿和重复这位神话中的圣人之行为，即"追求孕妇、颠覆正常的情感观念与社会观念"。

神话与乱伦

在节日中，人们要做的正是去重现先祖神明的那些传奇的行为，然而祖先们常行乱伦之事。

通常，神话中的第一对夫妇都是兄妹结合而成。在大洋洲、非洲和美洲的众多部落中，我们都能看到这样的例子。在埃及，天空之神努特（Nut）每晚都会和她的哥哥盖布（Keb）[196]，即大地之神同床共枕。在希腊，克罗诺斯和瑞亚（Rhéa）[197]也同样是姐弟。而在大洪水后重新繁育人类世界的丢卡利翁和皮拉（Pyrrha），虽然并非兄妹或姐弟，但至少也是堂亲或姨表亲，即根据异族通婚之法禁止结合的二人。甚至，乱伦本就代表着混沌：二者相辅相成，混沌便是神话中乱伦频发的时代，而乱伦则常常会引发宇宙的灾难。在非洲阿散蒂人（Achanti）[198]的文化中，如果一个男人和一个对他而言是禁忌的女人结合，并因此损害了宇宙秩序，却没有受到应有的惩罚，那么族群的猎人们就再也无法在林中打到任何猎物，庄稼会停止生长，女人会不再生育，氏族间的界限会变模糊，其本身也会消失："世界上便会只剩下一片混沌。"一位观察者明确地总结道。

在爱斯基摩人的文化中，混乱的性行为毫无疑问代表着神话时代的回归。人们会在冬至庆祝灯灭节时进行纵欲狂欢。在此期间，全体族人会同时熄灭部落的灯火，随后再同时点燃。他们以此来见证、确定并庆祝旧岁的逝去与新年的到来。大家会先交换妻子，然后在象征着混沌的一片黑暗之中，男女会在挨着冬屋墙壁摆放的宽宽的长凳下面媾和。有时候，我们还会知道这些临时的配对是根据什么样的原则进行的：譬如在阿拉

---

[196] 努特，古埃及神话九柱神之一，代表夜空与群星的女神。盖布，古埃及神话九柱神之一，为大地与生育之神。——译注
[197] 瑞亚，古希腊神话中泰坦十二神之一，时光女神。——译注
[198] 阿散蒂人，西非的原住民，主要生活在现今的加纳。——译注

斯加与坎伯兰湾（Cumberland Sound）[199]，一个戴着面具化身为女神赛娜（Sedna）[200]的仪式表演者，会根据男女的名字来给他们配对，因为他们的名字源自那些传说中的祖先们，所以他们的结合实际上是对相应的祖先们之间相互结合的模仿。因此，维系正常性行为的常规法则的消失，便意味着那已逝的创造力丰盈的时代短暂地重现。

有关乱伦的神话便是关于创造的神话。通常而言，它们解释了人类的起源。节日期间的乱伦会让媾和这种正常的繁育行为，兼具象征着伟大时代的那种禁忌之合的特质。在巴布亚的基瓦伊人（Kiwaï）和马林安宁人（Marind-Anim）[201]文化中，这类有着情色意味的行为尤其重要：它们都是对先祖创造农作物时所进行的那种行为的模仿。正如列维-布留尔所指出的，在节日中淫乐具有强大的灵效，因为它既有蛊惑人的魔力，又具有原初时代先民们的创造之力。

淫乱的价值

性行为本身便具有一种创造力。如通加人所言，它是**热的**，这即是说，它可以产生一种能量，以促进并激发自然之中蕴藏着的所有其他能量的增长。因此在节日这样的场合中，大量阳

---

[199] 坎伯兰湾，位于加拿大东北部巴芬岛的东南端，通拉布拉多海。——译注
[200] 赛娜，因纽特人神话中的海洋女神。——译注
[201] 基瓦伊人与马林安宁人，均为生活在新几内亚岛上的原住民。——译注

刚之气的泛滥有助于性行为所产生的能量进一步发挥作用，因为这种泛滥会唤醒宇宙之力并促其爆发。不过其他任何一种过度之举、任何一种淫乐行为也会具有同样的效果，产生同样的影响。确切而言，在节日中每一种淫乐行为都有着自己的作用。

维系世界正常运转但同时也会不断自我耗损的秩序，是建立在分寸与严明的法度之上的；与此类似，能够促进世界重生的混乱，则意味着种种过分与无法无天的行为。在中国，男女两性在公共与私人生活的方方面面，都被由一系列禁忌构成的一条延绵不断的界限所隔开。男女从不在一起劳作，且从事截然不同的工作。此外，属于一方的东西与属于另一方的东西之间，也不能有任何的接触。但是在节日之中，无论是在献祭、耕作仪式还是在熔铸金属之时，总之每当需要进行创造的时候，便需要男女共同出力。葛兰言写道："两性之间的协作在平日是渎圣之举，它只能发生于神圣的时段，而正因如此，它有着十分强大的灵效。"[202]因此，冬季节日的尾声一般都是一场纵欲狂欢，男女们会相互争斗、相互撕扯对方的衣服。[203]无疑，与其说这是为了裸露自己，不如说是为了抢夺对方的衣服来穿。

实际上，互换衣服本身就标志着混沌，象征着价值的颠倒。

---

[202] 原文出自葛兰言《中国文明》（版本同前），p. 176。葛兰言是在讨论先秦家庭与族群生活时提及这一习俗的，所举例子是牛郎织女的传说。——译注
[203] 此处作者参考了葛兰言《中国文明》（版本同前），p. 226。葛兰言是在论述先秦的民间冬季节日时提及这一习俗的。——译注

这种行为见于古巴比伦的萨瑟节（Sacées）[204]，也见于犹太人的普珥节（Purim）[205]，即对摩西之法的公然违反。此外，赫拉克勒斯（Hercule）和翁法勒（Omphale）相互换装的行为[206]，大概也应该被归在这类仪式之中。无论如何，古希腊阿尔戈斯的青年男女换装节名为hybristika，这就很能说明问题，因为hybris代表着对宇宙与社会秩序的损害[207]，意味着有失分寸的过度之举。根据一些文献的记载，这个概念是对半人马特征的描述。后者是神话中半人半兽的怪物，它们会抢女人、吃生肉。正如杜梅齐尔所指出的，它们由盟会中参加成人仪式的成员来扮演。这些人戴着面具，在新年到来时突然出现，并像那传说中的怪物一样，僭越所有的禁忌。

促进万物繁育的无度行为

万物的繁荣昌盛源自无度的行为（outrance）。节日不仅意

---

[204] 萨瑟节，根据狄德罗的《百科全书》（Encyclopédie）记载，这个节日类似古罗马的农神节。它持续五天，在这五天之中，奴隶可以命令其主人。每家每户都会有一个奴隶换上一身华贵的袍子，仿佛成为一家之主一般。而这个节日中的一个重要仪式，便是挑选一个死刑犯满足他的各种要求，让他在死前可以尽情享乐。——译注
[205] 普珥节，纪念和庆祝古代流落波斯帝国的犹太人从种族灭绝中幸存的节日，其中的一项习俗为男女换装。根据《圣经旧约·申命记》22：5的记载，摩西对以色列人说："妇女不可穿戴男子所穿戴的，男子也不可穿妇女的衣服，因为这样行都是耶和华你神所憎恶的。"——译注
[206] 在古希腊神话中，半人英雄赫拉克勒斯因犯杀人罪，成为吕底亚女王翁法勒的奴隶。他被要求穿上女人的衣服，做女人的工作；反之，女王则披上他的狮皮，手持他的橄榄木棒。——译注
[207] hybris是古希腊思想中的一个概念，意为"过分、出格"，通常指因为过分傲慢与自大而导致的过激情绪或行为。——译注

味着淫乱,还意味着暴饮暴食。"原始"节日一般都会经过长期筹备,所以也将这一特征体现得淋漓尽致。而在更先进的文明中,这一点依然得到了保留,这便相当值得我们注意了。在雅典的安赛斯特里昂节中,每个人都会被发一个酒囊,随后便开始了某种竞赛,谁先喝光酒囊里的酒谁就是优胜者。根据《塔木德》(Talmud)[208]的记录,每当庆祝普珥节时,人们都要不断地喝酒,一直喝到无法分清节日的两个特定的口号——"诅咒哈曼(Aman)"与"赞颂末底改(Mardochée)"[209]——为止。如果文献可信的话,在中国人们会把食物"堆得比山丘还要高",会挖一个池子倒满美酒:成堆的食物上面仿佛能够赛马车,一池美酒上面仿佛能行船。[210]

每个人都要尽可能地塞饱自己,把自己撑得像个鼓鼓囊囊的口袋。对传统节日的描述中所展现出的这种无度行为还包括另一方面,也是一种仪式性的过度之举:吹牛皮与说大话比赛,一个与浪费、献祭成堆的财物同时进行的竞赛。在日耳

---

[208]《塔木德》,犹太教宗教文献,主要记录犹太教的法律条文与传统习俗。——译注

[209] 哈曼和末底改,《圣经旧约·以斯帖记》中的两个主要人物。该书记录了犹太人流落波斯帝国的故事,其中哈曼作为帝国大臣,企图劝说亚哈随鲁王灭绝国内全体犹太人,而犹太人末底改则劝说同为犹太人的王后以斯帖,后者成功说服了国王,让他反而处死了哈曼。——译注

[210] 原文出自葛兰言《中国文明》(版本同前),p. 227,而后者的这段论述仍然是在说帝辛即纣王。如前文注释所涉"长夜之饮"一样,此处类似于"酒池肉林"的景象虽然被葛兰言描述为古代中国冬季节日的仪式,但译者所能查阅到的中国典籍却并没有如此记录,反而将之视为纣王残暴的佐证。——译注

曼、凯尔特以及其他一些民族的文化中，大排筵宴与饮酒作乐之时会举行吹牛比拼，这是众所周知的。其意义在于通过毫无节制地耗费谷仓里的粮食，并通过从语言上对这种行为添油加醋的描绘，来促进新一季作物的丰收。这种代价高昂的竞赛，其目的是决出一个敢于在这类似于与命运的赌局中下最大赌注的人，如此一来，收到这笔赌注的命运便必须连本带息地、百倍地偿还于人。

葛兰言在评述发生在中国的例子时总结道，每个人都想要获得"更多的报酬"，希望"未来的工作能带来更多的回报"。[211]而爱斯基摩人也打着同样的算盘。在祭奠赛娜的节日中进行的礼物的交换与分发，或是将幽灵遣返回冥府的仪式，都具有某种神秘的灵效。这些行为会为狩猎带来丰硕的收获。"没有慷慨的馈赠就不会获得好运"，莫斯如此强调道，并基于一项观察指出："礼物的交换会创造大量的财富。"现如今欧洲人尤其在新年时仍然会进行的交换礼物行为，还有着从这种所有社会财富大量流通的仪式中遗存下来的一点可怜的痕迹。在过去，这种财富流通的作用是在旧岁已逝、新年将至之时，让宇宙的存在重新焕发活力，让社会生活的凝聚力浴火重生。经济秩序、财富积累与尺度分寸决定着世俗生活的节奏，而挥霍行为与过度之举则奠定了节日的氛围。所谓节日，即世俗生活的间歇，亦是对神圣生活的颂扬，因为神圣生活需要穿插在世

---

[211] 原文出自葛兰言《中国文明》(版本同前)，p. 191。葛兰言是在论述先秦的民间冬季节日时提及这一习俗的。——译注

俗生活之中，以保后者的青春与健康。

同理，与劳作这种秩序井然、保证生活物资之积累的行为相对的，是节庆宴席这种狂热躁动、将财富消耗殆尽的行为。实际上，节日不仅包括毫无节制的吃喝与百无禁忌的性行为，也包括肆无忌惮的言语表达与肢体动作：围观群众与穿行于其中的游行队伍之间往来的叫喊、戏谑、咒骂与粗俗下流或亵渎神灵的玩笑[譬如在安赛斯特里昂节的第二天、勒纳节（Lénéennes）、厄琉息斯秘仪（Grands Mystères）、狂欢节与中世纪的傻人节[212]（fête des Fous）中]，女人们和男人们之间的相互攻击与嘲讽[譬如在亚该亚的培林尼（Pellana d'Achaïe）附近的米西亚得墨忒耳（Déméter Mysia）神殿[213]]，这些行为主要构成了言语表达方面的过度之举。

肢体动作同样不甘示弱，它们包括色情手势、暴力动作、装模作样或真刀真枪的打斗。通过下流地扭动身体，宝柏（Baubo）[214]不仅逗笑了得墨忒耳，还让大自然从一片死气沉

---

[212] 勒纳节，古雅典纪念酒神的节日。厄琉息斯秘仪，古希腊时期雅典西北部厄琉息斯一个秘密教派的年度入会仪式。傻人节，也称愚人节，中世纪欧洲流行于教会神职人员中的一个节日。——译注
[213] 亚该亚的培林尼，亚该亚为希腊伯罗奔尼撒半岛北部地区，培林尼则为古希腊时期亚该亚地区的一个城邦。米西亚得墨忒耳，得墨忒尔是古希腊神话中掌管农业的大地女神，在古希腊的不同地区有着不同的宗教意义与不同的称呼，米西亚为她在培林尼的称呼。——译注
[214] 宝柏，关于得墨忒尔的神话中的一个女性人物。传说得墨忒尔因为自己的女儿被绑架，终日闷闷不乐，因此大地也变得毫无生机，一片死气沉沉。一个叫作宝柏的女人，为了逗她开心，撩起自己的裙子露出下体。女神捧腹大笑，从抑郁中解脱，而大地也因此重获新生。——译注

沉之中苏醒，让其重获生机。在节日中，人们会一直跳舞直到精疲力竭，会不停地旋转直至晕头转向。很快，这种局面便会演变成暴力的场景。在瓦鲁芒加人的火焰祭典上，会有十二名仪式的参与者手持燃烧的火把。其中一人会把他的火把当作武器来攻击对面的人，而不久之后这种行为就会演变成一场大乱斗：火把噼啪作响着敲打在斗殴者们的头上，灼热的火星溅射到他们的身上。

对权力与圣洁的戏仿

若要将放纵无序的时期同法纪严明的时期区分开，光有僭越禁忌的无度的行为似乎是不够的，还需要做与法律准则所允许的行为截然相反之事才行。人们会想尽办法以与正常行为完全相反的方式行事。一切秩序的颠倒似乎才是回归混沌、回归那个变幻无常又混乱无度的时代最好的证明。

因此，若节日的目的是试图让世界的原初时代重现，譬如古希腊的克罗尼亚节（Kronia）[215]与古罗马的农神节（光是起这样的名字就很能说明问题），那么节日仪式中就一定包括对社会秩序的颠覆。奴隶们会在主人的餐桌上吃饭，会对他们颐指气使、冷嘲热讽；而主人们则会服务于奴隶，会对他们言听计从并忍受他们的辱骂与训斥。每一个家庭都会成为一个国家的缩影：奴隶们会承担起高级职务，扮演财主与执政官的角色，

---

[215] 克罗尼亚节，古希腊纪念克罗诺斯的节日。——译注

戏仿真正的当权者行使短暂的权力。在古巴比伦的萨瑟节当中，社会等级同样会被颠倒：在每个家庭之中，都会有一个奴隶穿戴得如同国王一般，在有限的时间内当家做主。而在整个国家的层面上，也会发生同样的事情。在古罗马，人们会选出一个临时国君，后者会在一天的时间限制内给他的臣民下达各种可笑的命令，比如让人驮着吹笛手绕着自家转圈。

通过一些资料我们可以猜测，在更早的时候，这种假国王的下场是悲惨的：他被允许肆意淫乐、无法无天，但在三十天之后，他会被处死在祭奠主宰之神萨图尔努斯的祭台上，因为在这段时间当中他正是后者的化身。当混沌之王死后，一切都会重归秩序之中，而真正的政府也会重新来统治一个秩序井然的宇宙世界。在罗德岛（Rhodes）[216]，每当克罗尼亚节结束时，人们都会选一个囚犯，先把他灌醉，然后将之献祭。在古巴比伦的萨瑟节中，人们会推举一个奴隶，让他在节日期间于城市中履行国王的职责，同时允许他享用后者的嫔妃，代替后者发号施令，好给民众树立一个狂欢与淫乱的榜样。但到最后，人们会将他绞死或钉死在十字架上。在每年常规权力退场的时期，都会出现这种假国王来扮成昏庸无道、荒淫无度的暴君，并最终被处死。也许友邻王（Nahusha）便属于这类假国王：他同样昏庸无道、荒淫无度，在因陀罗杀死弗栗多并逃到

---

[216] 罗德岛，爱琴海上的一个岛屿，是希腊所辖最东边的岛屿，为古希腊文明的发源地之一。——译注

"九十九条河之外"期间，统治着天界与地界[217]。也许密特津（Mithothyn）也属于这类假国王，当奥丁（Odin）通过自我流放以洗脱他因为妻子弗丽嘉（Frigga）而沾染上的污秽时，趁着奥丁不在，这位巫师便篡夺了其王位并统治宇宙[218]。一般来说，尤其是在印欧神话中，每当真正的众神之王因行使其权力而犯下罪行，从而离去进行赎罪时，便会出现一个临时的君主接替他的位子。

一切迹象表明，现代狂欢节便是农神节这类远古节日行将消逝的回响。实际上，每当狂欢节这段欢闹的时光结束时，人们都会将一个巨大的、五颜六色的、滑稽的国王——一个用硬纸板做成的假人——枪决、焚毁或溺死。这一仪式已经不再具有宗教价值了，之所以这样显然是因为，一旦一个假人取代真人成为受害者，仪式就有可能失去它用以修复耗损并促进繁荣的价值，即失去它清除过往污秽与创造新世界的双重意义，反之会变成某种戏仿（parodie）表演。其实，这种戏仿的痕迹在古罗马的节日中就已经很明显了，同时它也在中世纪的傻人节或愚人节（fête des Innocents）中起着关键的作用。

---

[217] 友邻王，古印度神话中的一个神祇，他曾取代因陀罗成为众神之王，统辖三界，但却狂妄自大而荒淫无度，甚至试图霸占因陀罗的妻子。传说因陀罗在杀死弗栗多时，后者在临死前发出震天动地的嘶吼，因陀罗因为害怕而逃到了九十九条河之外，也就是世界的尽头。——译注
[218] 密特津，北欧神话中的巫师。奥丁，北欧神话中的主神，弗丽嘉是他的正妻，为诸神之后。传说欧洲之神奥丁收到了北部王国送的礼物，是一尊他的金像。弗丽嘉很嫉妒，想尽办法把塑像上的金子取了下来据为己有。奥丁感到十分羞愧，于是自我流放。——译注

傻人节一般在圣诞节前后这段欢庆的时段举行，是低级神职人员的节日。他们会选举出一个教皇、一个主教或一个修道院院长，给他穿上奇装异服，让他掌权直至主显节（Épiphanie）[219]的夜晚。被选出来的教士要穿着女性服饰，用礼拜曲的曲调唱着下流、粗俗的副歌，在祭台上大吃大喝仿佛那是酒馆的餐桌，把磨损得所剩无几的旧鞋子在香炉里烧掉，一言以蔽之即放任自己去做任何可以想象得到的不雅行为。最后，教士们会用盛大的排场把一头披着华贵马甲的驴子牵到教堂里，然后所有人对着它进行弥撒。

在这种滑稽可笑的、亵渎神灵的戏仿背后，我们很容易就能看出那种一年一度推翻物的秩序的古老习俗。在诸圣婴孩殉道庆日（jour des Saints Innocents）[220]，于巴黎的圣母会大修道院中，修女和女学生间所进行的交换角色的游戏，也许更能体现出这种习俗：学生们会穿上修女们的衣服来授课，而与此同时她们的老师们则会坐在板凳上假装听课。在昂蒂布（Antibes）[221]的方济各会修道院中，庆祝这个节日的方式则是教士与平信徒之间互换角色：前者会到厨房和花园里工作，而后者则来给大家做弥撒。这些平信徒们会为此反穿着破旧的神

---

[219] 主显节，基督教节日，纪念耶稣基督降生为人后首次显露给外邦人即东方三贤士，为每年的1月6日。——译注
[220] 诸圣婴孩殉道庆日，基督教节日，纪念东方三贤士朝拜耶稣圣婴后，希律王为了除掉新生的犹太人君王，下令罗马军队屠杀伯利恒境内的所有两岁以下婴儿这个事件，为每年的12月28日。——译注
[221] 昂蒂布，法国东南部临海城市。——译注

职人员的服饰，并将圣书倒过来拿着朗读。

管控行为与违法行为

对这类晚近出现的节日，我们无疑不应该做过度解读，而只应将之视为人们在一个新的环境中，对某种颠倒一切的机制无意识的沿用。这一机制源自远古时代，在那时，人们每到新年都会强烈地感觉到，必须要做与日常时期之所为相反的事，或者必须要行过度之举。而我们从中继承下来的，似乎只有古人的仪式之基本原则，以及用一种戏谑的权力临时取代常规权力的想法。

不过，节日同时也是一个复杂的整体。它告别过去的一年，告别这段让社会饱经耗损的时光，同时也清除一切经济体系的运作所产生的废物，清除一切权力的行使所导致的污秽。此外，在节日中人们也会回归创造力丰盈的混沌时代，回归那种"原始而无序的混乱"（rudis indigestaque moles，原文为拉丁文），而有序的宇宙则正是诞生于这种混乱之中，并仍将不断于其中重生。这种原始混沌会开启一段人们肆意放纵而常规权力机构退场的时期。在越南东京，每当节日时分，象征司法权力的御玺就会被锁在一个盒子里，刻印的那一面冲下，以象征法律暂时沉睡。法庭会被关闭，所有罪行中只有谋杀罪会被追究，且对杀人犯的审判也会被推迟，直到法治恢复。在此期间，权力会由另一位王来掌管，他要僭越所有禁忌，放任自己去做一切过度之举，因为他就是黄金-混沌时代中那个神话君王的化身。大肆淫乐能够让世界重获新生，也会唤醒被死亡威胁的大自然中那让一切充满生机的力量。

当随后要重建秩序、重塑宇宙时，临时的国王便会被废黜、驱逐、献祭，这无疑让他更加近似于那远古时代混乱的象征者，即那个作为替罪羔羊被赶走或处死之人。回到人间的幽灵们会被重新遣返回地府，神灵与先祖的灵魂们也会离开人世。作为它们化身的舞者们则会将自己的面具埋葬，并洗掉脸上的五彩。男女之间的界限会被重新树立起来，性与饮食方面的禁忌也会重新生效。

当一切的重塑完成后，那种用以振奋人心的僭越之力必须让位于守序与顺从之心，让位于奠定一段平稳时光的畏惧之情，让位于一切维系与守护秩序的东西。狂热过后，随之而来的是劳作；无度之举过后，随之而来的是敬畏之心。那种用以管控（régulation）并通过禁忌来维护神圣的行为，会有序地组织和维持那个通过违反法律（infraction）、僭越神圣的行为所创造出的新世界。这两种行为中，一种主宰着社会生活的正常进程，而另一种则主宰着其高潮（paroxysme）阶段。

耗费与高潮

实际上，若以一种全面的眼光来看待节日，那么它应当被定义为社会运转的高潮期。它既会净化社会，又会促其重生。它不仅是宗教意义上社会情绪积聚的极点，还是经济学意义上社会资源累积的顶点。它是财富流通的时刻，是进行最重要交易的时刻，也是通过分发积攒起来的财富而获取社会声望的时刻。它是彰显集体的荣耀，让集体之存在浴火重生的总体现象：在节日期间，族群会喜迎新生命的降生，这既预示着其繁荣昌盛，又保障了其未来发展；另一方面它还会通过成人仪式赐予新成员以活力，并将他们吸纳为自己的一部分；此外它还会告别逝者，并庄严地向他们承诺自己的忠诚之心。与此同时，在等级社会中，节日会让不同社会阶级相互趋近、亲如兄弟；而在胞族社会中，节日则会让互补与对立的族群相互融合、团结一致，并让它们各自所代表的，在常规时期小心不要混合在一起的那些神秘原则结合在一起，以共同创造世界与万物。

一位卡纳克人解释说："我们节日的作用和缝锥的功能是一样的，它用以将茅草屋顶棚的各个部分缝合在一起，从而形成一个完整的屋顶，完整得就像'屋顶'这个词本身一样，是不可分割的一个整体。"对于这一声明，莱恩哈特随即做出如此评价："正因为这样，卡纳克社会的顶点并非某种等级制度中的首领，而是'皮拉'这一节日：在此时刻，各个同盟氏族会融合为一体，并借助着仪式发言与宗教舞蹈，共同赞颂那些作为生命之源、权力之因、社会存在之基础的神明、图腾与不可见的灵物们。"而事实上，当这些劳民伤财、耗费巨大的节日因殖民活动的影响而遭到终止后，卡纳克人的社会便失去了其纽带并因此而分崩离析。

正如我们所想的一样，世界各地的节日多种多样各不相同，且事实也确实如此。不过无论是集中于某一时节还是分散在全年当中,它们都似乎有着相似的作用。它们让人类暂时摆脱劳动的义务,让其从自身状态的限制与束缚中暂时解脱:节日便是让我们生活在神话与梦幻中的时刻。身处节日这段时光、这种状态之中时,我们唯一要做的便是去耗费(dépense)与自我耗费。获取不再是我们行事的动机,反之人人都要挥霍,都要争相浪费自己的财物与粮食,挥洒自己的性欲与身体能量。然而社会在发展的过程中,似乎变得越来越无差化、均质化,它的不同状态似乎在趋于同一,而它充满张力的时刻似乎也越来越少。随着社会有机体变得愈加复杂,它也越来越少允许正常生活进程被中断。一切都必须日复一日地重复下去,今日同昨日,明日同今日。

社会性的狂欢喧闹变得不再可能,它不再于固定的日期发生,也不再具有宏大的规模。它仿佛在日历翻篇中逐渐稀释,在必然的单调与规律生活中逐渐消失。如此一来,节日便被假期所取代。诚然,在假期这段时间中,人们依然会耗费、会自由活动、会暂停规律的工作生活。然而,这只是一段放松的时期,而非高潮的阶段。二者的意义完全是相反的:在前者中,每个人都各行其是,每个东西都各安其位;而在后者中,一切人与物都被汇聚于同一点。因此假期[222](顾名思义)看起来是

---

[222] 在法语中,假期一词为 vacances,其单数形式 vacance 意为"空缺、空洞",譬如职位的空缺、权力的真空都是用这个词来表达。——译注

空洞的，至少是对社会活动的一种放缓。同样地，它也无法让个人得到满足。它没有任何积极意义。它之所以能带来幸福感，主要是因为它可以转移注意力从而让人远离自己的烦恼，因为它可以将人从种种义务中解脱出来。所谓去度假，首先意味着摆脱烦恼，享受"应得的"休憩。此外这还意味着远离群体，而非在其情绪高昂、欢欣鼓舞的时刻与之融合。因此，若节日是集体存在能量泛滥的时期，那么假期则是它能量干涸的阶段。

于是我们便要思忖，究竟何种情绪与能量的酝酿才能和节日相媲美，以最终释放那些被必然的、有序的生活所压抑的个体本能，并同时引发具有同等规模的那种群情激昂。如此看来，随着组织完善的国家诞生，以及其结构愈发清晰而严密，古代的那种宴饮与劳作之间，放纵与自持之间的更迭轮替（是这种轮替周期性地让秩序从混沌中重生，让财富从耗费中重生，让稳定从混乱中重生）被另一种完全不同的更迭轮替（在现代世界中，只有这种轮替还保有与古代那种更迭类似的程度与特征）所取代：即和平与战争之间、繁荣与对繁荣发展之成果的毁灭之间、因管控而产生的安宁与必然会出现的暴力之间的更迭轮替。[223]

---

[223] 参见附录之三：《战争与神圣》。——原注

第五章　神圣，奠定生命的基石与通向死亡的大门

社会与自然应当建立在对宇宙秩序的维系之上，后者由重重禁忌守护着，它们既保证着各种制度的完整性，又保证着各种现象的规律性。任何看似会确保这些制度与现象维持正常与稳定状态的东西，都被视作是圣洁的。而任何看似会危害其正常与稳定状态的东西，则都被视作是渎圣的。混合与过度、创新与变革都会让人畏惧，因为它们都会引发耗损与破坏。各种各样的仪式则会修复它们带来的损害，即通过中和那只因它们侵入到世界中，爆发于其中——这个世界只求延续其存在、只求保持一成不变——便产生的危险、有害之力，来重塑被它们扰乱的秩序并让它们自己也被这一秩序所接纳。因此，具有凝聚之力的神圣与具有分解之力的神圣是水火不容的，前者维系着世俗世界并促其永续，而后者则一方面威胁与动摇着它，另一方面却会不断让它重获新生，拯救它于缓慢的衰亡之中。

构成凝聚力与安定感的东西，是由牺牲与克己行为所孕育出的；反之，促进力量或快感增强的东西，一切彰显生命之力

的东西，则都意味着危机与**风险**。不冒死便不可生，不走出人的存在便不能进入万物流变。如果想要将神圣的两极对立，将它这种时而起抑制作用时而起刺激作用的特征所展现出的世界的概念，用抽象的方式表达出来，那么我们就要将宇宙（以及宇宙万物）描述为阻力与努力的结合体。一方面，诸禁忌保护着世界的秩序并防止着过度之举发生。它们象征着一种谦恭之态，代表着一种有益的依赖感。另一方面，一旦认识到阻碍便会激发能够冲破阻碍的能量。顺从之中孕育着桀骜不驯与奋起反抗，静是动之母，对财富与能量毫无意义地贮藏，也会激发对其富有成效地消费：这种消费当然会将之摧毁，但也会因此而促其重生。**如果种子不死……**[224]

消极之力与积极之力

神话常常会通过某种形式表现出神圣之中这两种相互对立的元素，它们看起来分别会将人引向消极状态与积极状态。譬如，卡纳克人在图腾与神灵之间做出的区分，就似乎体现着这两种元素的对立。前者对生活起到调控作用。人们为了满足图腾对自己的要求，才会遵守禁忌，才会屈从于某种必要的纪律。人们通过遵守纪律努力想要获得的，是对共同繁荣的良好

---

[224] "如果种子不死"（Si le grain ne meurt）化用了《圣经新约·约翰福音》12：24中耶稣的箴言："我实实在在地告诉你们，一粒麦子不落在地里死了，仍旧是一粒。若是死了，就结出许多子粒来。"借用箴言作者意在表明将财富消耗殆尽会促进人类创造更多财富。——译注

管理,是对自然与社会的完美维系,也是生命之力的和谐永续。因此,图腾归属于母系血脉:年长的舅辈们守护着它们,防止它们遭受任何破坏,同时制止其甥辈们的那些莽撞的冲动与危险的行为,这类冲动与行为是后者不断确认自我价值、获取声望的手段。

反之,对于那些难以忍受其母系血脉对他们的束缚,让他们处处谨小慎微的甥辈们来说,诸神与先祖英雄们则是他们的光荣典范,因为后者令他们信赖,会支持并为他们的野心正名,且其流传于神话中那种崇高的、振奋人心的命运预示着他们自己的现实命运。从某种意义上说,图腾便是规则与界限的守护者,而神灵则驱使人去僭越这些规则与界限。一方面是去维护,另一方面是去触犯,一方面是由图腾所树立起的种种障碍,另一方面是以神灵为榜样的攻克障碍之举。在这二者的共同作用下,卡纳克人的社会才能够免于无序与死亡的双重威胁,既避免陷入混沌而无意义的动荡纷乱之中,又避免陷入近乎停滞不前的死气沉沉之中。

与这种神话层面的对立相呼应的,是性与社会层面的对立。曾有一位土著人如此说道:"众神代表着男人,而图腾则源自女人。"莱恩哈特就很好地阐明了这句话的意义。他指出,权力会诱惑年轻的部族首领们,促使他们不将其母系亲属的权威与尊严当回事,从而在社会集体存在的两极(其中一极为那些确保血脉传承的年长的舅辈,而另一极则是他们那巴不得获得权力、做出改变的甥辈)之间造成一种永恒的冲突对立。他写道:"一边是生命,它维系着遵守生命准则的必要性;反之另一边则是权力,它代表着力量与财富对人的好处。"

审慎与果敢、故步自封与冒险精神之间的这种对立性,是社会集体存在的一个方面,尤其反映在个体领会神圣的方式当中。有时候,这种对立冲突只会被人的意识投射到神话与传说之中;有时候,它却存在于现实里,体现为一种对实际主导权力的竞争。马达加斯加有句格言是这样说的:"舅舅死于外甥的长矛之下。"如果我们恰当地阐释这句话,那么它不仅表现了年长者与年轻人之间时有发生的竞争,还展现了社会静态机制和动态机制之间的对立,即维系社会存在的因素与驱使社会耗费其生命的因素之间的对抗。

同样地,在古希腊神话中,我们从"命运"(moira)[225]这一概念,即一种客观的、随机的、公正的命运法则之概念中,辨认出了神圣的消极因素,而与之相冲突的则是由英雄或神明的意志所代表的积极因素。这些英雄或神明们能够"修正"命运,扭转天命。比如在《伊利亚特》中,当萨尔佩冬(Sarpédon)将死之时,宙斯本可以来改变他儿子的命运,只不过这种僭越之举的危害实在太过严重,就连万神之王也不敢承担责任。[226]一旦将自己的任性之举凌驾于宇宙秩序之上,他便

---

[225] 原文为古希腊语。——译注
[226] 萨尔佩冬,宙斯的一个儿子。在《伊利亚特》中,他帮助特洛伊抵抗希腊联军的进攻,最后战死。在他临死之前,宙斯曾想下界救他,但被天后赫拉阻止,因为一旦他开了这个先例,那么诸神就都可以下界参与到特洛伊战争之中了。——译注

会为混乱者和反叛者树立起一个榜样,便会开启一个可怕的先例,让每位神灵乃至于每个凡人都能随心所欲地满足自己心血来潮的冲动,满足其本能的愿望。

在宇宙秩序的统一性面前,诸神代表着个体性的原则。他们都有各自的性格,都象征着某种类型的人:年轻人们会将自己视为阿波罗这样年轻的神灵,处女们会以阿尔忒弥斯自比,而妻子们则会在赫拉身上找到认同。不仅不同年龄和性别之人都有各自的神圣守护神,而且不同种姓、社会阶层与行业之人也有。战士们拥有因陀罗这个神圣守护者,铁匠们则拥有赫淮斯托斯(Héphaïstos)[227]。

世界的秩序意味着种种对人进行限制的障碍,而诸神与英雄们则会鼓动人类去跨越这些障碍。前者会阻碍人们的行动,而后者则会促使人们去创造业绩。二者轮流主宰着社会,前者于社会平稳运转期间,即劳作时期,而后者于社会运转的高潮阶段,即节日时期(或战争时期)。过剩的活力、迷醉、暴力、迷狂、宴饮和狂欢,以及挥霍和各种赌博,在平稳时期是被严格禁止的,因为它们会让人不把力气用在集体劳作上,不把心思放在公共追求上,不把财富用在共同富裕上。但是,反之在社会的危机时期,这类行为会得到认可,且会成为一种振奋人心的共融方式。这种共融会给人带来焕然一新的感觉,给社会带来浴火重生的感觉,且因此也确实会让人焕然一新,让社会浴

---

[227] 赫淮斯托斯,古希腊神话中的火神和匠神。——译注

火重生，因为在这种情况下，感觉总是先于现实并孕育现实。

神圣的内化

然而，从文明诞生起，随着分工的出现，尤其随着城邦与国家的诞生，节日便逐渐失去了其重要性。它们的规模越来越有限，也越来越少呈现出过去那种通过群情激昂让社会制度暂时完全失灵、让整个宇宙秩序都遭到动摇的总体特征。形态复杂的社会是不能允许其连续不断的运转被中断的。于是我们便眼看着社会在其平稳时期与高潮阶段之间的更迭，在其资源分散时期与集中阶段之间的轮回，在其活动受到管控时期与不受约束阶段之间的交替逐渐消失，而这种更迭、轮回与交替是集体生活还未高度分化之时社会运行的节奏。我们可以暂停私人劳作，但社会公共服务却不会有丝毫的停滞。那种全面的混乱状态已经不再被允许了，我们至多只能营造一个混乱的假象。

社会存在总体上越来越统一化，它越来越将其能量泛滥与干涸这两种状态集中于一种固定的、均质的表现形式中。在诸多方面维系世俗生活都变得非常必要，以至于那种所有人同时进入神圣领域之中的现象越来越不被接受与允许。因此神圣本身也逐渐崩溃解体，成了某些以半地下方式存在的个别教派所关心的问题，即便在最好的情况下，也只是某类特定群体所关心的问题。这类群体通常会低调地举行其仪式，虽然长期保持着官方或半官方身份，但其与国家实体之间的这种分离迟早会以宗教与世俗分离的形式被正式确认下来。至此，教会便不再同世俗政权有任何瓜葛，宗教领域和民族疆土也不再是一回事。

很快，宗教便不再依赖于集体，而只依靠个人了。它是普世性的，但因此也是个体性的。它会通过将个人单独置于神的面前而将之孤立起来，且与这个神交流的方式也渐渐不再是宗教仪式，而是造物对造物主的私密情感宣泄。神圣因此内化了，只会牵涉人的灵魂。我们看到神秘性在宗教中发挥着越来越强的作用，而崇拜则越来越可有可无。当神圣逐渐变得不再是一种客观表现，而是一种纯粹的良心态度时，当它不再意味着仪式典礼而意味着内在举止时，从这一刻起，任何外在标准似乎就都失去了价值。在这种情况下，我们便可以在严格的宗教领域之外来使用神圣这个词了，譬如用它指代那种让人们展现出自己最好的一面的东西，那种被人们视为有最高价值的东西，那种受人景仰的东西，或那种人们在必要时可以为之献出生命的东西。

这种态度便成了关键，成了试金石，对于非宗教人士而言，它可以用来区分神圣与世俗。所谓神圣，即那些能够让人暂停其常规行为来面对的人、物或思想，那种他不容置辩、不许嘲弄与玩笑的东西，那种他无论付出何种代价都不会抛弃与背叛的东西。神圣在情人眼里，是他所爱慕的女子；在艺术家或学者眼里，是他所追求的作品；在守财奴眼里，是他所聚敛的金银财富；在爱国者眼里，是国家的福祉、民族的存亡与领土的守卫；在革命者眼里，是革命。

除了通过区别它们各自应用的对象，我们是无法将这种非信徒对待神圣的态度同信徒面对其信仰时的态度区分开的：二者同样要求人们克己，同样意味着人们要无条件地投入自我，同样意味着禁欲，也同样意味着牺牲精神。当然我们可以赋予它们以不同的价值，但这就完全是另一个问题了。我们只需指出，二者都是对某种神圣元素的认可，这样就足够了。人们对这种神圣元素充满热忱与虔诚之情，且会避免谈及甚至努力将之掩藏，因为他们怕它会遭到无关紧要之人或敌人，即那些对它完全没有丝毫敬畏之心之人的亵渎（比如侮辱、嘲弄或哪怕仅仅是批评指摘）。

这种元素的存在，会让人为了它而在生活的日常进程当中舍弃一些东西，并做好准备在危机时刻为其牺牲性命。除它之外的所有东西都是世俗的，这些世俗之物我们用起来不会有太多的顾虑，我们会对其进行褒贬、评判、质疑，会将之当作手段而非目的。某些人会认为保全性命、保全财产就意味着全部，因此在这类人眼中似乎一切都是世俗的，他们会在其能力范围内用最随意的方式来对待所有事。显然，支配他们的是利益或眼前的快乐。仅对这些人而言，神圣很明显不以任何形式存在。

择一崇高目标并为之献身

相反，每一个全心全意信奉某个原则并以此规范自我行为的人，都会在其周围重新营造出某种神圣感。这种神圣感会激起某种特殊的，甚至可以说具有宗教性质的强烈情绪，譬如迷醉、狂热或神秘主义；而在社会层面，则会或直接或间接地催生出某些教义与仪式，催生出某种神话或崇拜。如果要举出一些当今世界存在的现象作为例证，那么凯旋门下的无名烈士墓（tombeau du Soldat Inconnu）[228]上那每日都被仪式性点燃的长明之火，便是世俗仪式的范例。而政党领袖要求其成员全身心服从时所显露出的那种亲密之态，便是世俗神秘主义的典范。

总体而言，那些被人完全信奉的、不允许被丝毫质疑的各种价值，都拥有各自的崇拜者与卫道士，对其他笃信这些价值之人来说，这类人是他们的典范。这样的崇拜者与卫道士既可以是真实人物，也可以是虚构人物，当然大多数情况是从历史中走出来的人物。与其说由他们的事迹衍生出某一神话主题，不如说正是他们确立了这个神话主题。这类人的生平对后世而言既是一种教诲，又是一种榜样。讲述这些人之生与死的故事既会激励每位后人，又会促使他在内心深处去认同他们，甚至在必要时去模仿他们。

我们既无法追溯神圣之历史的主线，又无力分析神圣在当今文明中的呈现形式。至多我们能指出，神圣似乎变得越来越抽象、内化与主观了。渐渐地，它不再依附于某些生灵，而是依附于某些概念；不再依附于行为，而是依附于意图；不再依

---

[228] 无名烈士墓，设立于1920年11月11日，其中埋葬着一位于一战中为法国捐躯的士兵遗体，以此来纪念历史上所有为法国捐躯的烈士。长明之火则于1923年设立。——译注

附于外在表现形式,而是依附于精神活动。这种发展显然与人类历史上那些具有最深远意义的现象紧密相关:个体的解放,其智力自主与道德自主的发展,最后还有科学理想的进步,即一种敌视神秘之态度的进步。这种态度要求人们保持一贯的怀疑精神,自觉减少自己的敬畏之心。因为它将一切都当作知识的对象,当作经验的内容,所以它也会让人将一切都视为世俗的,将一切都视为逻辑推演的结果,当然也许除了这种强烈的求知欲本身。

此外可以肯定的是,这些为神圣所创造出的新的条件,也让其以新的形式呈现出来。因此神圣便进入伦理层面,将诸如诚实、忠诚、正义、敬畏真理或遵守诺言这类观念转变为绝对的价值。根本上说,一切都变得好像我们只需将这些伦理观念视作某种崇高目标并为之奉献生命——即为之付出时间与精力,以之为自己的关切与抱负,并在必要时为之牺牲自己的肉体存在——就足以让代表它们的某个事物、某项事业或某个人神圣化。

因此很显然我们赋予这些伦理观念某些神奇的价值,因为我们表现出,我们会为了它们而放弃那些通常最受人重视、让人无休止地追求并想方设法保有的财物与利益。在这个意义上,神圣与世俗之间的区分似乎不再涉及世界的秩序这一概念,不再涉及世界衰亡与重生的循环运动,也不再涉及那些中性和无生命之物与那些或赋予这些物体活力或将之摧毁,或赐予或剥夺它们生命的能量这二者之间的对立。这一切都没能经受住社会生活的变迁，而正是这种变迁让个体越来越独立，即将之从各种精神束缚中解脱出来并确保他独立于他人而存在。然而，只要个体解放还不完全，神圣就会残存。这即是说，每当某种价值作为一种存在理由根植于群体乃至个体之中时，这种价值就成了神圣继续存在的载体，因为它会迅速变成群体与个体的力量之源，变成能量的辐射中心。

因此，神圣依然是让人崇敬、畏惧与信任的东西。它会激发力量，但也会约束人的存在。它似乎总是那种会将人同他的同类区分开来的东西，亦即它会让人远离庸俗的追求，会让他无惧那些让大部分人望而却步的困难与危险，会将他带入到一个严酷的世界之中，一个其他人会本能地躲避但同时又会被深深吸引的世界。这个世界的规则不再是努力维系某些已经获得的地位，或者永久维持某种状态。在这个世界中，稳定性不再被视作是至高的善，节制、审慎与遵守既定习俗不再被视为至上的品德，安然自得、良好的声望与荣誉也不再被视为是最令人向往的种种好处。

事实上，世俗的态度总是意味着某种放弃。它对人来说是一种制约，不让他完全实现自己的欲望与意志。它会阻止人肆意挥霍自己的心智，提醒他提防自己那些危险的、毁灭性的本能，那些促使他去无度耗费自我的本能。同时，它也会因此而让那些永不满足的英雄们——譬如浮士德与唐璜这种敢于承担巨大的风险，不畏地狱之力乃至与之订立盟誓之人——拥有荣耀的光环。这些神话人物们代表着命运，在人们的想象中是伟岸与沉沦并存之境遇的具体象征，对那些僭越禁忌并在情感、智力与意志方面毫不克制之人来说尤其如此。这些受诅咒之人正是因其无畏而迷失了方向。当他们去满足自己那无法平息的享受欲（libido sentiendi）、求知欲（libido sciendi）与统治欲（libido dominandi）[229]——圣保罗所谴责的三大欲念——时，他们所剩下的就是那因不向任何神与人的限制低头而获得的荣光了。

禁忌与这三大贪欲并不完全对立，因为它只是某种阻碍，只因人们敢于挑战它而存在。真正与这三大欲望相对立的，真正与之旗鼓相当的，是那种与其完全相反的欲望，即背弃圣洁，欣然接受纯洁、无知与顺从的状态，毫无享受、占有、攫取任何东西的欲望甚至没有欲望本身，情愿给予而非索取。因此我们便发现，神圣根本的矛盾性转化成了两极，以脱离了任何仪式与外在表现形式的方式，出现在以维系秩序与法则为原则的世俗领域的两边。一边是为了欲念而亵渎法则的因而令人惧怕的世界，一边则是因恪守法则、放弃种种欲念而受到保佑的世界。二者同样因为对世俗常态的藐视而获得了神圣性，同样因为一种永不满足之感而被封圣，而这种不满足感只有在至福极乐或万劫不复之中才会被平息。

---

[229] 原文为拉丁语，出自圣奥古斯丁的《上帝之城》。——译注

延续与命运

在结束这部作品时勾勒出一种关于神圣的形而上学，这也许不太合适。不过通过这一形而上学我们至少可以指出，神圣与世俗的对立是多么与宇宙的法则相契合。这种法则为了让宇宙拥有未来发展与过去历史，为了赋存在以生命，同时创造出了稳定与变化、静止与运动、重力与动力、物质与能量。

在此，这种对立性要比对立的内容更加重要。这即是说，对立的两极——既相斥又相吸的两极——之间所形成的团结协作关系，要比我们设想抑或不再设想这两极的方式更加有意义。因此，通过各种各样的呈现形式我们能看到，世界的延续性似乎来自阻力与动力，来自这永远无法被截然分开的两极之间的结合。万事万物都无法毫无耗损、毫无衰亡地延续下去，无法栖身于其存在之中永久保持静止不动。如果想做到这样，那就只能暂停存活于世，就像某些童话故事中的"沉睡者"一般：当周围的人与物在时光流逝中不断衰老与变换之时，他因长眠于一场神奇的睡梦之中而不受时光流逝的影响；当他苏醒时自己没有任何改变，可却再也认不出周身的世界了。与此同时，万事万物也无法时刻处在变化之中，纯粹耗费着自我，不停地运动，因为这样必然会让人倦怠，令人伤痕累累，使人反而想念毁灭，渴望那种将胜利的喜悦全部带走的疲乏与死亡。

在有机乃至无机世界中，我们不难发现这种生与死的结合，这种试图让一切动力失效的阻力与试图消灭一切阻力的动力——可是一旦成功，动力也会随之消逝，因为它在不断增强的同时，也会让一种制约它的力量不断增长——之间的结合。这样的一种机制，生物学、化学和物理学的定律在存在的不同层面与维度提供了许许多多的例证，想要多少就有多少。在此情形下我们便会发现，我们可以将这种机制当作理解神圣静力学与动力学主要问题的关键。而在本作中，我们已经明确提到过这类问题并对其进行了相应研究。

世俗应当被定义为对一种平衡状态，对一种中间状态不懈的追求。所谓平衡或中间状态，即那种让人活在恐惧与审慎之中、永不逾矩的状态。在此状态下，人们会满足于一种金玉其外的平庸。这种平庸体现着两股互斥之力之间并不稳定的平衡，它们只是因为相互抵消与中和才能维持宇宙的延续。而出离这种风平浪静、这种相对平静的状态——所谓相对平静，是因为此处比别处更加稳定与安全——便等同于进入神圣的世界。在此，人们必然会陷入一种严酷的环境之中，即无论他采用何种生存方式都意味着自己必须有所行动。这即是说从这一刻起，他就已经决定要走向毁灭了，无论他选择的是一条通过遁世而被动接近神圣的道路还是一条通过征服而主动接近神圣的道路，无论他想成为圣人还是巫师，无论他会努力熄灭自己身上那燃烧着的生命之火还是会毫无保留地让自己被这种热情吞噬。

生命的准则与**神圣**的纯粹能量通过相互混合在一起而维系

着存在（无机物、有机体、意识或社会）。当存在同时追寻这二者之时，它便被悬置在这二者之间。若要理解这一点，我们就需要去读一读亚维拉的圣女大德兰（sainte Thérèse d'Avila）[230]描述自己神魂超拔体验的故事。如果我们刻意回避掉那些过于具体的基督教论述，我们就会发现圣女的私密自白是多么完美地展现了这个悖论，即接触神圣会导致自我在痛苦中挣扎：一方面她陶醉在一种可以永久陷入空虚的完满之中的希冀里，而另一方面她又被一种滞重感所困，因为世俗会让任何通向神圣的运动变得步履沉重，而大德兰自己也将这种滞重感归于其自我保存的本能。人追求神圣便是通过死亡寻求永生，而这种滞重感则会将人束缚在其生命存在之中。因此，这种滞重感便完全对应于神圣对世俗所施加的那种巨大吸引力，那种让世俗之人放弃他的生命延续而纵身一跃到那转瞬即逝并燃尽自我的荣耀之中的吸引力。

神圣既会赋予生命又会将它夺走，既是生命之水的源泉，亦是生命长河行将消逝于汪洋之中的入海口。当我们拥有生命

---

[230] 亚维拉的圣女大德兰（1515—1582），西班牙天主教神秘主义者、加尔默罗会修女、天主教圣人。"神魂超拔"是她在个人自传中描述的一段自己所经历的超现实体验，一段与上帝共融的体验：她看到一位天使将黄金长矛反复刺穿她的身体，让她感到极度疼痛，但疼痛的同时她又感到无比喜悦与幸福，因为她沉浸在了上帝的爱之中。这个故事在基督密宗中流传广远，意大利著名的巴洛克艺术家贝尼尼将天使把长矛刺向圣女的一幕做成了雕塑，名为《圣女大德兰的神魂超拔》。这一雕塑是巴洛克艺术最杰出的代表作之一，享有盛誉，现存于罗马的胜利之后圣母堂。——译注

时，便无论如何都无法同时完全拥有神圣。生命意味着耗损与衰亡。为了更好地自我保存，它会努力去维系自我存在并抗拒任何耗费，但这都是徒劳的。窥伺着它的是死亡。

对此我们无能为力。每个生命都知道或感觉得到这一点，也明白留给自己的选择是什么。它惧怕自我付出，惧怕自我**牺牲**，知道这样做便是在耗费自我的存在。但是吝惜自己的付出，吝惜自己的能量与财富，谨慎地将之用于实际的、自私的亦即世俗的目的，这样做到最后还是无法让任何人免于衰亡与入土。所有那些不被耗费掉的东西，都会慢慢腐烂。因此，神圣永恒的真理便同时存在于对烈火的迷恋与对腐烂的恐惧之中。

附　录

之一　性与神圣

通加人的性净化仪式

本研究的目的是通过研究某个特定文明中的一系列特别的仪式，以纯粹具体与描述性的方式，来阐明神圣的主要特征。我将试着指出，由这些特征生发出的对于神圣的构想，会具有什么样的新颖之处。在论述过程中，我们将认识到神圣是具有灵效、不可分割、有感染力、转瞬即逝、充满矛盾且毒性强烈的。多位作者已经对神圣做了类似的定义，他们当中最重要的就包括涂尔干、杰文斯（Frank Byron Jevons）、罗伯特森·史密斯、瑟德布卢姆（Nathan Söderblom）、R. 赫尔兹与 K. Th. 普鲁斯（Konrad Theodor Preuss）。[231] 因此，本作的唯一奢望，就

---

[231] 弗兰克·拜伦·杰文斯（1858—1936），英国学者。纳坦·瑟德布卢姆（1866—1931），瑞典牧师，1930 年诺贝尔和平奖获得者。康拉德·西奥多·普鲁斯（1869—1938），德国民族学家。——译注

是通过一个已经被研究得十分彻底与清晰的案例，来呈现宗教意识是如何想象承载着神圣的这些不同特质之载体，并呈现出这一载体展现神圣之特质时的那种或好或坏的方式。

为此，我选择了班图族中的通加人部落所特有的净化仪式。这不仅是因为这些仪式为人们所熟知，进而我们就不会想在其中发掘出什么新东西，还因为通加人的全部日常生活行为，无论是公共的还是私人的，都已经被非常全面地研究过了，如此一来我们就不会有曲解他们行为之意义或内涵的风险。通常情况下，将这类仪式孤立于其整体文化来讨论，这就仿佛让一个词脱离其语境一般，是没有什么意义的。但我们现在又很难再将它们重新置于其文化背景中，所以才会选择通加人的净化仪式以为保险之举。最后，通加人用以展现其习俗的词汇，似乎体现出一些他们有意识传达的，因此也是非常容易理解的图像与表征，无论这些图像与表征是多么奇怪、多么出人意料。所有这些相比于别的案例十分罕见的优势结合在一起，或许能够证明选择这个班图种族进行研究是可行的。当然，这项研究只有通过比对其他平行调研，比对其他尽可能多的案例研究，才能体现出其全部价值。[232]

---

[232] 除少数特例外，本文引用的所有研究资料都出自这本杰出的专著：Henri A. JUNOD, *Mœurs et coutumes des Bantous*, Paris, Payot Édit., 1936。下文援引这部著作时，我会在括号中用罗马数字注明卷数，用阿拉伯数字注明页数。——原注
亨利-亚历山大·朱诺（Henri-Alexandre Junod, 1863—1934），瑞士民族学家与传教士。其著作为《班图人的风俗习惯》。——译注

此外，这项研究是关于性仪式的。然而，只要涉及与性有关的东西时，神圣感总是尤其明显且强烈。关于这点，弗洛伊德学派一如既往轻率而刻板地认为可以将性与神圣视为一回事，乃至认为神圣感便源自对性的恐惧。他们的研究太过草率了。实际上，诉诸焦虑、创伤与压抑来解释"原始人类"的行为，这几乎完全不合理，因为他们总体上是不了解这类情绪的，因为他们大多数都将性行为视作毫无禁忌、自然且不会导致任何后果的行为，至少在结婚之前是这样。因此我们不禁会认为，因为这些满腔热情的学者们总是那么确信，觉得他们的解决方案适用于一切问题，所以才会盲目地将"文明人"的心理情结投射到了"野蛮人"身上。

如果性与神圣总是相伴而生，那么这完全是出于另外的原因。首先，自然与社会的那种两极分化，即变为互补与对立这两种原则的分化，要么是完全以人的两性对立为基础的，要么也至少参照了这种性别对立。而正是这样的两极分化体现了禁忌的价值，让万事万物都在双方之间进行交换，从而促使人们去"敬畏神圣"。其次，因为生殖离不开性行为，所以人们总是会以性为基础构建出各种繁育仪式，并进而创造出各种成人仪式。后者的目的是让女孩与男孩正式成为集体中活跃的、肩负责任的一员，因此会通过对他们的身体进行最终改造，将之转变为完整的、有力量的成年人，即能够战斗和生育的成年人。再次，性器官与性分泌物的存在，让人类从那些与人体腔道口和体液相关的巫术中，生发出大量各式各样的信仰与习俗。最后，经血、处女血和分娩时产生的血液，大力助长了人们将女性既视为羸弱与受伤之人，又视为不洁与不祥之人，即认为其本质上属于"左"之神圣，认为她的存在或与她的接触在某些情况下是会让人感到害怕的。这便是诸多与纯洁和污秽相关的宗教教规之根源。

出于这多重原因，选择一系列以性为根本内核的仪式来突显神圣的种种特征，这样做对我们来说是很有帮助的。我们有理由相信相比于其他大部分案例，神圣的特征在这类仪式中会体现得最为清晰与合理，会最能说明问题。

通加人认为，当一个人去世后，死亡的污秽会危害生命之源，尤其是对于死者亲属来说。它会污染男人的精液，女性的阴道分泌物。在服丧期间，乃至从死者临终之日的伊始起，村里的居民便禁止进行任何性行为。所有被死亡所污染的东西——食物、墓园、遗产与为逝者掘墓的亲属们——都是禁忌的对象，而要取消这些禁令，则需要通过种种净化手段。不过，最主要的解除禁令的仪式却正是性行为本身。这一仪式被称为 hlamba ndjaka，字面意思为"对死者之物的净化"或"对死亡之诅咒的祛除"。实际上 ndjaka 这个词有双重含义，那些继承死者之物的人便被称为"吃 ndjaka 之人"。

在仪式当天，男人们和女人们会分列两边站立。此时村民们会开始调查大家遵守仪式禁忌的情况（I，147），如果有人僭越了禁忌，那么便由他率先开始进行仪式，若没有则会由服丧之人，即死者最直系的亲属率先开始。这就是说无论如何，开启净化仪式这个危险的殊荣都必须由最不洁之人来承担。此人会和他的妻子一同离开，到灌木丛中与之媾和，并留心要在射精之前拔出阴茎。随后他的妻子会将他们的"污秽"捧在手里，即他的精液和她的阴道分泌物，并将其涂抹在二人的肚脐上。随后他们会绕道返回村子，妻子会去洗净她那双被污染的手。所有的夫妻都会重复同样的举动。每个妻子都会在同一地方洗手，然后这个地方会被男人们一起踏平。人们同样还会净化缺席者以及低龄儿童的衣物，他们被认为缺乏足够的力量以保护自己在不死的情况下参加仪式（事实上，他们根本就无法进行这种仪式）。所有这些都是为了让整个村子摆脱那侵蚀它的不洁。最后男女们会在一条河中沐浴，男人们在上游，女人们在下游（Ⅰ，148），这无疑是因为在人们看来后者更为不洁：女人们丝毫不会畏惧水流从上游带来的那种不那么可怕的污秽，而这种污秽也会和她们自己身上的污秽一并被河水冲走。[233]

这个仪式的意义看来非常明确：村里的男女们，他们的生命之源受到了死亡的污染，因此他们必须将污秽从其生命之源中清除出去，以免它继续感染任何可能会遭到它影响的东西。这就是为何媾和会在灌木丛中进行，为何精液要射在女性的体

---

[233] 我们可以看到，类似的原则也体现在波利尼西亚人的净化仪式中：在汤加（Tonga），罪人会通过触碰首领来祛除身上的污秽，这是因为首领的圣洁要比这种污秽更为强大，因此他可以将之吸收并消除其有害影响而不会给自己带来危险。——原注
汤加，位于太平洋西南部的岛屿国家。——译注

外。将受污染的精液射在体外,正是这一行为构成了净化。证据便是,如果有人因为阳痿或者年龄偏大而一直无法射精,其他人便会不断焦急地问他是否成功了。如果答案是否定的,那么整个仪式都会中断。在这种情况下完成仪式是不祥的,而阳痿之人便要进行严格的禁食,目的是让他恢复排出污秽的能力。

成功完成仪式之人要将射出和流出体外的液体涂抹在其肚脐上,这样他们就可以从这类液体的能量中受益,但他们也要小心清除其残秽。因此碰过并手捧过这些受污染的体液的妇女要将手洗净,因此男人们要将女人洗过手、洗手水流过的地方踏平(必须将污秽完全封入土地中),因此男女们最后会在活水中沐浴。我们知道通加人这种清除残秽之仪式的名字是什么意思:lahla khombo 即"祛除厄运"。此外,他们会说这种仪式能"治愈死亡的晦气",即治愈这潜藏在众人生命之源当中的感染源(I,149)。

若夫妻在进行这种祛除厄运、治愈哀伤的仪式之前发生过性关系,僭越了禁忌,那么他们也会进行一种类似的净化仪式。这种仪式有着和前者同样的环节和步骤,而这些环节与步骤也和前者的一样典型。丈夫首先要完全禁食,因为若此时他吃了东西,他所吞下的便是"死亡的污秽",而村子则要被重新净化一遍。随后,妻子会将她丈夫的和她自己的性器官擦拭干净,所用的是她自己的一件内衣,越脏越好,结束后会将之烧掉。然后,夫妻二人会借助焚烧内衣的火焰给自己的头和双手取暖，妻子则会将灰烬收集起来并混之以油脂，涂抹在她丈夫的四肢上。最后，他们会连续两晚媾和，但无人知晓他们这两晚发生的关系是圆满完成了呢，还是以体外射精结束。这套流程我们已经熟知了：收集污秽，用火焚烧（而非用活水清除），用净化之火炙烤并用灰烬涂抹自己，因为这是祛除厄运的良方。其结果是，要么夫妻二人接下来完成了净化仪式（即他们的媾和以体外射精结束），要么他们回到了正常的夫妻生活模式，将性行为用于重振生命的活力（即他们的媾和圆满结束）。

更能说明问题的是对寡妇们举行的净化仪式。她们通常会相互紧密联合在一起，组成某种需要被接纳才能加入的秘密团体。当村里会议决定将她们临时分散到死者各位男性亲属身边的几天之后，她们每个人会在一位女性同伴的见证下，被村里的男人们送到临近的村落。这些男人们会对她们说："去把诅咒散播到这里吧，免得另一个厄运找上门来。"这样做是因为，污秽与诅咒源自厄运且会引发厄运。它们因厄运而生，无非就是一种混乱与虚弱的状态，同时也意味着新的厄运迫在眉睫。因此必须将它们刻不容缓地清除。所以，这些寡妇们会以探访女性亲友为借口，进入另一个村庄，并在此试着去勾引一个男人。但是一旦达成目的，在媾和时她们会想办法避免让男人的精液进入自己体内，以便将污秽留给对方。成功之人会返回自己的村子并欣喜地呼喊着："我和死亡的晦气斗争过了，我打败了它。"（I, 193）但当男人发现这女人在躲避他的精液时，便明白她是个寡妇且想"杀掉"他。于是他就会向他的男性同伴们呼救，好让他们按着她不动直到他射精。这样他就能保持纯洁，而女人则依然是污秽之躯。她"被死亡的晦气打败了"，只能在耻辱与绝望中沉沦（I，484）。

不难理解这种行为的原因。必须被克服的死亡之污秽，即这种活跃的毁灭之力，尤其存在于寡妇的性分泌物之中。如果她通过将男人的阴茎浸润在自己的性分泌物中而成功将污秽**传染**给他，且后者也没有通过把自己刚刚染上阴道液之污秽的精液留在她体内从而将污秽还给她，那么她就摆脱了这种污秽。反之，如果男人在射精之后才拔出，那么他就将阴茎因为接触了寡妇那被感染的阴道黏液而沾染上的污秽排出了自己的体内，并将之留在了对方的身体中。

所有发生的这一切就和**捉猫游戏**（chat perché）[234]是一模一样的，尽管这种比喻有些奇怪。扮演"猫"的那个玩家通过用手摸另一个玩家，便把他的属性**传递**给了后者，但他又必须避免立刻再被后者摸到，因为这样他就又变回了**猫**。让寡妇被按住以便将自己的精液射进她身体里的男人，完全就和不躲不

---

[234] 捉猫游戏，是法国小孩子玩的一种捉人游戏。该游戏规则是，参与游戏的至少要有三个人，一个人当"猫"，其余的人当"老鼠"，由猫来抓老鼠，一旦猫摸到某个老鼠，那么后者就变成了猫，前者就变成了老鼠。此外，老鼠有自己的老窝，也许是一块石头，也许是公园长椅，总之只要是能让他站上去不接触地面的地方就行（法语中 percher 的意思便是栖身于高处），在老窝里时是不可以被猫抓的。最后，一旦某个老鼠变成了猫，那么他不可以返回头去抓他的"爸爸"或"妈妈"，即先前摸到他、刚刚变成老鼠的那个猫，而必须去抓其他的老鼠，这样才能防止两个人相互抓来抓去，而让所有人都能参与到游戏中。——译注

闪、原地等着**猫**来抓他的小孩子一样。他想着的是一旦被摸到，就立刻反过来去摸对方，这样就可以把身为**猫**而具有的这种特殊的、会传染的、危险的属性，即在许多方面都和污秽的状态类似的属性还给对方。为了避免这种行为，孩子们经常会同意让猫不能反过来再去摸他的**爸爸**——一个很能说明问题的用词。这条规则在游戏之外是有害的，因为仪式的目的不是确保不洁的循环流通，而正相反是将之消除。所以将不洁返还给它的源头，或**反过来再去摸它的爸爸**，这样做总是被允许的。

然而，如果男人因为太晚才意识到他在和一个寡妇发生关系而没能将污秽返还给她，他就必须自己想办法摆脱传染到他身上的这死亡的污秽。每当这时，他就会去求助巫医。有时候在发生性关系之前，因为有所预料，他会留意将那个勾引他的女人内衣撕掉一块。随后，他会求巫医给他制作一种以这块布料为成分的药水。而后，他还会把自己裹在毯子里，在烧红的炭火上点燃某种神奇之物并吸入烟灰。如此一来，他就逃脱了死亡的威胁（I, 293）。

需要指出的是，当一个女人没有用活水洗净身上经血的痕迹便和一个男人进行媾和，那么因此而被玷污的后者也会采取同样的措施来净化自己：喝下用类似方式制成的药水能够救他的命，否则他的阴茎就会缩回到他的身子里，而他也会因为无法再排尿，并无法再将身体中的不洁排出去而死掉（I, 483）。应对这种局面最简单的方法，便是找一个经期女性借一块她内衣的布料。再说，根据"以毒攻毒"（similia similibus curantur）

的原则我们也能猜到需要这样做。[235]经期女性的衣物能够治愈经血的污秽，就和寡妇的衣物能够治愈死亡的污秽是一样的。

至于那些成功"打败了死亡的晦气"的寡妇们，她们会设法一起返回村子。[236]在村子的主入口，她们会发出仪式性的呼喊。所有人都会来迎接她们，并庄重地将她们带到亡夫的坟墓前，好让她们告知后者，自己已经摆脱了他的死亡给自己造成的那种受排斥的状态。对于村子来说，这一天是欢庆的日子（I，193-4）。

剩下的就只是完成净化的最后步骤了，这样便可让寡妇们

---

[235] 原文为拉丁语，直译为"用类似的东西来治愈类似的东西"。——译注

[236] 寡妇在返回村子之前必须要与一个外村人发生性关系，以便把自己之前染上的污秽传染给他，这样的习俗并不仅是班图人特有的。类似的习俗也存在于譬如祖鲁人对杀了人的战士所进行的净化仪式中。在活水中沐浴并经过各种附带仪式之后，他会在返回村子的途中窥伺着，看是否有外村女性路过。这样做是因为，为了能重获他在村中的地位，他必须和一个不是自己部落的女性发生性关系。否则，他就必须躲到灌木丛里去生活（BRYANT. *A Zulu-English Dictionary*, p. 549）。在北罗得西亚的部落中，流产的妇女是极度不洁的，要被隔离起来，在与另一个男人发生性关系之前，是不能恢复她在村中的地位并与她的丈夫发生关系的（Smith and Dale, *The ila-speaking peoples of northern Rhodesia, I*, 234-5, et II, 6）. Cf. L. LÉVY-BRUHL: *Le surnaturel et la nature dans la mentalité primitive,* Paris 1931, pp. 350 et 399. ——原注

阿尔弗雷德·T. 布莱恩特（Alfred T. Bryant，1865—1953），英国学者。其著作为《祖鲁语-英语词典》。北罗得西亚，历史上位于非洲南部的英国保护领地，1924年成立，1964年独立为现今的赞比亚。埃德温·W. 史密斯（Edwin W. Smith, 1876—1957），生于南非的英国人类学家与传教士。安德鲁·穆雷·戴尔（Andrew Murray Dale, ?—1919），英国民族学家。二人著作为《北罗得西亚的伊拉族》。伊拉人是生活于赞比亚的一个民族，语言和文化上与通加人十分接近。列维-布留尔的著作为《原始思维中的超自然与自然》。——译注

重归世俗与自由的世界。她们首先要换掉内衣，因为上面可能还会残留着污秽，然后她们会洗一个蒸汽浴。当晚，她们每个人都被允许在其各自的茅屋中，接待之前被临时分配给她并定期探望过她的男人。后者的任务是"杀掉死亡的晦气"。为此，他们会把自己关在屋内，喝下净化药水，把药丸放在火上烧并用烟熏四肢。在此之后，他们会用尿将火熄灭，然后尽可能多次地媾和，而男人则依然要将精液射到外面——当地人指出，这是为了避免怀孕（I，194，484）。当然在不洁的时候进行生育，通加人不指望这种行为能带来任何好处。不过这么做大概也是，且尤其是为了最终完成对寡妇的净化（因为谨慎总是多多益善）。既然寡妇身上的污秽那最主要的危害已经转移给了外人，那么就要由未来的丈夫——当他通过药物使自己免疫了最后一丝污秽的感染之后——来完成这项已经开始的工作，即最终**打败**、**杀掉**死亡的晦气，在双重意义上将之了结。[237]

不过通加人从未像朱诺一样想过，为何在诸多情形下都被视为有害生命的性行为，在此却是最为有效的净化手段。其实，中途戛然而止的媾和[238]会具有祛污的价值，是因为它严格意义上并非性行为。借用朱诺的话来说，这种媾和并不具有性行为那种**野蛮的**、**凶猛的**、**炽烈的**特征。而后者正是因为具有

---

[237] 此处所用的"了结"一词，法语原文为 achever，既有"结束、完成"之意，又有"给予最后致命一击"之意。——译注
[238] 所谓"中途戛然而止的媾和"，以及下文中出现的"不圆满的媾和"，即上文所述的以体外射精结束的媾和。——译注

这种特征,才被认为能够激发并激化散布在自然中的种种吉凶之力。[239]因此,当死亡的污秽因其中一位居民的过世而肆虐村庄,尤其是当疫情蔓延之时,发生性关系是被严格禁止的,因为它会助长那种必须被"打败"的危害。这便是为何已婚男子不被允许接近刚刚进行过割礼的男子:前者会妨碍后者伤口的愈合。已婚男子同样不可以进入病人的茅屋,他会加剧疾病的毒性。他也不能在渔猎期与自己的妻子媾和,这样会让鱼或野物变得过于灵敏或强壮。反之,譬如在湖边,当地人会让一个小男孩和一个小女孩假装像夫妻一样睡在一张狮子皮上,但嘱托他们保持安静,这样做是希望湖里的鱼能一动不动地待着,好让人能够轻易将之捕获。再比如,当架设一座高大的火炉时,人们也会让一对小孩扮演同样的角色并让他们不要出声,因为他们的假意休息可以防止火苗的气焰变得过于旺盛。出于同样的原因,陶匠的窑炉永远不会由已婚女子来点燃(I,178-179;II,313;n.1;314)。

对于这些习俗,当地人给出的理由非常清楚:已婚之人**是热的**,所以他们会将自己的**热量**,即从他们的性关系中散发出来的生命之力,传递给接近他们的人。因此人们会让他们远离一切需要被安抚、平息、削弱的东西,比如疾病、猎

---

[239] 实际上,这种性行为所涉及的仅仅是**已婚之人**间的性行为。在社会看来,只有这种行为才是重要的,才具有足够的力量。而年轻人之间的性行为则完全是另一回事:他们的行为不具备任何灵效,只是些无法对自然的进程与群体的命运产生任何影响的游戏而已。——原注

物、污秽与死亡的蔓延。反之，人们会通过媾和来促进土地丰饶多产。[240] 众所周知在与农耕相关的仪式中，媾和通常被视为具有积极有益的作用。在被翻了三遍的土地上举行圣婚（hiérogamie）[241]，其目的一目了然。而在 hlamba ndjaka 这种仪式中，通加人会通过发生性关系来激发能量。譬如，当一个帮助鳏夫净化过他自己的女人要把祛污水带给她的亲戚们时，如果去往后者居住的村庄路途遥远，那么她的丈夫就会与她同行，并且二人会在他们到达目的地的前夜媾和，以重新焕发祛污水的灵效（I, 149）。同样在新的村子落成时，人们也必须仪

---

[240] 在巴布亚的基瓦伊人文化中，人们会用媾和所产生的能量来促进种植园中棕榈树的生长。但是在某些时候，当地人会使用小孩子来进行仪式。这样做是因为他们需要抑制树木的生长之力，而不是激发它。且他们还会认为，虽然根本不可能，但假如这些孩子真的发生了某种性关系，这对收成而言将具有毁灭性的打击（G. LANDTMANN, The Kiwai Papuans, p. 68）。同样是在基瓦伊人的文化中，最近发生过性关系的女人是不能探访病人的，因为后者有可能会因此病亡。这都是些非常普遍的现象，列维-布留尔搜集了许多属于这同一类型的案例（op. cit., pp. 368—370）。作者认为这些例子中展现出的那种有害的影响力，与源自愤怒、争吵、嫉妒等行为中的那种有害的影响力类似，这一见解十分有理（ibid., pp. 189—198）。实际上，这类情感或行为就像性行为一样，会使人**发热**，会通过感染他人与引发他人同情而促使不祥之力发挥作用。作者在第 46 页所举的例子就让上述内容一目了然：在勒巴克（Lébak）地区，每到棕榈酒酿成的时节，人们之间的争吵就会被禁止，因为当地人认为精神的混乱与躁动会影响到棕榈酒的品质。——原注

贡纳尔·朗特曼（Gunnar Landtman, 1878—1940），芬兰哲学家、社会学家。其著作为《巴布亚的基瓦伊人》。勒巴克地区，位于印度尼西亚爪哇岛，现今为印尼万丹省的勒巴克县。——译注

[241] 圣婚，在西方古代神话中指两个神明之间或一个神明与一个凡人之间的媾和。而作为一种宗教仪式，它象征着土地的丰产。——译注

式性地发生性行为（I, 478）。

类似地，经期女性也是**热的**，而对她的净化则会让她**冷却下来**。在朱诺看来，使用"冷却"这个动词来形容经期女性，等于将她比作一口从炉子上端下来的锅（I, 483）。几乎没什么比这个比喻更能让我们明白禁忌所防备的究竟是什么，污秽又到底是什么，更能让我们理解它为何是一种既有效又有害的力量，为何具有这种双重性。污秽是一种能够将对象焚烧殆尽的热量，但如果适当地限制它的威力，合理地引导它，那么它也能用于煮饭，用于加速生命成长。不管怎样，我们都必须小心谨慎地接近那充斥着这种热量的生灵或物品，就如我们不能直接去触碰炖煮着美味佳肴的热锅，而只能等它温度降下来才能去端它，因为这样才不会有烫伤的风险。反之，如果年轻的母亲离开超过一天而没有哺乳她那刚出生不久的孩子，就必须**重新加热**她的奶水，为此她会滴几滴乳汁在一块烧热的陶片上。若不这么做，那么她冷却的奶水就会让孩子便秘。这是因为，冷的东西会让生命活动的进程减缓甚至停滞，而热的东西则会刺激它乃至让它加速。

因此，当性行为那狂热的一面激化了那些可以被它左右的力量，它就会产生污秽。相反，hlamba ndjaka 这种净化仪式并不意味着让能量爆发，反而意味着某种自我控制。它的目的并非促进男女分泌他们的生命元素，而是通过一种很难顺利执行的、难以在合适的时候终止的操作，设法让这些生命元素从它们所感染的机体中被排出，因为它们自己已经被死亡的污秽玷污从而变成不洁的了。

生命元素中所蕴含的这种能量在其他例子中也很常见。分娩中的女性由于被生产时的血液污染，会被诸多严苛的禁忌所限制，会被从社群中孤立出去。她需要服用各种药物，来将仍然玷污着她的不洁之血排出体外。她的丈夫是纯洁之体，所以不能进入产房。当新生儿的脐带断掉后，产妇的母亲会用黏土来涂抹茅屋的地面（就像经期女性在经期结束时所做的那样），以便当其他人重获准许而进入其中并把脚踏在屋内的地面上时，不会担心踩上不祥之血的痕迹。

年轻的母亲恢复月经，也意味着她恢复了定期正常排出不洁的能力。因此从这一刻起，父亲才能将孩子抱在怀里。从此时起拥抱一个长期接触不洁机体的生命，他才不会有沾染上污秽的风险。

差不多一年之后，当孩子开始在地上爬行时，父母会通过以不圆满的方式媾和（就和祛除死亡的不洁时所做的一样）来获取他们各自的性分泌物。随后母亲会将这"污秽"捧在手里，并把它涂抹在缠在孩子腰间的棉绳上，而孩子则要一直戴着这条棉绳直到它磨损殆尽。从此时起，孩子才算"长大成人"。而他之所以能够成人，是因为受到了他父母生命体液中祥福之力的影响。从今以后，如果他死去，他便会被埋葬在圣地（干硬的土地）中，而不再会同双胞胎、早产儿、先长出上牙的小孩——一言以蔽之，所有的弃婴与畸形儿，所有那些直至入土都会被人们小心地与纯洁之人的群体隔离开来的小孩——

一起被埋葬在诅咒之地（湿软的土地）中。此外也是在这一刻，孩子便会开始参加死亡之晦气的净化仪式（I，59；484）。这即是说，既然他已经融入了集体，他便应当和后者一道进行自我净化。而此前，他还并不完全属于生者的世界：那时他还是"水"做的，还未变得"坚实"；他只是一个"物"，是一个"不完整"的生命。

父母的生命体液就如同灵丹妙药一般，会赋予孩子那种他所缺乏的，可以让他融入社会的力量。不过在棉绳上涂抹污秽，这本质上和净化死亡的晦气并没什么不同。性分泌物并非有时候是污秽有时候是灵药，而是同时既是污秽又是灵药。其实当祛除死亡的晦气时，夫妻双方虽然会通过将被污染的元素从各自身体中排出并不让其进入对方身体来净化自己，但同时也会用污秽润湿自己的肚脐以便从其所具有的能量中受益。同样地，二人正是用他们的生命体液让**水质的**生命变得**坚实**，但同时也是通过不圆满的媾和来自我净化。朱诺断言，我们应当将这两种仪式理解为两种截然相对的仪式，夫妻在一种仪式中是纯洁的，而在另一种仪式中则是不洁的。但是恰恰相反，一切都表明他们在生命降生时所受到的污染一点都不比在死亡出现时少。这是因为，只有在他们通过不圆满的媾和获得"污秽"（这个词的使用很能说明问题）并用它润湿他们儿子的棉绳**之后**，他们才能够重新发生性关系，而在此之前性关系是被严格禁止的。

实际上，当一个孩子还处在那种半存在状态中时，物的秩序是禁止另一个孩子也同时降生于这种状态中的。所谓半存在状态，便是严格意义上的生命出现之前的那种模糊状态，即从母亲怀孕的那一刻开始，到"大人"的或真正生者的世界接纳了新的生命的那一刻为止的那段模糊状态。因此，如果父母在这段边缘时期怀上了孩子，那就意味着他们——借用当地的一句意味深长的话来形容——"越过了法律"。至于这个孩子，他也永远无法"进入法律之中"。

无论他能长到多大，他都注定要同死胎和畸形儿一道，被埋在那安葬弃儿的湿软土地中。事实上，算上妊娠的时间，他会在上一胎断奶之前出生。后者的断奶发生在用污秽涂抹他的棉绳一年之后，通过那种在任何严重疾病过后都要进行的仪式，断奶会彻底终结他的早期童年阶段，终结这段羸弱与不洁的时期。为此需要一场全面的净化，来让这个年轻的生命摆脱所有有害的晦气。父母会用各种物质擦拭他的身体，比如麸子，而后母亲会把所有产生的混合物收集起来做成一个小球，里面包含了所有需要被清除的毒素。她会把这个小球带进树林，放在一个大蚂蚁洞的洞口，好让蚂蚁们在进洞时必须把它一同带进去。然后她会头也不回地返回，因为只要扭头看一眼就足以把疾病再带回给她的孩子们，会被那小心收集起来并祛除的污秽中的某些东西再次附着上。现在就要由蚂蚁们负责来将这污秽带离健康的世界，带到那遥远的黑暗中，带到地下深处。

这样孩子就脱离了危险，他已经从危险的边缘走了出来，再没什么可害怕的了，除非他的母亲重又怀孕。如果后者在给上一胎孩子断奶之前，甚至在她的奶水还没干涸之前就又怀上了一胎，那么不仅这"越过了法律"的第二胎会受到诅咒，而且头一胎也会受到严重影响：新生儿会"挡他的道""断他的路""抢他的先"，羸弱与瘫痪将成为他的宿命。

这样的原因是显而易见的：只要母亲和孩子之间还存在着某种生理联系（譬如她还给他喂奶），任何人都无法在不阻碍生命正常发展的情况下介入到他们二者的关系之中。只要他们各自绝对的生命独立性还没得到自然的保障与仪式的认可，所有损害母亲的东西都会影响到孩子。这就是为何母亲新的妊娠会妨碍她那尚未实现完全自主的孩子的成长：她实际上**挡了他的道**，因为她将混乱带入了他们二人共同构建起的那种封闭的结构关系中；这当中没有第三者的空间，擅入者等于**抢了他的先**。当位子还被占着的时候，擅入者就到来了，没有等待自然现象的正常更迭所需要的间歇。因此作为秩序的扰乱者，他是被诅咒的，他的存在就是个丑闻，就是一种僭越，且他也永久地伤害到了他的兄弟。

所有这一切都在告诉我们仿佛存在着一种**世界的秩序**，在这个秩序中，万事万物都必须居**其**位、守**其**时。这一秩序需要得到敬畏，这一点是极其重要的，因为它是维系宇宙守恒的根本原理。它会被任何暴力现象所损害，而这当中最主要的是此世与彼世间的联通，因为这可能会打破某种平衡，会导致有害之力的无序爆发，会将必须保持相互隔绝的东西危险地混合在一起。这就是为什么母亲分娩与生命垂危会引发如此多的恐惧，并需要人们采取如此多的预防措施：它们会带来混乱。尤其是，当人们没能用火焰摧毁死亡的污秽，或没能让活水的水流把它冲走，又或者没能将它深埋到地下，那么它就会污染一切。此外，人们还必须通过细致与复杂的操作，对产生死亡之污秽的家庭进行净化与消毒；这样一切才会重归平静、恢复秩序。同理，性行为也会释放可怕的能量，这些能量会同时产生好与坏的影响。它们便像是热量或者火焰一般，我们必须要懂得谨慎地缓和它的威力才能够从中获益，否则任其蔓延开来它就会吞噬一切。

这便是神圣。它源自性和死亡的黑暗世界，却是生命的必要成分和一切灵效的源泉，是一种会迅速释放又难以隔绝的力量，始终如一，既危险又不可或缺。仪式的作用是捕获它、驯服它、朝着有益的方向引导它，必要时抑制它那极度的烈性。这种能量既是无所不能又是不可见的，它既会迫使人类敬畏它，同时又会引诱人类来征服它。从这个层面来看，宗教只是对这种能量的管控与调节罢了。

之二 游戏与神圣

在本世纪出版的历史哲学著作中，最让思想界受益匪浅的作品之一毫无疑问是 J. 赫伊津哈的《游戏的人》[242]。作者以一种敏锐而强大的智慧，通过罕见的表达与论述天赋，在此作中收集整理并阐释了人类的一种基本天性为文化所带来的种种有益建树。这一天性便是那看似最不适合于创造任何持久或珍贵之物的天性：游戏。在阅读这部著作时，我们会突然发现法律、科学、诗歌、智慧、战争、哲学与各种艺术都因游戏而得到了充分的发展，会看到它们有时就诞生于游戏精神，且一直都从中受益。实际上在不同的情况下，游戏精神会刺激人类各种各样的抱负，锻炼人类不同的能力，从而最终促进文明的创生。

该作的出发点为如下定义（这一定义是对其前文的一段了不起的分析的总结）："游戏的根本特征是一种自由的行为，进行这种行为时玩家会觉得'仿佛'置身于日常生活之外，会完全被这种行为吸引，却不会从其中获得任何利益或得到任何好处。此外，这一行为是在某个确切的时空中完成的，它依照各种规则有序进行，还会催生各种团体形成，而后者倾向于将自己笼罩在神秘的氛围中并自我伪装，从而让自己区别于正常的

---

[242] 下文我对该作的引用都出自其西班牙语译本：Fondo de Cultura Económica, Mexico, 1943。——原注
《游戏的人》的法语译本于 1951 年在伽利马出版社首次出版。下文中作者对赫伊津哈作品的所有引用，实际上都是他自己将该作的西语译本翻译成法语的。目前在国内，《游戏的人》已经有不止一个中文译本。但是由于作者原文中的引用都是二次翻译的结果（荷兰语 - 西班牙语 - 法语），与赫伊津哈的行文与表达方式存在较大出入，因此译者在此选择直接翻译作者的引文，而非参照目前已有的中文译本。——译注

世界。"[243]

作者一上来就排除了各种对游戏的生物学与心理学阐释，譬如游戏是对过剩的生命能量的释放，是有意的模仿，是必要的消遣，是为了掌握自制力而应遵守的纪律，是通过与他人竞争从而确认其优越性的欲望，或是对某些被社会禁止的、不能直接得到满足的本能之无伤大雅的升华，等等。J. 赫伊津哈不无道理地指出，种种这些关于游戏的概念都是片面的，无论哪个都没能将游戏这一现象的整体呈现出来，且虽然在某些情况下它们之中的某一个似乎是合理的，但它们各自却

---

[243] HUIZINGA, op.cit., pp. 31—32. 对比埃米尔·本威尼斯特给出的定义：游戏是"一切受到规则束缚的、以自我为目的的且不求对现实做出实际有效改变的活动"。«Le jeu comme structure», Deucalion, n° 2, Paris, 1947, p. 161. 作者为了澄清这一定义而做的说明，更让我们看到了他的定义与 J. 赫伊津哈的定义之间的共性：1. 游戏"作为一种发生在现实世界中的活动，完全无视现实的种种情形，因为它本就是一种故意不考虑现实的活动"。2. 游戏没有任何实际用处，它呈现为"各种不以实际效用为目的之形式的集合体"。3. 游戏"必须在严格的限制和条件下进行，它是一个封闭的整体"。因此本威尼斯特总结道：由于这些不同的特征，"游戏完全与现实分离。在现实中，人类意志受制于功利与效用，所以到处都会与偶然、无序、任意之事背道而驰；在现实中，没有任何事情会按照预期或按照既定规则发展……"我们需要指出，本威尼斯特（就像 J. 赫伊津哈一样）并没有将赌博纳入考量范围的意图。赌博几乎总是以钱为注，所以绝非对现实毫无影响，因为它会让玩家发家致富或倾家荡产，以至于有时候在后者这样的情况下，玩家会因荣誉受损而被迫自杀。在我看来，金钱对于守财奴和赌徒而言都意味着一种神圣的元素。前者积累财富而舍不得花掉一分一毫，如此一来他就等于将金钱当作偶像来崇拜，使其脱离流通的领域，让它不再有任何世俗的用途。这即是说对于金钱，他采取了那种相当于"敬畏神圣"的态度。相反，赌徒不断地拿它来赌，因此是以"僭越神圣"的方式来对待它的。——原注

互不相容、无法同时成立。此外，作者还以一种独到的方式批判了这些关于游戏的概念：他指责说，这些概念都给游戏行为预设了一个功利的目的，都赋予了游戏某种生物学或心理学功能。总而言之，这些概念认定游戏是因为对人类有益才存在的。反之，作为《游戏的人》之理论著者，J. 赫伊津哈将游戏视为纯粹无用的活动。他认为游戏是一种初级行为，是一种基础范畴。我们必须直接承认它的这一性质，且只能通过它的反面（正经的、一般的、日常的生活）来定义它。因此，游戏这种行为不太可能被解释，反而更容易被用作对比来解释其他行为。

事实上，从这一直接事实出发，J. 赫伊津哈在其著作的不同章节中力图指出，为何"竞技场、牌桌、巫术圈、庙宇、舞台、银幕与法庭等，在形式与功能上都是游戏的场域或场合，即界限分明的、独立的、实行某些规则的圣域或圣地。这些场所都是日常世界之中的临时天地，用于完成某个以自我为目的的行为"。[244]

这些分析出奇地生动有力而富于原创性，几乎总能得到读者的赞同。而在该作所没有涉及的内容中，我们至多不过还想看到，各式各样的游戏所需的不同精神态度——如技巧、力量、策略、机遇等——能够得到更充分的界定。我们不过还希望，游戏精神中的每个成分——诸如对好运降临的期待、证明

---

[244] *Ibid*., p. 27. ——原注

自我卓越的欲望、对竞争或冒险的迷恋、自由即兴发挥在游戏中所占的比重、这种即兴发挥如何与遵守规则共存等——都能得到单独的描述。这是因为在作者的论述中，有一点仍存在着争议：游戏这个概念当真只是**单数**的吗？这一个术语所涵盖的难道不是多种仅仅只有相同名字的不同活动吗？虽然赫伊津哈认识到了这点，但也就到此为止了，因为他显然过于重视语文学为种种游戏行为之深层同一性所提供的证明。而我们则可以质疑这一证明是否充分。

此外，并非在所有语言当中不同类型的游戏都由同一个词来指代，这个事实也让作者感到为难。可现实就是如此，不仅与他的观点大相径庭，还会让他大吃一惊。很明显，奥林匹克竞技场对于运动员的意义与牌桌绿色的桌毯对于赌徒的意义，二者之间存在着某些共性，我们也无疑能发现这些共性。不过二者在本质上并没有多大关系。运动员只靠自己，而赌徒则听天由命，这就是两种精神状态几乎完全不相干的确凿证据。因此这部杰作的不足之处大概便是：它更注重研究游戏的外部结构，而非游戏者的内心态度，可正是后者赋予了每种行为最确切的意义。而且在此作中，相比游戏本身所满足的那种需求，游戏的形式与规则反而得到了更为细致的探讨。

游戏与神圣应被视为同一，可能正是这个观念催生了该作最为大胆的论点，但在我看来，同时也是其最站不住脚的论点。

这是个棘手的问题，且肯定比乍看之下要复杂得多，因为在直观且盲目的冲动驱使下，我们会出于有悖常理这唯一的原因，一上来就拒绝将这两种看似无比矛盾的东西联系在一起。诚然，信徒与玩家、宗教崇拜与游戏娱乐、庙宇与棋盘看似毫无共性，这是毋庸置疑的。但是作者不费吹灰之力便证明了，严肃性是多么容易伴游戏而生。他列举了众多富有说服力的例子，譬如提到了儿童、运动员与演员。撇开儿童不谈，因为显而易见对儿童来说游戏是世界上最严肃的事情，尽管当他将椅子当马来骑或将一排扣子当作准备战斗的军队时，他能清楚地辨别出他的想象力在其中所扮演的角色。成年人同样也会被游戏迷住，且无论是在舞台上还是在赛道上，谁都会知道这是在某个确切的时空中，在某种或多或少任意的规约束缚之下的一种耗费能量的行为。但是这当中并不缺乏严肃性，甚至它反而是不可或缺的。演员们与观众们都会争相投入其中。

宗教也是如此，赫伊津哈总结道。圣殿、崇拜与仪式都有着类似的功能。宗教是一个封闭的、有确切范围和边界的空间，隔绝于日常的世界与生活。在这个封闭场域中，人们会在既定的时间内，做出一些规定的、有象征意义的行为，这些行为展现了仪式进程当中的那些神秘现实，乃至让这类现实成真。而仪式就如游戏一样，在其中各种相反的行为态度——比如任能量肆意勃发与对能量严格管控、心醉神迷与谨小慎微、激情澎湃的癫狂之举与一丝不苟的精准行为——会同时出现，相互较量。最终，人们会出离常规的存在。[245]

此外，作者沿袭了延森（A. E. Jensen）的观点[246]，着重讨论了原始人类在某类节日——"亡灵"现身并游荡于人群之中的节日——时的精神状态。在此时刻，这些人的宗教热忱到达了顶点。然而，参与到节日之中的人却不会对这些"亡灵"感到丝毫畏惧。所有人，甚至是妇女们——因为一旦她们突然闯入仪式的准备活动中，就会被处以死刑——都知道，扮演这类角色的只是他们乔装打扮并戴着面具的同伴们。同样地，在成人仪式的试炼中，有时候年轻的战士需要假装和一个恐怖的怪物战斗。然而他不会意识不到，他所面对的只是一个五颜六色的组装起来的粗劣模型，由一些龙套演员操作着做动作。

在此我们看到，游戏和神圣是互通的：强烈的宗教情绪总是伴随着某种表演而生，我们知道这表演是虚假的，是刻意为之的，但它却绝非某种骗人伎俩或消遣娱乐。

我们必须承认这一点，就如同承认仪式的法则只是约定俗成的一样。后者在世俗的世界中划定出一块保留场域，由严格

---

[245] 作者做出这些论述的主要依据是这位匈牙利学者的著作：Károly KERÉNYI, «Vom Wesen des Festes», *Paideuma: Mitteilungen sur Kulturkunde*, I, 2. Heft, décembre 1938. ——原注
卡洛伊·卡雷尼（Károly Kerényi, 1897—1973），匈牙利语文学家与宗教史学家。此处引用著作为《论节日的本质》。——译注
[246] A. E. JENSEN, *Beschneidung und Reifezeremonien bei Naturvölkern*, Stuttgart, 1933. ——原注
阿道夫·艾勒加德·延森（Adolf Ellegard Jensen, 1899—1965），德国民族学家。此处引用著作为《原始人类的割礼与成人仪式》。——译注

的法度与规则来管辖。而法度与规则唯一的作用便是获取一些只有依托信仰才会具有意义与价值的理想结果。我甚至觉得，如果作为中世纪专家的J. 赫伊津哈能够多了解一些民族学的研究成果，那么他就能够搜集到更多合适的论据来强化他那已经十分翔实的论证。无论如何他的研究表明了，许许多多的游戏，那些最常见的游戏，都有一个神圣的源头。譬如爱斯基摩人的拔河游戏便是如此，它决定着哪个季节原则或哪个自然元素能够占据神秘的主导地位，海洋还是陆地，冬季还是夏季；在太平洋地区，风筝和夺彩杆（mât de cocagne）常与征服天空的神话联系在一起[247]；而在毛利人的球类游戏，也就是足球的前身中，人们玩的那个球则象征着太阳。

在我的这部著作中，当我想要呈现出神圣那转瞬即逝的特征与污秽的传染机制时，我找不到比孩子们玩的**捉猫游戏**中**猫**所具有那种性质更好的例子了[248]。再者，西班牙语中指称这种游戏以及这种性质的词——mancha[249]——本就指污秽，这一点也非常能说明问题。

关于谜语的种种神话同样应该能给赫伊津哈提供重要的帮

---

[247] 夺彩杆，一种传统的民间游戏。参与者需要爬到一根竖立的柱子顶端，来夺取悬挂在上面的奖品，一般是各种食物。通常柱子上会被涂抹上油脂或肥皂，好增加攀爬的难度。该游戏名称源于"安乐乡"（Pays de Cocagne）一词，后者是中世纪欧洲民间传说中的世外桃源，那里安乐富饶，食物取之不尽，但谁也无法找到。——译注

[248] 参见附录之一，第223页。——原注

[249] mancha，本义为"斑点、污渍"，在阿根廷当地的西班牙语中亦指捉人游戏。——译注

助。他常常谈到谜语，但只是把它当作益智游戏，当作聪明才智与学识的展现，而没有太关注其仪式性的功能。然而，这种功能却体现在很多例子中。谜语作为挑战、竞赛或试炼，相关内容 J. 赫伊津哈本可以在扬·德·弗里斯的一部专著中找到最详尽的记述[250]。我仅从中摘取一则，因为包括杜梅齐尔在内的许多学者都强调过这一则童话故事的重要性[251]：根据斯堪的纳维亚的长篇神话传说记载，在弗雷（Frey）[252]王或西格特鲁德（Sigtrud）王（不同文本说法不一）统治时期，人们用流放年轻人的刑罚［类似于古罗马的"神圣之春"（ver sacrum）[253]］取代了老年人的死刑。而这一决定是在人们挑战一系列艰难的、不可能的或谜一般的任务后做出的，他们当中一个年轻女孩在女神弗丽嘉的建议指引下获得了最后的胜利。这则故事尤其值得我们注意，是因为它非常清楚地反映了当地文明的一个史实。

---

[250] «Die Märchen von klugen Rätsellösern», *Folklore Fellows Communications* n° 73, Helsinki, 1928.——原注
扬·德·弗里斯（Jan de Vries, 1890—1964），荷兰语言学家和神话学家。其著作为《聪明的解谜者童话》。——译注
[251] Dumézil, *Mythes et Dieux des Germains*, Paris, 1939, pp. 68—72.——原注
该著作为《日耳曼人的神话与神灵》。——译注
[252] 弗雷（Frey），北欧神话中的丰饶之神。西格特鲁德，同为北欧神话中的神灵。——译注
[253] 原文为拉丁语，古罗马的一种习俗。每当遭遇灾害时，为了祈求神灵的帮助，人们会向后者献祭第二年春天出生的孩子。所谓献祭，即这些孩子从出生起就被视为是神圣的，不属于世俗社会，当他们成年时要被驱逐出境，另觅新的居所。——译注

关于这点，我们也应当想到参孙（Samson）[254]在一场婚礼宴席中讲的那个著名的谜语。最后，在原始文明以及更高级的文明中，谜语也在各类入教与成人仪式中发挥着作用，这一点应该无可非议。所有这些谜语当中最著名的那个，即被俄狄浦斯解开并让他获得底比斯王位的谜语[255]，无论我们如何解读，也似乎在暗指某种成王的试炼。

另一个更重要的，同时也是出人意料的例证，大概可以在马戏与小丑的滑稽表演中，尤其在"彩面小丑"（auguste）[256]这个角色中找到，后者的工作就是做一些拙劣的模仿，其笨手笨脚、迟钝愚蠢的行为总会把事情搞砸，十分荒唐可笑。在神话中，我们经常能看到一个类似这样的人物——即英语国家的学者们所谓的"捣蛋鬼"——的身影。通常来说，他那种既滑稽愚鲁又会导致悲剧结果的行为，尤其可能带来死亡，当然前

---

[254] 参孙，《圣经旧约·士师记》中的一位犹太士师，他因凭借着上帝赐予的极大力气徒手击杀雄狮并只身与敌人战斗而著名。关于参孙的谜语故事如下：他要迎娶一位女子为妻，在去提亲的路上，他徒手杀死一头雄狮。而当他回家准备婚礼时，发现狮子的尸体内已经有蜜蜂在筑巢酿蜜了。在婚礼期间，他受这件事的启发，于是给宾客们出了这个谜语：是什么人吃的东西诞生于吃人的东西，是什么甜美的东西诞生于强大的东西？显然答案是蜂蜜。——译注
[255] 即斯芬克斯的著名谜语：什么动物早晨用四条腿走路，中午用两条腿，晚上用三条腿。——译注
[256] 彩面小丑，小丑中的一种。小丑表演艺术中，最主要的一种小丑是白脸小丑，其特征为白脸红嘴唇，在表演中扮演正经的角色。而彩面小丑，即通常有着大红鼻子、穿着花哨的衣服，打扮怪异奇特的小丑，则主要扮演傻瓜样的角色，通过不断给白脸小丑帮倒忙、做各种蠢事而逗观众发笑。——译注

提是妇女没有被当作死亡的根源。我们甚至可以琢磨一下，如果以类似的方式来解读存在于扑克牌游戏中的"小丑"，这样是否也是合适的，因为它并不属于任何一个花色，且能够以一种任意的、可以说是不合理的方式被夹带在各种组合之中来出牌，既可以打乱这一组合又可以将之补全。这样的丑角出现在各种文化现象中，这难道只是个巧合吗，还是说它是某种残存至今但已经蜕化变质的原始文化遗留？在此这些都不重要。关键在于在神话史料中，有关这一点的内容非常丰富且极具启发性。虽然作者从"夸富宴"中汲取了大量素材，但相比于这种习俗，神话对于他而言也许能更好地呈现出，为什么一种纯粹的游戏元素会在神圣的领域中占有一席之地。此外，在解释为何人类会变成必死之身、会变成凡人的种种传说中，我们也总能找到游戏的影子，这一点也十分值得注意。

显然我是第一个认识到可以在游戏与神圣之间建立起联系的人。再者我也给 J. 赫伊津哈主动提供了不少论据。然而在关键的一个问题上，我却不敢苟同他的观点。虽然游戏与崇拜的各种形式都同样小心地将自己与存在的日常进程隔离开来，但是我并不认为它们便因此而有着区别于日常存在的同等的处境，也不认为它们便因此而有着相同的内涵。

当然这是不言而喻的，而且别人也会指责我，说我这是多此一举。不过我还是觉得，对这点做些说明更好。这种辩论是值得的，哪怕它会演变成对我们各自意图的横加指责。没人会反对说，游戏是一种纯粹的形式，是一种以自身为目的的行为，是一系列只是为了被当作规则来遵守的规则。赫伊津哈自己也强调，游戏的内容是次要的。[257] 但是神圣却并非如此，相反它是一种纯粹的内容，即一种不可分割、性质不明、转瞬即逝、具有灵效的力量。仪式的作用是尽量捕获、驯服与支配这种力量。所谓尽量，是因为面对它，人类的努力总是既不可靠又不确定的，因为它从定义上来说就是超人之力。在任何情况下，人类都无法随心所欲地掌控它，无法将它的威力限制在既定的范围内。所以人类必须崇敬它，浑身颤抖着畏惧它，谦卑地恳求它的慈悲。这就是为什么人们将神圣定义为"恐惧"与"着迷"；这就是为什么祈祷成了最基本的宗教态度，而与之相对的则是魔术师的那种毫无虔敬之心的、意图约束自己所操纵的力量的态度。

作为万能之力的源泉，神圣会让信徒感到束手无策。面对神圣，后者会觉得无能为力并完全受它摆布。在游戏中则正相反：一切都是人力所为，都是作为造物主的人所发明的。正因如此，游戏能够让人休憩、放松，让人暂时从生活的劳顿中解脱出来，让人忘记危险、烦恼、工作。反之，神圣的领域意味着一种内在的紧张感，相对于此，世俗的存在反而成了一种放松、休憩与解脱。情况完全颠倒了过来。

---

[257] HUIZINGA, *op. cit.*, p. 165："在游戏中，需要做的事与可以赢得的东西，都只是次要的问题。"这一观点适用于游戏，但并不适用于那些被作者视为类似游戏的行为。——原注

在游戏中，人会脱离现实。在其中他所寻求的是一种自由的活动，一种只有在他事先同意的情况下才会参与的活动。他会首先对他行为的后果做出限定，他会自己决定他所要付出赌注的大小，他小心地将游戏场地（竞技场、赛道、拳击擂台、舞台或棋盘）单独划出来，只是为了表明这是一个特殊的空间，由专门的规则支配，而在其中发生的行为只有在遵守这些规则的前提下才有意义。而在这块场域之外，或是在游戏开始前与结束后的时段，人们是不会在乎这些任意制定的规则的。游戏之外，亦即生活，相较而言更像是片危机四伏的丛林。在我看来，我们在游戏行为中感受到的快乐、放纵、自在，都是源自游戏场域带来的安全感。我们知道，在其中发生的事情只拥有我们赋予它的重要性，我们在此只会受到我们所接受的程度的伤害，且只要我们愿意，我们随时都有权利退出。这与生活是多么不同啊！常言道"全身而退"，这在生活中几乎是不可能发生的。在此，我们必须去面对那些出乎我们意料的、我们也不会希望遭受的困难、混乱、挫折。每时每刻我们都会发现，自己比预期陷得更深。此外生活中也充斥着背信弃义之事，所以遵循惯例、墨守成规似乎是愚蠢的，因为这不再是一个游戏，而是生存的斗争。

在日常生活中，每个人都要对自己的行为负责。错误、失误、疏忽有时候会让人付出沉重的代价，所以我们必须要时刻留意自己的言行，因为一不小心就可能招致灾祸。此外我们也明白，播种风之人会收获暴风。[258]最后，我们也必须重视厄运、事故、不公以及诸多本不应出现的、可能会伤及无辜的不幸之事。

与之相对，游戏不仅是"有限与临时的完美之事"发生的场域，还是某种避风港，在此我们可以主宰命运。在游戏中，玩家可以自己选择自己要面对的风险，因为这些风险是预先确定的，所以不能超过玩家准备承受的具体范围。这类原则甚至适用于赌博。诚然，在赌博中玩家要听天由命，但根本上是由他自己来决定要听天由命到什么地步。因此，他在赌博中比在生活中要更加自由和独立，且在某种意义上更不容易受到霉运的影响。如果他一下子赌上了自己的全部钱财，他也不是被迫如此的，如果他输了，除了他自己的激情他也无法责怪任何人。

什么叫输得起的玩家？一个明白他无权抱怨运气不好，也无权因不幸而苦恼之人，因为可能到来的霉运与灾祸虽然非他所愿，但至少也是他主动接受的。简言之，输得起的玩家就是足够泰然之人，不会将游戏与生活这两个领域混淆；就是那种哪怕输了，也会表现出对他而言游戏只是一场游戏、只是一种消遣之人，拿得起放得下而不会把它当回事，且会觉得因其风险而患得患失是丢脸的行为。

---

[258] 原句出自《圣经旧约·何西阿书》8：7："他们所种的是风，所收的是暴风，所种的不成禾稼，就是发苗也不结实。"——译注

因此我们便将游戏定义为一种自由的活动，在其中人对自己的行为没有丝毫的顾虑。活动的意义与影响由他确定，活动的条件和目的也由他定夺。他的轻松、冷静、惬意由此而生，不仅是自然而然的，还是必须的，因为不表现出对游戏太过认真意味着一种体面的姿态，哪怕输得一败涂地。

而神圣的法则却完全相反，这一点还需要再提吗？它的领域同样截然脱离于世俗生活，但这却是为了保护后者，让其免于自己可怕的破坏力，而非因为它同游戏一样只是一种脆弱的公约，一旦与现实碰撞就会立刻将自己摧毁。毫无疑问，我们不能随心所欲地操控神圣的能量。若要驯服这种恐怖的力量，就必须一丝不苟地采取预防措施。因此，只有凭借造诣精深的技巧手段才能成功。为此我们需要可靠的秘诀，需要魔力，需要由神明本尊授权与传授的咒语。当我们念咒、使用这种咒术时就是在模仿神明，正是它让咒语灵验无比。实际上，我们诉诸神圣是为了影响现实生活，为了获取战斗胜利，确保社会繁荣，得到所有源于神明之恩惠的理想结果。神圣的力量超越了一般的存在。当走出庙宇或完成祭祀后，人便重新恢复了自由，重新进入到一种温和的环境之中，在此进行任何行为时都不会感到害怕也不会颤抖，这些行为也不太一定会导致无法挽回的后果。

总而言之，当我们结束神圣活动而重归世俗生活时，我们所感受到的如释重负，便如当我们忘记世俗生活的烦恼与变迁而沉浸在游戏氛围中时是一样的。[259] 在这两种情况中，人的行为都获得了一种新的自由度。此外众所周知，在许多语言中自由的概念和世俗的概念是由同一个词来表达的。在此意义上，游戏，亦即最为典型的自由行为，便是纯粹的世俗。它没有任何内容，不会在其他层面上产生任何无法规避的影响。相对于生活，它只是享受与娱乐。然而相对于神圣，生活反之成了虚妄与娱乐。因此我们便可以将**神圣—世俗—游戏**划分为三个等级，而这个等级划分应该能够完善 J. 赫伊津哈的理论建构。神圣与游戏常联系在一起，是因为它们二者都同实际生活相对，但是在后者面前它们却有着完全对称的两种不同的处境：游戏必须畏惧生活，因为只要受到生活的冲击它就会被击碎或被驱散；反之我们认为，生活的成败则取决于神圣那至尊权力的灵效。

作者对游戏这种无形之物的定义非常宽泛，以至于到最后任何具有规则的、约定俗成的、毫无道理可言的形式都可以成

---

[259] 就本维尼斯特而言，他将游戏定义为一种"去社会化的活动"（*art. cit.*, pp. 164-165）。他也认识到神圣意味着"紧张与惶恐"，而游戏则意味着"兴奋与解脱"。更进一步，他将游戏视为神话与仪式分离的产物。一旦脱离了神话，亦即脱离了那种赋予仪式行为以掌控现实之能力的神圣话语，"仪式便沦落为一系列不再有效的规范行为，沦落为对宗教礼仪的一种无害的复制，沦落为纯粹的游戏（ludus，括号中为拉丁文）"。相对地，脱离仪式的神话会最终变成单纯的文字游戏（jocus，括号中为拉丁文），变成既无实际内容，又无任何保证，还无任何意义的空话，并非变成空洞的行为，而是变成空洞的语言。因此，抢夺太阳的斗争变成了足球赛，入教或成人的试炼之谜沦落成了双关俗语。——原注

为游戏。他的游戏理论甚至囊括了军事战术、韵律学与法律诉讼程序。因此我们丝毫不奇怪，他在神圣之中发现了这种游戏本能的某些展现，而他也出色地阐明了游戏本能对文化的发展所做的各种贡献。我已经指出过，这条研究道路是非常有价值的，还会给我们带来更多惊人的发现。不过尽管游戏与神圣的形式相似，内容却总是不同的，这一点也无可争议。军事战术并不能解释战争的出现，韵律学无法解释诗歌之美，法律也不能解释人们对正义的渴求。[260] 神圣也是一样：我知道在神圣之中我们会发现自己同日常生活相隔绝，所有的行为都受到规则束缚且具有象征性，祭司会穿着礼仪服饰扮演一个角色，总之我知道整套神圣仪式有着类似于游戏的一面。但是若我们不再关注形式，而是考虑祭司与信徒之间那种亲密的关系，那么我就会认识到这一切同时也是献祭与共融，认识到我们完全处于神圣之中，离游戏要多远有多远。

我还想补充最后一点。《游戏的人》以充满苦涩叹惋的一章做结，讲述了游戏这一元素在当今世界的衰颓。也许这只是某种"厚古薄今"（laudator temporis acti，括号中为拉丁文）的看法带来的错觉，对此我们需要保持怀疑。然而，我们也无法对现代社会中神圣与节日那令人忧虑的衰退视而不见。这是一个脱离了神圣、没有节日与游戏的世界，因此也是没有固定准

---

〔260〕 本维尼斯特甚至给出了将神圣变为游戏的诀窍："集体或个人生活中任何合理的、规范的表现形式都可以转变成游戏，只要我们将赋予其效力的理性动机或事实动机从中抽离就行。"(*ibid.*, p. 166)——原注

则、没有奉献精神、没有不拘一格的创造的世界。在这个世界中，眼前利益、玩世不恭与否定一切规范的态度不仅存在，而且被尊为绝对的价值，取代了所有游戏、所有庄严的仪式与光荣的竞争所意味的规则。因此，如果我们发现这个世界上的几乎一切都导向战争，这没什么可吃惊的。

此外，有些人将每条法则都视为公约与束缚而拒绝接受它们。正是由于这类人的意志，在这个世界上战争变得不再是竞争，而成了暴力；不再是强者衡量他们勇气与技能的考验，而成了导致人数更众、武器更精良者蹂躏与屠戮弱者的那种无法缓和的敌对情绪。这是因为，哪怕是在战争中，在战斗的核心意义上，只要游戏元素的缺失或对它的拒斥没有完全滑向纯粹的野蛮，那么就还残存着文化。若没有游戏，没有公平竞争，没有自觉建立并自由遵守的公约，那么就没有任何文明可言。若人们既不再愿意也不再知道如何体面地、有保留地面对输赢，在面对胜利时不再自持，在面对失败时充满怨恨，也就是说人们不再"输得起"，那么就没有任何文化可言。最后，若在个人或团体的利益之外不再有任何神圣的诫命，不再有那种没人敢随便议论的，但人人都会觉得为了捍卫它值得牺牲自己的生命，乃至在必要时值得危及自己所属的集体之存在的神圣诫命，那么就没有任何道德，没有相互信任，没有对他者的尊重可言，而这些是所有想要做出一番成就的事业所需的条件。

我们可别忘了还有比作弊者更恶劣的人存在，即拒绝或不屑于参与游戏之人。这类人或嘲弄规则，或告诉世人规则的存在毫无意义,譬如 J. 赫伊津哈所提到的一位波斯沙阿（Shah）[261]：他受邀来英国参加赛马会,却拒绝下注,并辩解说自己已经知道哪匹马跑得会比哪匹马快。对神圣而言亦是如此,没什么人比这些"扫兴鬼"（agua-fiestas）[262]——对任何事都持怀疑态度以资炫耀之人——对文化更具有破坏性了。他们以嘲笑一切为乐,天真地以为这样就能彰显自己的优越性。然而他们出于虚荣心所做的,不过是破坏了那通过无数辛劳与痛苦积累而成的珍贵宝藏,除非他们打破传统、亵渎神圣只是为了自己来给一个或更加轻松愉快,或更加严肃庄重的新游戏制定规则。

之三 战争与神圣

节日，原始社会运转的高潮阶段

在每个社会里,神话都几乎完全主宰着人们的想象,并通过各种仪式决定着他们生活中最根本的行为。而考虑到神话在社会中所占据的这种地位,我们就会认为,当它们隐匿的时候,某种现实一定会代替它发挥作用。要发现这种现实是不容易的,因为它必须能引发人们的某类重要的举动,并让人们产生足够的信仰来将这类举动当作必要或自然的,以至于若这种

---

[261] 沙阿,波斯古代君主的头衔。——译注
[262] 原文为西班牙语。——译注

强大信仰的神话本质一旦被揭穿，人们将会无比震惊，就好像某一宗教的信徒所信奉的信条——支配他们最主要行为的信条——被当面斥为荒谬的迷信一样。这即是说，一旦我们在自己存在的领域中寻觅神话，我们就会发现它实际上是我们起先不愿相信的那个样子。

节日和神话的性质一样，是一种周期性的从上到下搅闹原始社会的激动与混乱状态。这一现象的时间跨度、暴力程度与规模大小如此惊人，我们只能勉为其难地用某些存在于更加复杂之文明中的那种乐在今朝的日子以为参照。我们会联想到假期，但这种联想是错误的，因为很容易就可以看出假期无法与古老的节日庆典相提并论，反而更像是其反面典型。事实上，它不会对集体生活造成任何明显的中断或转变。它并不是人群大规模聚集的时段，而是人群分散到远离城市中心的时期，是他们到孤独的边缘之地、到空旷场所、到最没有压力的区域消遣娱乐的时期。它并非某种社会的危机或峰值状态，并非人们焦急紧张并全神贯注的时刻，而是生活节奏放缓、休憩放松的一段时间。它标志着一般活动节奏的暂停。最后，它让每个人都回归自我，将之从烦恼与劳作中解脱出来，免去其社会性义务，让其休息并使其远离众人。而相反，过去那种节日则会让每个人都脱离他的私密生活，脱离他的个人与家庭世界，将之置于一个漩涡之中。通过一下子就将自己的财富和力量耗尽，一群狂热之众便会在喧闹之中变成不可分的一个整体。从各方面来看，作为人们某种空闲的、心不在焉的阶段，假期更像是这种让社会存在浴火重生的猛烈情绪释放之反面。

若想找到类似这样的高潮状态，我们就必须去搜寻有着另一种规模、另一种张力的现实，一种可以真正被视为现代社会存在之顶点的现实，一种会突然煽动起社会情绪，并将之带向某种可以改变一切的炽热之中的现实。

这样的话，我们就需要回想一下原始节日的主要特征。这是一段充斥着过度之举的时光。在节日中，人们有时会把积攒了好几年的储备都耗费殆尽，会违背最神圣的法则，即那些让社会生活得以建立的法则。先前的罪行会得到允许，新的禁忌会取代以往的成规，一种新的纪律规范会建立起来。但这种纪律规范的目的似乎并不是避免或缓和强烈的情绪，反而是引发这类情绪并将之推向极点。躁动之情会自行增长，节日的参与者都会被狂热裹挟。民事或行政当局的权力会暂时削弱或消失，但并不是为了满足正统神职阶层的利益，而是为了让秘密行会、另一个世界的代表人物或戴着面具化身为神灵和死者的演员得益。这种热忱出现的时刻也是献祭的时刻，是神圣的时刻，是一段位于正常时间之外的时刻。它会重塑、净化社会，使之重获青春。在此期间，人们会进行某类仪式以求土地肥沃，并让少年男子们成为新一代的男人与战士。所有的过度之举都会得到允许，因为社会亟待重生，而重生正源自这些过度行为，源自浪费、狂欢与暴力的举动。从爆发与衰竭之中，它希图获得新的活力。

节日便是这样一种危机状态，它与日常生活单调的背景形成鲜明的对比，与其几乎在各方面都形成极端反差。而在复杂的机械文明中，我们基本只能找到一个可以和它并驾齐驱的现象。考虑到现代文明的本质与发展，这唯一的一个现象所展现出的重要性、烈度与光芒却竟然可媲美节日，与之具有同等的意义：它便是**战争**。

战争，现代社会运转的高潮阶段

当节日的影响力得到完全发挥时，它便会调动庞大的社会资源与能量。在这样的现象面前，任何其他现象都会显得微不足道，完全不成比例。因此将战争类比节日，虽然这种对照令人难以置信且会引发争议，我们仍然应该迎难而上并同意来更加仔细地对其进行研究。诚然，战争意味着恐怖与灾难，代表着死亡的泛滥，而节日则洋溢着喜悦，充盈着生命。二者在每个方面都截然相反，一切都揭示出它们是相互矛盾的。但是在这里我们想要比较的并非它们的意义或内容，而是它们那绝对宏大的规模，是它们在集体生活中的作用，是它们烙印在个体灵魂中的形象——一言以蔽之，是它们所占据的地位而非它们占据这种地位的方式。如果说战争与节日相对应，那么它同样也是节日的反面这件事便会更加具有启示性，且探寻二者间的差异也应该会有助于明确与完善我们受它们所展现出的相似性启发而得出的种种结论。

1. 战争与节日

　　战争代表着现代社会之存在的高潮状态。它是一种总体现象，可以煽动起社会的情绪并将之完全改变，因而与和平时期的岁月静好形成了强烈的反差。它是集体生活的状态最为紧张的阶段，也是人群大规模聚集、人们的努力高度凝聚的阶段。在此期间，每个人都会被剥夺自己的职业、家庭、习惯乃至闲暇。通常出于乐趣，人们会在自己周围布置一个自由圈，同时也会尊重邻人的自由圈，但是战争会将这些都残酷地摧毁。它会打断恋人之间的幸福与口角、雄心勃勃之人的事业与艺术家、学者和发明家在默默无闻之中进行的工作。它会不分青红皂白地将忧心忡忡与心平气和这两种心态都破坏掉，任何属于私人世界的东西全都不会留下，无论是创作、享受甚至是焦虑。没人能够置身事外地埋头于另一项工作，因为每个人都一定会或多或少为战争所用。它需要一切能量。

　　因此，取代这种每个人都随心所欲地生活，不太参与公共事务的隔绝状态的，是一段社会全体成员集体悸动的时期，这种悸动让他们肩并肩聚集起来，让他们奋起，让他们排成行伍，让他们的身心相互趋近。时刻已至，社会突然不再纵容一切，不再想让那些受其庇佑而福运昌隆之人忘记自己的存在。现在它开始抢夺财物，向其公民索取时间、辛劳乃至鲜血。每位社会成员穿在身上的统一制服都明显标志着，他放弃了一切将他同别人区分开来的东西，以便服务于社会群体，但并非如他所愿地那样做，而是根据这件制服所代表的指令以及他的岗位要求来做。

正因如此，战争与节日之间的这种相似性是绝对的：二者都会开启一段极端社会化的时期，开启一段各种工具、资源与力量全部汇聚在一起的时期。它们都会中止一段每个个体在众多不同领域自顾自暇的时期。在战争与节日中，人们反而会相互依存，相互交叠在一起，而非在一个结构严密的系统中分别占据一个明确的位置。因此在现代社会里，战争代表着群体之中的一切集结与高度融合的时刻，而这些元素在平时则会各自维持一块独立的区域。这就是为什么相较于节假日，我们更应该将战争与过去那种群情激昂的时节进行比较。

· 过度、暴力与背德之举频发的时期

另一方面，远古的节日与劳动时期之间的关系，和战争与和平时期之间的关系是一样的：相较于那种社会处于稳定与节制的阶段，二者都是充斥着骚动与过度行为的阶段。"切勿无事生非"，这句格言既被用于形容规律的生活，也被用在和平的外交政策中。它们共同的要求是让一切事物都能够得到保存与延续。反之，那些会将尽可能多的力量集中于某一特定的时间点发动的出其不意、暴力、突然且富于技巧之举，则是既常见于节日又常见于战争中的基本策略。此二者虽然各有各的规则和领域，但在常规存在的单调进程面前，却都像是某种反常而骇人听闻之现象的爆发。

此外，日常生活说到底只是由许多细小的误差构成的。它那平衡与安宁的状态，实际上是许许多多细枝末节的、无序混乱的错误累积在一起的结果，因为这些错误都不会导致太糟糕的后果，且它们的影响会相互抵消。然而在我们的常识里，尽管军事战术与仪式礼法无比严苛，战争与节日仍然代表着混乱与纷争。这是因为在二者进行之时，各种在其他任何时候都会被视为不折不扣的亵渎之举与不可饶恕的罪行之行为，都会得到允许：在节日中人们会突然需要行乱伦之事，而在战争中则不得不去杀人。

原始族群最高法律与社会秩序的基石是异族通婚之法，而现代社会最高法律的根基则是对他人生命的尊重。在常规时期，如果我们谋害他人生命，就会受到最严厉的制裁与最愤慨的谴责。但当战斗的时刻来临，新的准则便会出现。之前被禁止、被视为恶劣行径的行为，此时反而会带来荣耀与声誉，只要这些行为是发生于某种礼法的范围之内，并辅之以某类旨在使之封圣或将之美化的成规习俗就行，哪怕它们是在某种疯狂本能的无序释放中做出的都没问题。在战争之中，被尊为荣耀之举的不仅有杀敌，还有那些被公民道德所谴责，家长禁止孩子做出的，舆论与法律禁止成年人做出的所有行为与姿态。诡计与谎言会受到赞赏，甚至连盗窃抢劫也被允许。当需要谋取生活必需品，甚至仅仅只是补充一点口粮时，人们不会太看重所用的手段的，且相比一个人的奉公守法会更看重他的不择手段。至于杀人这件事，人们知道自己不得不这么做，知道这样做不是白费力气，知道这样做是必须的。

· **破坏的喜悦**

最后我们会看到，长久以来被压抑的那种破坏的喜悦之情会从各处涌现出来。它是那种让一个物品变得破碎不堪、无法辨认的乐趣，是那种医生所熟知的、不断折磨一个可怜的东西直至将其变为叫不出名字的碎片的快感。简言之，它是各种解放天性的暴力行为，是那种人类自不再拥有玩具可以毁坏——毁掉那些他不再喜欢的玩具——时起就被剥夺的暴力行为。人们有时会把在市集上刚买的碗碟当场打碎，但与杀戮的狂热相比这种满足感完全不值一提。对于人类来说，当他伤害自己的同类时感受到的快感似乎是最强烈的。如果他沉迷于此，那么这种快感有时会让他激动到窒息与晕厥。他不仅会承认这种感觉，还会吹嘘它[263]。

在战争中战士会被一种激情攫住，会觉得感受到了某种被充满谎言的文明深埋于心底的原始本能重新苏醒："因而在激情澎湃的狂欢之中，人类会恢复本真面貌并补偿自己的禁欲！长期被社会及其法则所抑制的本能会重新成为最重要的、最圣洁

---

[263] Cf. E. VON SALOMON, *Les Réprouvés*, trad. franç., p. 121; cf. pp. 72 et 94. ——原注

恩斯特·冯·萨罗蒙（Ernst von Salomon, 1902—1972），德国作家。此处引用作品为《不法之徒》。——译注

的东西，成为至高无上的存在理由。"[264]

就如同节日之中发生的乱伦一样，战争之中发生的杀戮也是一种有着宗教意味的行为。据说它源自活人献祭，并没有直接效用。正因如此，通俗看法认为它同刑事犯罪的谋杀是不一样的。要求战士牺牲自己性命的法则，同时也要求他献祭敌人的生命。战争的规则徒劳地试图将杀戮变成一种高尚的游戏，变成某种暴力的成分被忠诚与谦恭限制住的决斗，但其本质依旧是屠杀。其所需的技巧永远是轻易地消灭敌人，就如同在狩猎中捕杀猎物一样，这即是说如果可以的话，要在敌人睡着或手无寸铁时将之消灭。优秀的将领不是那种图一时之快而让他的士兵冒生命风险的人。因此一些学者认为现代战争最符合战争的理想本质，因为在现代战争中平民是无法幸免于难的，居民聚居的城市会为敌人最致命的打击提供开阔的目标，即不仅容易攻击而且一定会带来战损的目标。由于骑士道的存在，过去的战役仿佛大型竞赛一般，但真正的战士则会希望看到骑士道不再是不成文的规定。在战争这场节日中，总会有人乐于看到礼法仪式让位于放纵与狂欢之举。

---

[264] E. JÜNGER, *La guerre, notre mère*, trad. franç., Paris 1934, p. 30. Cf. E. VON SALOMON, *op. cit.*, p. 71. ——原注
恩斯特·荣格尔（Ernst Jünger, 1895—1998），德国军人、小说家。此处引用作品为《战争：我们的母亲》，原注标注的是其1934年法译本的书名，德语原著的书名为《作为内在体验的战争》（*Der Kampf als inneres Erlebnis*）。——译注

· 亵渎与浪费

　　大多数敬畏之情都与死亡有关，因为死亡是人们最为敬畏的对象。当面对一具尸体时，人们会默哀并脱帽致意。但是在战争中死者的遗骸通常来不及被埋葬，所以人们会对死亡习以为常，会反而毫无拘束、亲切地对待尸体。[265]人们会开尸骸的玩笑，会对它们说话，还会在经过时用手轻抚它们。在逝者面前拘谨的态度会被无礼放肆取代。人们会用脚把这些可怜的尸骸推到一边，会用言行嘲弄它们好让自己不感到害怕，避免它们烦扰自己的心绪，因为笑声是抵抗恐惧的武器。因此在战争中，人类又一次发现自己摆脱了社会习俗与教育强加于他的种种禁令。人们不再向死亡鞠躬致意，不再敬畏死亡，反而对其恐怖的现实视而不见、置若罔闻。它就那样赤裸裸地展现在人们面前，不加粉饰，毫无遮掩。战争便是人们可以肆无忌惮地践踏、亵玩这一需要致以崇高敬意之物——人类尸骸——的时刻。有谁能克制自己不去进行这样的报复与亵渎行为呢？所有被视为神圣的东西，到最后都会遭到如此亵渎，因为它在让人恐惧与颤抖的同时，也会让人想要污蔑与唾弃。

---

[265] J. ROMAINS, *Les Hommes de bonne volonté*, XV, *Prélude à Verdun*, Paris, 1938, p. 179. ——原注
　　朱尔·罗曼（Jules Romains, 1885—1972），法国作家、诗人、剧作家。此处引用作品为《善意的人们》，该长篇小说共有二十七卷，作者参考的第十五卷名为《凡尔登的前兆》。——译注

另一方面，节日是肆意挥霍的时节。在节日中，人们会耗费掉经年累月积攒起来的储蓄。战争则和这种无度浪费毫不相关。被消耗掉的不再是堆积如山的食物，也不再是积流成湖的酒水，战争之中发生的完全是另一种类型的消耗：每天人们会用掉成千上万吨的弹药，军火库被搬空的速度就和粮仓被吃空一样快。如同在节日中所有可食用的食品都会被堆积起来一样，在战争中各种债款、税务和财物征收也会汇集一个国家的各类财富，并将之引向深渊，也就是说战争就是一个会不断吸纳财富的无底洞。在战争时期，一方面民众一天消耗掉的食物似乎够他们在和平年代吃上一季；另一方面金钱的数目也会让人头晕目眩，开战几小时的开销就相当可观，甚至会让人觉得这笔开销足以解决世上的一切苦难。节日与战争，二者都会无意义地、近乎疯狂地骤然耗尽通过节俭与勤劳长期耐心聚积起来的资源，以至于到最后挥霍无度会瞬间取代贪婪吝啬成为社会的主旋律。

因此，战争呈现出的一系列外在特征，会让人们将它视为一种现代意义上的阴暗可怕的节日。我们也因而不惊讶于看到，当它成为一种国家机制后，在人们的心中会激起种种信仰，让人们像颂扬节日一样将它尊为某种宇宙原则，尊为某种会促使万物繁荣昌盛的原则。无论战争和节日的内容如何互相矛盾，这都是徒然，二者的形式与规模如此相似，以至于人们总会试图模糊地将它们想象为一回事，乃至认为它们的本质是相同的。

2. 战争的神秘信仰

· 战争，时间的标杆

节日会打开通往神界的大门，在此人类会变形并获得超人的生命。它将人引向伟大时代，同时也划分工作时间。在节日与节日之间，日历计算的不过是些空洞而平常的日子，这些日子的存在只是为了突显其他更加重要的日期。哪怕现如今节日几乎已经将其真实内涵丢失殆尽了，我们仍然会说"在复活节之后"或"在圣诞节之前"这样的话。同理，战争似乎也在时光流逝中发挥着标杆的作用。它会斩断国家的生命历史：每次它都会开启一个新的纪元，当它爆发时便是一个时代的终结，而当它结束时则意味着一个新的时代的开始，新时代与旧时代之间有着显著的本质差别。当然在这两个时代中，人们的生活方式也截然不同：当国家从灾难之中走出并重建时，一切都处于放松状态；而当国家准备面对灾难时，一切则处于紧张状态。因此我们会看到，人们会将战前与战后这两段时期确切地区分开。

在原始人类文明中，战争通常十分持久且规模较小。根据观察者们的报告，原始人类与现代人的生活方式相同，不过却是根据节日来划分时间的，即他们活在对上一个节日的回忆或对下一个节日的期许中。此外，他们会不知不觉地从一种节日状态过渡到另一种节日状态。与之类似，现代社会从战后到战前的过渡同样也是循序渐进的。改变会同时在思想、政治与经济上发生。和平时期是中性的，它会顺应与之相反的趋势，从而构成填充两场危机之间空隙的时期。战争的魔力便源于此，它起先会平衡，然后会彻底消除它所引发的恐怖之情。

一开始人们会将战争视为某种荒唐而罪恶的灾难。出于尊严人们会拒斥它，其努力的首要目的是避免它爆发。但是很快，人们就会认为它是必然将要发生的。它会变得如同命运一般。它会具有如同某种可怕的、散播破坏与毁灭的自然灾害一样的崇高特征，而一旦如此，尽管理智上人们依然谴责它，但内心里却会将它尊崇为那种无法掌控的、被认可的力量。这种尊崇只是个开始。作为战争未来的受害者，人类会从战争无法避免转而认为它是必不可少的。如果他是神学家的话，就会认为战争是上帝的惩罚，并赞同约瑟夫·德·迈斯特的说法；如果他是哲学家的话，就会在战争中发现自然的法则或历史的驱动力，并追随黑格尔的脚步。战争不再像一个偶然事件一样介入世界，而是会成为宇宙法则本身。它会变成宇宙运转不可或缺的一个齿轮，并因此而获得某种确切的宗教价值。人们会颂扬战争的益处。它不再意味着野蛮，反而会成为文明之源，成为文明之中盛开的最美花朵。一切都因战争而生，和平则会让万物因停滞不前与耗损不断而衰亡。因此，人们需要战争来重振社会，挽救它于灭亡，使它免于岁月所带来的无法挽回的损伤。在人们眼里，战争这样的屠杀反而会具有不老泉水的那种功效。

· **战争，重振社会的力量**

我们承认那些通常被归于节日的力量。通过节日，过去的人们会定期让社会重获新生；通过庆祝节日，他们希望迎接一个充满活力与健康的新时代。而哪怕是在词汇表达方面，关于战争的神话传说也能呈现出它与节日之间的共性。人们将之塑造成一个象征着悲剧的繁育之力的女神，将之比作一场盛大的分娩。且如同母亲在生孩子时要冒生命危险一样，人类也必须流血牺牲才能确立或延续其存在。战争展现出国家诞生的定律，同时呼应着那种本质上必然是可怕的、主导着生命降生的内脏运动。意志与智力都无法左右它，就如同它们无法控制肠道运动一般。然而这类毁灭性的爆发却向人类揭示出那种最隐秘的能量之价值与力量。它们会将人从和平那丑陋的停滞状态中解脱出来，在这种状态下人们只是行尸走肉般地活着，眷恋着某种可耻的宁静，并希图实现某种最低级的理想：财产安全。而战争则会打破这种瘫痪、凋敝的秩序，并迫使人们在庞大而骇人的废墟之上建立一个新的未来[266]。

因此，我们怎么能够视战争为绝望之中最后的办法，视之为国王们万不得已的手段，视之为当其他方式全都失灵时人类

---

[266] H. de KEYSERLING, *La Révolution Mondiale*, trad. franç., pp. 69-70; 171; *Méditations Sud-américaines*, pp. 121-122. ——原注

盖沙令伯爵（Hermann von Keyserling, 1880—1946），德国哲学家。其著作分别为《世界革命》与《南美沉思》。——译注

不得不面对的严酷而可怕的必然选择呢？它可不仅仅是某种丑陋的补救措施，某种国家偶尔被迫去寻求救赎时采取的措施。反之它是国家存在的理由，甚至是一种定义国家的方式：国家是所有并肩作战之人的集合体，而反过来战争则是国家存在之意志至高无上的表现。对于人民而言，它构成了道德的最高律令。战争不应该被用于构筑和平，相反是和平应当被用来筹备战争。这是因为，和平只不过是两次战争之间单纯的、暂时的休止[267]。任何有价值的努力都会导向战争，会在战争中得到正名。而其他一切，即对它毫无意义可言的东西，都是可鄙的。"一切人类与社会命运只有在筹备战争时才是正当合理的。"[268]

· **战争即圣礼**

上述观点是真正意义上的宗教思维。战争与节日相比毫不逊色，也像是神圣的时段，像是神灵显圣的时节。它会将人带入一个心醉神迷的世界，在此死亡的无所不在令他不寒而栗，但也为他的各种行为赋予了更高的价值。就如堕入地狱这种古老的试炼一般，在这个世界中，他会认为自己获得了一种远超

---

[267] LUDENDORFF, *Der Totale Krieg*, München, 1937, cité par H. Rauschning, *La Révolution du Nihilisme*, trad. franç., Paris, 1939, p. 114. ——原注
　　埃里希·鲁登道夫（Erich Ludendorff, 1865—1937），德国将军、政治家与军事理论家，一战时德军主将。此处引用作品为《全面战争》。赫尔曼·劳施宁（Hermann Rauschning, 1887—1982），德国政治家与作家。此处引用作品为《虚无主义革命》。——译注
[268] LUDENDORFF, *ibid*. ——原注

尘世间种种考验的灵魂之力。他会觉得自己所向无敌，好像被标记了该隐杀害亚伯后获得的那个保护他的记号[269]："我们已经沉入到生命的最低谷，为的是出来时彻底蜕变。"[270]似乎战争会让战士们一口喝尽只有它才能提供的致命媚药，而这药水则会转变战士们对存在的理解："现如今我们可以肯定，我们前线的士兵们已经体验过了生命的本质，并发现了存在的真谛。"[271]

因此，作为一种新的神明，战争会洗刷罪孽并恩泽万物。人们会将种种灵验无比的功效都归功于战火的洗礼，认为它会让人成为悲剧仪式之中无所畏惧的主人公，成为被某个妒火中烧的神灵选中之人。在那些共同参与这封圣典礼或并肩面对战争的危难之人中，便会诞生出一种战斗情谊。从此以后，这些战士们便会被恒久不灭的纽带团结在一起，会因这样的纽带觉得高人一等，觉得他们之间充满默契，而不似那些远离危险或至少是没在战斗中发挥任何积极作用的人。这是因为只是暴露在战火的威胁中是不够的，还必须要战斗过才行。战争对人的升华具有双重性，它意味着我们不仅要不畏死亡，还要敢于杀人。所以担架兵是没有任何荣耀可言的。战士们并不平等，而是被分成了不同的级别：军种的差别（譬如空军与后勤部队）、作战区域的差别（譬如最前线与大后方）、所获得的功勋、所

---

[269] 据《圣经旧约·创世记》记载，该隐杀害亚伯后，上帝诅咒了他。但他觉得自己刑罚过重，人人见而欲诛之。所以上帝给他立了一个记号，让凡是杀害他的人，必遭报七倍。——译注
[270] E. JÜNGER, p. 30. ——原注
[271] E. JÜNGER, p. 15. ——原注

负的伤乃至肢体残缺,如此种种每一项都会成为等级划分的依据,会成为各种协会表彰战士荣誉的理由。这里体现出的实际上是人类社会的基本特征:在原始文明中,一个人只有在经历一系列痛苦的试炼后才能成为社会群体的一员,而社群成员都是享有特殊权利的。

·全面战争

就其本质而言,现代世界很难容忍这类专于暴力之人。它将此类人完全消灭掉了,虽然一旦时机有利他们还会死灰复燃。然而,如果说社会的新结构与机械或科学的战斗形式用无数无名的战士取代了指定的英雄,它们却并未改变旧有的思想。对特殊纪律的需要与严格执行这种纪律的手段,无疑让过去那种无度状态仅限于今人的幻想中,但失却了本能爆发的特质,战争的规模却在不断扩大。因此它获得了节日的另一个特征,即后者那种全面的性质。战斗成为一种大众行为,人们会寻求以最小的代价获得胜利,所以会攻击弱者。枪炮相向、机会均等的战斗成为兵法大忌。人们不再进行公平的决斗,而是开展暗杀、组织追击。人们会设法趁其不备攻击人数和武器装备都处于劣势的敌人,为的是有十足把握将之消灭,同时还要尽可能地让自己保持隐身、不受波及。越来越多的战争开始在夜间进行,并开始相互屠杀手无寸铁的平民,因为其工作是为战士提供补给。

再没有界限明确的战场存在了。过去的战场是一片保留区域，就如同比武场、竞技场或游戏场地一样。至少在这片专门留给暴力行为的场域周围，还是一个由更宽松的法律所管辖的世界。但是现如今，战争却在各个国家的整片土地上蔓延。同样地，它的持续时间也变得毫无定数。战争的开端不再是一个庄重的宣言，战火燃起的时刻不再由这种宣言决定。人们会出其不意地进攻，打敌人个措手不及，为的是能够获得绝对的优势。因此这种规模宏大的对决所需的时空不再受到限制，不再同正常的时空区分开来，也就是说战争不再像是某种竞技那样，人们通过给定的信号在规定的界限内比拼。

与此同时我们还可以看到，一切具有骑士风度的、规范的元素也逐渐从战争中消失。某种意义上说战争得到了净化，完全变回了它本该有的样子。它剥离掉了任何与它真正本质无关的要素，从它与游戏和竞技精神的杂交关系中解脱了出来。所谓杂交关系，即战争作为"纯粹违法犯罪行为"[272]，却曾经十分矛盾地接纳了正直与尊重敌人这两种美德，禁止了对某类武器、某类计策、某类花招的使用，还实行过一套严格的繁文缛节，为的是让人们不仅比拼勇气与胆识，还要比拼良好的行为举止。

·战争的魅力与恐怖之间的关系

这种规模宏大又肮脏无比、贪得无厌又予取予求的战争，

---

[272] KEYSERLING, *Méditations Sud-américaines*, p. 67. ——原注

会要求人做出最大的牺牲而不给予任何回报，会将人消耗殆尽而不给予任何补偿。它似乎越来越沦为一种单纯而无情的力量比拼，沦为一种谎言与暴行的双重较量。可是与此同时，它也越来越受到人们的颂扬。它被视为人类至高的福报，视为宇宙的根本原则。它的魅力从未如此令人折服，它也从未激发出如此强烈的诗意与宗教热忱。它的吸引力与它强迫人们做出的牺牲和它自身承受的骂名成正比。

对此我们可不要感到震惊，因为战争就和激情是一样的。当没什么能够限制激情的爆发时，它才最接近它的本真状态，才最显得壮丽与完美。同理，当战争的规模不再受到约束、开始调动整个民族的能量并肆意挥霍整个国家的资源时，也就是说当它开始僭越一切规则与法度，在规模与形式上完全超越了人类世界的极限时，它的光环才显得最为耀眼。当它粉碎几代人的心血并将之化作无垠的废墟时，当它如熊熊烈火般闪耀着阴暗的光芒时，它才称得上是集体生活那种恐怖的高潮状态。没什么能和它那阴森可怖的辉煌相媲美，因为它是现代社会中唯一一个能让人们摆脱各自烦恼，将之猛然推入另一个世界中的事件，在这个世界中人们将不再无拘无束，悲伤、痛苦与死亡将成为其常态。

和平的甜蜜与战争的可怕暴力之间的对比越是强烈，后者就越有可能在诱惑狂热分子的同时也让其他人感到十足的恐惧，从而使这些人陷入无助，并在战争中感受到某种说不清的、让他们束手无策的致命引力。这就是为何对战争那种近乎神秘的崇拜会在它最为恐怖的时候出现。起先人们会拿它开玩笑，会将之视为某种惬意的消遣，要么会咒骂它所带来的苦难、痛苦与破坏。但是它真正让人神魂颠倒的时刻，是当它跨越一切道德界限、波及每一个人与每一件事的那一天。此时它会变成某种令人不可思议、无法承受的劫难，会绵延数年并不断蔓延直至文明世界的尽头。

战争的巨大规模、广远的时空延伸、非凡的激烈程度、残酷的特征以及在摒弃了花边制服与宫廷礼仪后终于清晰显露出来的纯粹暴力本质，正是它们满足了那些心绪荡漾的人们，使他们相信自己为他们敞开了通往地狱——比毫无历史可言的幸福生活更加真实、更加刺激的地狱——的大门。在这样的地狱中人们会发现，那种作为万物之源的、会将他们的本真存在揭示出来的原则，将以一种吓人的方式呈现在他们面前。战争既是一种无上荣耀，又是对人的洗礼与封圣。在一个虚幻与腐败、既脆弱乏味又虚假的世界的断壁残垣之上，战争会借助大自然狂怒的喧嚣，来宣告并证明那曾经无数次令人魂牵梦绕的死亡之神圣的凯旋。

· **战争：国家的命运**

我们知道战争也会动摇国家。它所扮演的正是过去节日的角色。它会让人知道他并非自己命运的主人，知道他所依赖的那种更强大的力量可以在瞬间打破他的安宁生活，可以随心所欲地将他碾碎。同理，战争似乎也是国家的真正归宿，是它的狂热所通达的终点。国家所做的努力、国家本身的命运最终都会归于战争。战争对于国家而言就像一场终极试炼，会赋予或取消它进入新时代的资格。这是因为战争需要国家献出一切：财富、资源与生命，这些都会被它无止境地不断吞噬。

战争会让被文明所压抑的种种本能得到满足，而这些本能在它的庇护之下则会变本加厉地反噬，不仅会自己化为乌有，还会摧毁其周身的一切。既耽于自我毁灭，又能够破坏一切有形有名之物，这种本能的反噬便可以让不堪生活辛劳、被零星琐碎的禁忌限制、活在谨小慎微之中的人得到双重的、奢华的解脱。战争既是社会丑陋的融合又是其存在发展至顶峰的时刻，既是牺牲奉献又是打破一切法则的时刻，既是人被死亡威胁又是其因这种威胁而圣化的时刻，既是克己又是放纵的时刻。如此一来，它完全可以在现代世界中扮演节日的角色，如后者一样激起人们的迷恋与热忱。它与人性格格不入，这足以使它被视为神圣。没人不会期待战争，且所有人都会希望在这场万能的圣事中沉醉、重返青春、获得永生。

· 战争与节日功能间的互换

在原始社会中，战争相比节日并不显得有何特殊，规模也有限，所以只是一种平庸的社会现象。它只是日常生活短暂的插曲，是以狩猎、掠夺或报仇为目的的征战；又或者，它构成一种常态，仿佛人类存在的背景板一般，虽然它无疑也是危险的活动，但它的持续性却让它显得一点也不特殊。在这两种情况中，节日都会中断战争。它会让势不两立的敌人暂时和解，会促使他们因同样的亢奋激昂而亲如手足。哪怕到了古代社会，奥运会也会暂停各国的纷争，让整个希腊世界在被诸神保佑的短暂的欢乐中融为一体。

在现代社会中情况则正好相反。战争会让一切停止，国际的竞赛、欢庆活动与博览会会首先遭到波及。因节日而开放的边界会因战争而关闭。我们再一次看到，只有战争继承了节日的那种无所不能的力量，但却将之用于相反的方向：它会带来分裂而非统一。节日的作用首先是促进各部落结成同盟。观察者们视节日为一种完美的社会纽带，其最重要的功能是确保那些被它定期集结在一起的群体之间的凝聚力。它将它们团结在一片欢乐与狂热的氛围中，更不用说它同时还是食物、经济、性与宗教交换的时刻，是比拼声望、图腾与纹章的时刻，是进行力量与技巧角逐的时刻，是互办仪式、互敬舞蹈与互赠圣物的时刻。节日会更新社会盟约，重塑社会同盟。

相反战争则会导致契约与友谊的破裂，会激化对立。节日体现着蓬勃的生命力与滋养人的活力，相较之下战争不仅是死亡与毁灭的不竭之源，且它结束后所造成的影响同它肆虐时所引发的灾害一样，都是致命的。它的余威会在它平息之后继续它的恶行，会维持乃至助长哀怨与仇恨。其他的不幸会由此滋生，而最终爆发的一场新的战争，实际上是前一次战争的重复。因此在一个节日临近尾声之时，人们常常会将下一次的欢庆提前提上日程，为的是能够延续并重温它所带来的好处。同理，战争不祥的种子也会迅速发芽，宿命之恶会不断滋长，并取代哺育万物的节日喧闹，开启自己的轮回。

· 战争：文明的代价

是什么原因让战争发挥着与节日相反的作用？同为社会能量爆发、秩序巨变的时刻，为什么后者会激发慷慨之力、强化人与人之间的共融并呈现为一种极具创造性的丰盈状态，而前者则会激发贪婪之力、加剧人与人之间的分裂并呈现为一种极具杀伤力的狂暴状态？此中缘由很难说清楚，不过这种差别无疑源自我们在原始部落组织与现代国家组织之间所观察到的结构差异。

我们应当怪罪工业文明与集体生活的机械化吗？还是该怪神圣领域在世俗精神——充满冷酷无情与贪婪吝啬的、以通过暴力与诡计这种简单的方式获取物质利益为必然目的的世俗精神——的侵蚀之下逐渐消失？或是谴责高度集权国家——其形成的原因在于科学及其应用的发展让治理大量人口变得简单，让以曾经无法想象的精确性与效率在一瞬间调动起大规模群众成为可能——的诞生？对此我们不清楚，做选择也是徒劳。无论如何，很显然战争的无度扩张以及它所引发的神秘信仰与上述三类现象是同时出现的。当然这三类现象自己也互为因果，此外还产生了大量积极的影响。

技术以及随之而来的控制与强权手段的问题，世俗精神面对宗教精神取得的胜利与私利面对无私行为普遍取得的优势地位，庞大国家——在此权力留给个体的自由总是少之又少，且会导致后者在一个复杂程度不断加深的机制中被赋予一个越来越受到严格限定的地位——的建立，如此种种实际上是社会所经历的根本转型，没有它们战争也就不会拥有它目前的特征，即那种作为集体存在之高潮时刻的特征。正是它们让战争成为一个黑暗的节日，成为人类社会发展的一个反向的极点。正是它们让人类灵魂中的宗教情绪对战争着迷。在战争中，人类灵魂会因看到死亡与毁灭的力量以不可阻挡之势战胜其他一切，而同时在恐惧与迷醉中颤抖。

文明这些各异的好处，会因它们这可怕的代价而显得苍白与脆弱。在压垮它们的动荡面前，我们会发现它们是多么不堪一击与肤浅，是源自一种错误的、事实上并未朝着自然的发展方向所进行的努力。毫无疑问，战争会唤醒并激化那种相对古老与原始的能量，那种如果我们愿意，可以称为相对纯洁与本真的能量。但是这些能量同时也是人类不顾一切想要降服的。因此节日被战争所取代，这也许展现了人类从其原初状态发展至今所走的漫漫长路，展现了他在征服一切后——他以此为自己的使命——所必须付出的血与泪的代价。

如果用诗意的语言来表述，那么近来人类已经学会了"从力量之源中汲取可怕的火花"。这片火花为那两个各自统治着一个大陆的帝国，提供了与其规模相称的武器。对核能的掌握，加之世界也被这两个大国一分为二,这是否足以从根本上转变战争的本质与条件,并让战争与节日之间进行的任何比较都显得过时呢?并非如此。人类力量刚刚所获得的惊人增长,将会像先前各次一样以同样浩大的灾难告终,这是我们无法避免的。这场灾难似乎甚至会威胁到人类这个物种的存在本身,所以它看上去也有可能会被奉为一场更加宏大的神圣仪式。关于某种全球性节日——某种有可能将全球几乎所有人口都拖进它可怕的漩涡之中,并将大多数人都湮灭于其中的节日——的愿景,这次会宣告一场实实在在的浩劫降临,一场骇人听闻、毁灭一切,但也因此而更加令人神往的浩劫。

现实与神话融为了一体,因为它已经波及神话所述的整个宇宙,且证明了自己也可以执行神话当中最重要的决定。现如今,如诸神的黄昏[273]这类讲述全体灭绝的神话,不再只存在于人们的想象之中。

过去的节日是想象的舞台,是幻影、舞蹈与游戏。它模拟宇宙的毁灭,以确保宇宙能够周期性地重生。耗尽一切,让每个人都仿佛将死一般喘不过气,这反而是活力的象征,是富足与长寿的保证。然而现如今一切都不同了,因为在至暗时刻——与相对脆弱的生命相比,它在规模与强度上都形成碾压

---

[273] 诸神的黄昏,北欧神话中的末世预言,包括一系列自然灾害与诸神战争,最终造成了众多主要神灵与绝大多数人类的死亡。——译注

之势——中爆发的能量，会最终打破平衡，让一切朝着毁灭的方向发展。节日的这种极端严重的后果，会让它不仅变成对人类性命的威胁，也许还会让自己走向灭亡。不过根本而言，这种后果标志的只是人类进化过程中的最后一个阶段，一个将生命力的勃发转变为战争的阶段。

参考文献

注：本参考文献既不完整亦不系统。在此仅列出：1. 撰写本作直接使用的书目；2. 作者所依凭、参考或认为与他自己的结论相符的理论著作；3. 某些特别具有启发性、特别值得关注的研究，但这些在作者看来并没有引用必要，因为他没能够或不知道如何将这类研究思考问题的角度与自己的视角统一。

总的来说，为了不让下面所列出的参考文献过于烦琐、无边无际，对某个特定人种的专著研究或调查已经被排除在外。余下作品中每一本都能很容易地在正文所引用的书目中被定位。

第一章：E. DURKHEIM, *Les formes élémentaires de la vie religieuse*, Paris, 1912; H. HUBERT, Préface à la trad. franç. du *Manuel d'histoire des religions de* CHANTEPIE DE LA SAUSSAYE, Paris, 1904; R. OTTO, *Le Sacré*, Paris, 1929; J. G. FRAZER, *Encyclopaedia Britannica*, s. v. Taboo; F. B. JEVONS, *Introduction to the History of Religion*, Londres, 1896; A.-H. KRAPPE, *Mythologie universelle*,

Paris, 1930; A. VIERKANDT, «Das heilige in den primitiven Religionen», *Die Dioskuren*, 1922; A. VAN GENNEP, *Tabou et totémisme à Madagascar*, Paris, 1904; M. MAUSS, «Essai sur le don, forme archaïque de l'échange», *Année sociologique*, N.S., t. I, Paris, 1923-1924; M.-J. LAGRANGE, *Études sur les religions sémitiques*, Paris, 1903; G. GURVITCH, *Essais de Sociologie*, Paris, 1939; J. WELLHAUSEN, *Reste des arabischen Heidentums*, 2e éd., Berlin, 1897.

第二章: J. DE MAISTRE, *Traité sur les sacrifices*, 12e éd., Lyon, 1881; W. ROBERTSON SMITH, *Religion of the Semites*, Londres, 1889; M.-J. LAGRANGE, *op. cit.*; R. OTTO, *op. cit.*, N. SÖDERBLOM, *Hasting's Encyclop. of Religion and Ethics*, s. v. *Holiness*; E. DURKHEIM, *op. cit.*; HUBERT et MAUSS, «Essai sur la nature et la fonction du sacrifice», *Mélanges d'histoire des religions*, Paris, 1909; J. G. FRAZER, *Tabou et les périls de l'âme*, tr. fr., Paris, 1927; R. HERTZ, «La Prééminence de la main droite», *Mélanges de sociologie religieuse et de folklore*, Paris, 1928; M. GRANET, *La Civilisation chinoise*, Paris, 1925; GERNET et BOULANGER, *Le Génie grec dans la religion*, Paris, 1932; L. LÉVY-BRUHL, *Le Surnaturel et la nature dans la mentalité primitive*, Paris, 1931; E. FEHRLE, *Die kultische Keuschheit im Altertum*, Giessen, 1910 (R.G.V.V., t. VI); G. GLOTZ, *L'Ordalie* dans la Grèce primitive, Paris, 1904; M. LEENHARDT, Gens de la Grande Terre, Paris, 1937; W. SIMPSON, The Buddhist praying wheel, Londres, 1896; K. Th. PREUSS, «Der Ursprung der Religion und der Kunst», Globus, LXXXVI (1904) et LXXXVII (1905).

第三章: DURKHEIM et MAUSS, «De quelques formes primitives de classification», Année sociologique, t. VI, Paris, 1901-1902; R. LOWIE, Traité de Sociologie primitive, tr. fr., Paris, 1935; M. MAUSS, «Les variations saisonnières des sociétés eskimos», Année sociologique, t. IX (1904-1905); J. R. SWANTON, «Social Condition, Beliefs and linguistic Relationship of the Tlingit Indians», Bureau Amer. Ethnol., XXVI (1908); A. MORET et G. DAVY, Des clans aux empires, Paris, 1923; SPENCER et GILLEN, The Northern Tribes of Central Australia, Londres, 1904; GRANET, op. cit.; La Pensée chinoise, Paris, 1934; M. LEENHARDT, op. cit.; LÉVY-BRUHL, op. cit.; Lord RAGLAN, Le Tabou de l'inceste, tr. fr., Paris, 1935; C. DE KRELLES-KRANG, «L'Origine des interdictions sexuelles», Revue internationale de Sociologie, juil. 1904; M. MAUSS, «La Religion et les origines du droit pénal», Revue de l'Histoire des Religions, 1897, nos 1-2; STEINMETZ, Ethnologische Studien zur ersten Entwickelung der Strafe, Leyde et Leipzig, 1894; G. DAVY, La Foi jurée, Paris, 1922; FRAZER, Totemism and Exogamy, Londres, 1910; N. WEBSTER, Primitive *secret societies*, New York, 1908; Fr. BOAS, «The Social Organisation and Secret Societies of the Kwakiutl Indians», *Report of the U.S. National Museum for 1895*, Washington, 1897; A. E. CRAWLEY, *The Mystic Rose*, Londres, 1927; A. M. HOCART, *Kingship*, Oxford, 1927; FRAZER, *Les Origines magiques de la royauté*, tr. fr., Paris, 1911; Cl. LÉVI-STRAUSS, *Les structures élémentaires de la parenté*, Paris, 1949.

第四章: DURKHEIM, *op. cit.*; M. LEENHARDT, *op. cit.*; M. MAUSS, *Variations saisonnières*; G. DUMÉZIL, «Temps et mythes», *Recherches philosophiques*, V, 1935-1936; *Le problème des Centaures*, Paris, 1929; *Mitra-Varuna*, 2e édition, Paris, 1948; FRAZER, *Le Bouc émissaire*, tr. fr., Paris, 1925; L. LÉVY-BRUHL, *La Mythologie primitive*, Paris, 1935; M. GRANET, *op. cit.*; *Fêtes et chansons anciennes de la Chine*, Paris, 1919; A.P. ELKIN, «The secret life of the Australian Aborigines», *Oceania*. III (1932); «Rock-Paintings of North-West Australia», *ibid.*, I (1930); SPENCER et GILLEN, *op. cit.*; C. DARYLL FORDE, *Ethnography of the Yuma Indians*, Berkeley, 1931; L. R. FARNELL, *The Cults of the Greek States*, Oxford, 1921; Lord RAGLAN, *op. cit.*; R. HERTZ, «La Représentation collective de la mort», *Mélanges de sociologie religieuse et de folklore*, Paris, 1928; Ph. DE FELICE, *Poisons sacrés et ivresses divines*, Paris, 1936; *Foules en délire, extases collectives*, Paris, 1947; C. STREHLOW, *Die Arandà und Loritja-Stàmme in Central-Australia*, Frankfort s. M., 1907-1920.

第五章: M. LEENHARDT, *op. cit.*; *DoKamo, la personne et le mythe dans le monde mélanésien*, Paris, 1947; DURKHEIM, *op. cit.*; G. BIANQUIS, *Faust à travers quatre siècles*, Paris, 1935; GENDARME DE BÉVOTTE, *La Légende de don Juan*, Paris, 1911; R. CAILLOIS, *Le Mythe et l'homme*, Paris, 1938; sainte THÉRÈSE, *Vie écrite par elle-même*, Paris, 1857 (ch. XIX-XXI).

作者：

罗杰·卡约瓦（1913—1978），法国20世纪作家、哲学家、人类学家、考古和文化遗产保护专家、翻译家。曾与乔治·巴塔耶共同创立社会学学会，着力研究世俗社会中的神圣性问题。1972年当选法兰西学院（Académie Française）院士。代表作有《游戏与人》《人与神圣》等。

译者简介：

赵天舒，北京大学法国语言文学学士，巴黎第十大学美学博士，现为清华大学中文系"水木"博士后，主要从事法国后现代理论与法国现代文学研究。著有法语专著 Le possible de l' impossible：la question de l'expérience-limite chez Georges Bataille（《不可能之可能：乔治·巴塔耶思想中的"极限经验"问题》），译有《天空之蓝》。

法兰西思想文化丛书

《内在经验》
［法］乔治·巴塔耶 著　程小牧 译

《文艺杂谈》
［法］保罗·瓦莱里 著　段映虹 译

《梦想的诗学》
［法］加斯东·巴什拉 著　刘自强 译

《成人之年》
［法］米歇尔·莱里斯 著　王彦慧 译

《异域的考验：德国浪漫主义时期的文化与翻译》
［法］安托万·贝尔曼 著　章文 译

《浪漫的谎言与小说的真实》
［法］勒内·基拉尔 著　罗芃 译

《罗兰·巴特论戏剧》
［法］罗兰·巴特 著　罗湉 译

《1863，现代绘画的诞生》
［法］加埃坦·皮康 著　周皓 译

《入眠之力：文学中的睡眠》
［法］皮埃尔·巴谢 著　苑宁 译

《祭牲与成神：初民社会的秩序》
［法］勒内·基拉尔 著　周莽 译

《从福楼拜到普鲁斯特：文学的第三共和国》
［法］安托万·孔帕尼翁 著　龚觅 译

《黑皮肤，白面具》
［法］弗朗茨·法农 著　张香筠 译

《保罗·利科论翻译》
［法］保罗·利科 著　章文　孙凯 译

《论国家：法兰西公学院课程（1989—1992）》
［法］皮埃尔·布尔迪厄 著　贾云 译

《人与神圣》
［法］罗杰·卡约瓦 著　赵天舒 译

《细节：一部离作品更近的绘画史》
［法国］达尼埃尔·阿拉斯 著　马跃溪 译　李军 审校

《再论犹太人问题》（待出）
［法］伊丽莎白·卢迪奈斯库 著　张祖建 译

《伟大世纪的道德》（待出）
［法］保罗·贝尼舒 著　丁若汀 译

《十八世纪欧洲思想》（待出）
［法］保罗·阿扎尔 著　马洁宁 译

《人民的本质：18—21世纪社会集体想象的形成》（待出）
［法］黛博拉·高恩 著

《现代国家的公与私：法兰西公学院课程（1989—1992）》（待出）
［法］皮埃尔·布尔迪厄 著　张祖建 译